보리밥 그릇에 사람이 있네

보리밥 그릇에 사람이 있네

오창근 산문

고두미

책머리에

언제부턴가 아침잠이 없어져서 새벽 4시면 어김없이 일어나 집 가까운 학교 운동장을 걷는 것이 일과가 되었다. 붉은 트랙을 말없이 걸으며 어제의 삶과 오늘의 만남을 생각한다. 어제 만났던 사람과 나눈 이야기들 속에 행여 하지 않아도 될 말을 했을 때는 부끄러움에 얼굴이 붉어진다. 나이가 든다는 것은 말을 가리고 행동을 살펴 타인과 자신에게 부끄럽지 않아야 한다. 내가 산에 오르고 자주 걷는 이유이기도 하다.

부족함이 많은 삶이었다. 대학 졸업 후 학원에서 학생들을 가르칠 때는 목이 갈라지도록 내뱉은 말이 부끄러워 늦은 밤 술 한잔으로 자신을 위로하곤 했다. 늘 떠날 때를 고민했다. 십여 년의 학원 생활을 정리하고 마흔셋의 늦은 나이에 열정 하나만을 믿고 시민단체 활동가의 삶을 선택했다. 모든 것이 낯설고 생경했지만 미력한 힘이나마 어려운 사람과 소외계층에 도움이 되기 위해 앞만 보고 달려왔다. 늦깎이로 출발했지만 이른 시일 안에 자리 잡기까지는 많은 분의 도움이 있었다. 살면서 갚아야 할 빚이다.

우연한 기회에 김병우 교육감 보좌관으로 공직생활을 시작했다. 때론 가시 돋친 말로 행정기관을 비판했던 나로서는 공직생활에 적응하는 과정이 쉽지 않았다. 시민단체 활동가 후배들에게 누가 되지 않기 위해 살얼음을 걷듯이 如履薄氷 언행을 조심했다. 보좌관 생활은 행정과 공직자들을 이해할 좋은 기회였다. 많은 것을 생각하고 배운 소중한 시간이었다.

내가 책을 내게 되다니, 사실 뜻밖이다. 쉼 없이 달려오면서 몸도 마음도 지쳐갈 무렵 틈틈이 일기처럼 적어둔 글을 모았다. 십여 년 전 산을 오르며 느꼈던 단상이나 일상에서 누구나 겪을 만한 이야기들, 여기저기 방치되어 있던 것을 찾고 모았더니 없던 욕심이 생겼다. 무엇보다 글을 정리하는 가운데 마음도 안정을 되찾은 것이 감사했다. 밤새 정리하고 아침에 다시 읽을 때 느끼는 어색함도 적지 않았다. 그래도 부족한 대로 내 감성이 오롯이 쌓인 글들이 현재의 나를 보여주기에 부족하지 않으리라 생각한다. 주관에 치우친 글은 불편할 수도 있겠지만 아주 조금은 공감할 면도 있으리라 믿고 읽는 이의 아량에 기댈 뿐이다.

　돌아보니 참 많은 생각을 하고 살았다. 그때는 그래야만 하는 이유가 있었다. 미움과 원망이 교차하고 미래에 대한 불안이 안으로 쌓일 때 내면의 소리를 듣고자 노력했다. 산을 오르고 걸었던 이유는 모든 것은 내 안에 있다는 확신에서였다. 숨을 고르고 주위를 살피면 무심히 보았던 것들 속에서 새로운 것을 볼 수 있다. 세상은 늘 그대로인 것 같지만 무수한 변화의 연속이다. 저절로 그리 되는 것은 없었다. 나의 언행이 빚은 결과이기 때문이다.

　많은 분이 떠오른다. 돌아가신 부모님, 시민단체 활동가로 가겠다고 고집을 부렸을 때 당신이 행복하다면 가보라고 허락하고 가계를 책임졌던 아내, 긴 방황 끝에 대학에 진학한 첫째 장환이, 부모 걱정 안 끼치려고 참는 데 익숙한 둘째 동현이 늘 고맙고 미안하다. 글을 쓸 수 있도록 용기를 주신 섬동 김병기 시인, 교정·교열을 도와주신 김기열·이나영 선생님, 책이 나오기까지 세심한 조언을 아끼지 않은 고두미 출판사 유정환 대표께 고마움을 전한다.

2021년 가을
오창근

보리밥 그릇에 사람이 있네 **차례**

제1부 산에서 찾은 마음자리

13 ___ 여름나기
16 ___ 옹달샘의 가을
19 ___ 이 또한 지나가리라
22 ___ 사람아, 사람아
25 ___ 첫눈
28 ___ 난 신을 속이지 않았다
31 ___ 단풍 들고 싶다
34 ___ 마음자리
37 ___ 몸이 산을 말하다
41 ___ 바람 한 점이 그리운 날
45 ___ 보리밥 그릇에 사람이 있네
48 ___ 봄이 오는 길목
51 ___ 걷는 만큼 보인다
54 ___ 산행 예찬
58 ___ 숲, 사색
61 ___ 왜 그렇게 걷냐고요?

제2부 고구마꽃과 아내

67 ___ 여보, 고마워
71 ___ 우린 이렇게 살았다
76 ___ 전어회 가시가 목에 걸린 날

내 동생 상미 ___ 80
형제의 강 ___ 84
형수님 ___ 90
달초 ___ 93
고구마꽃과 아내 ___ 97
봄맞이 여행 ___ 100
아내가 운다 ___ 103
지랄 총량의 법칙 ___ 106
아내의 생일 ___ 110
전생의 원수 ___ 113
마지막 교복 ___ 117
아홉 살 형님의 슬픈 저녁놀 ___ 120
둥구나무 ___ 125

제3부 슬픔이 가져온 사랑

여학생의 눈물 ___ 131
오지랖 ___ 134
그래도 되는 사람은 없다 ___ 137
갈등 ___ 145
꽃비 속 발인 ___ 149
담배, 그놈 참 ___ 151
사랑해 ___ 153
아버지, 그 이름으로 산다는 것 ___ 156

159 ____ 조동주 선생 졸곡(卒哭)
162 ____ 소복 위로 날아온 하얀 슬픔
167 ____ 염쟁이 유씨

제4부 그리움에 물들다

173 ____ 어머니의 병상일기
182 ____ 김장하셨나요?
185 ____ 제사는 끝나지 않았다
188 ____ 눈밭에 그리움이 뒹굴고
192 ____ 비 오면 김치전이 먹고 싶다
195 ____ 아들 얼굴에서 아버지를 만나다
198 ____ 냉장고 앞에서 울다
202 ____ 아버지 몸을 씻으며
205 ____ 아버지와 카네이션
208 ____ 어머니, 오늘이 제 생일이래요
211 ____ 아버지의 임종, 난 울지 않았다

제5부 고양이와 놀다

219 ____ 내 안에 귀기울기
222 ____ 침묵
225 ____ 통증에 대한 단상

파도에 시간을 묻다 ___ 228
팔랑개비는 바람을 먹고 산다 ___ 231
흐르는 물, 그곳에 사람이 산다 ___ 234
아름다운 댓글 ___ 237
강물에 몸을 띄우다 ___ 240
술 ___ 243
고대인과 현대인, 그 사이에 해가 뜬다 ___ 246
보았는가, 저들의 무지를 ___ 249
나비야, 나비야 ___ 253
화분을 옮기며 ___ 261
바른생활 다시 보기 ___ 264
억울하지 않은 죽음은 없다 ___ 267
마음을 베이다 ___ 270
음치를 위한 항변 ___ 273
영원한 오빠 ___ 277
까미, 꼬비와의 동거 ___ 281
중년의 가을 ___ 285

발문
김인국 | "참깨 들깨, 우리 모두 함께" ___ 288

제1부

산에서 찾은 마음자리

여름 나기

불볕더위를 피하려고 요리조리 애를 쓰고 있다. 간식과 읽을 책을 챙겨 들고 것대산 정상에 자리 펴고 앉아 가족들과 오후 한낮을 보낸다. 답답한 아파트를 벗어나 간간이 산들바람 불어오는 숲에서 잠깐이나마 더위를 식힌다. 큰아들 녀석은 『가시고기』를 읽고 둘째 녀석은 『다시 쓰는 이야기 세계사 2』를 들고 씨름을 한다. 어깨너머로 보아도 제 놈이 읽기엔 단어가 좀 어려워 보인다. 아내는 시험 준비한다고 복사물을 보고, 난 전에 읽었던 유시민의 『후불제 민주주의』를 다시 한번 읽어 볼 요량으로 뒤적인다.

헉헉거리며 땀을 훔치고 지나가는 등산객이 건네는 눈인사에 주의를 빼앗기는 시간이 많다. 가끔 패러글라이딩 하려고 올라온 아저씨들에게 이것저것을 물어보고 괜히 아는 체하느라 녀석들 입은 바쁘고 책은 뒷전이다. 허공을 향해 훌쩍 몸을 던지고 하늘로 붕 솟는 모습을 보고 녀석들은 환호한다. 돗자리에 누워 수건을 베개 삼아 아내는 낮잠을 자고, 시커먼 산모기 두어 마리는 피 사냥에 바쁘다. 웃통 벗고 나니는 둘째 녀석의 등에 햇살이 간지럽다. 우압

산이 저만치 우뚝하고, 맑은 하늘 아래 도시가 손에 잡힐 듯하다.

엊그저께는 학원 차 운전을 해주시던 아저씨와 만취가 되도록 술을 마셨다. 1주일 휴가를 얻었다는 아저씨는 찾아온 아들에게 함께 바닷가라도 같이 갔으면 하는 바람을 넌지시 보였단다.

"나 주말까지 합치면 9일을 논다. 너희는 어디 휴가 안 가니?"

"더운데 어딜 가요? 아버지, 집에서 오랜만에 푹 쉬세요."

아들 대꾸에 부아가 치밀어 뺨이라도 한 대 올리고 싶은 마음을 간신히 참았다며 술잔 잡는 손이 빨라진다.

원주 사는 딸내미가 오라고 해서 부부가 갔는데 사위는 공부한다고 제 방에 처박혀 나오지도 않더란다. 홧김에 아내와 딸이랑 셋이라도 동해라도 보고 오자고 갔는데, 휴가철이라 차를 주차할 곳도 마땅치 않을 정도로 사람이 많아 주변만 서성거렸단다. 간 김에 하룻밤 묵고 회 한 접시에 소주라도 먹을 욕심으로 자고 가자고 했더니, 눈치 없는 딸내미가 그냥 집에 가자고 성화를 부리는 바람에 원주로 돌아왔단다. 사 온 소라를 삶아 소주 한잔하려는데 뜬금없이 아내가 집에 가자고 해서 청주에 돌아오니 열두 시가 넘어 소주 두 병 마시고 화를 삭였다고 한다. 일흔이 가까운 노인네가 입맛도 못 다시고 700km가 넘는 장거리 운전을 하셨으니……. 부모 속 몰라주는 자식들에 대한 서운함과 노여움에 아저씨 목소리는 커진다.

"원장님 아니었으면 아내도 출근하고 아무도 없는 아파트에서 꼼짝없이 징역살이할 뻔했어요."

술병이 점점 늘어서 세 병이면 족할 자리가 다섯 병을 비운 다음에야 일단

락됐다. 분위기도 맞출 겸 노래방으로 자리를 옮겨 거나한 취흥에 음정 박자조차 없는 노래를 열심히 불렀다. 끝나고 돌아서는데 아저씨가 날 끌어안고 눈시울을 붉힌다.

"너무 고마워 눈물이 나요."

아저씨는 택시비를 우격다짐으로 던져 놓고 돌아선다.

산바람 맞으며 웅크리고 자는 아내의 모습과 재잘거리며 돌아다니는 녀석들의 부산함에 갓대산 정상의 한낮이 한갓지다. 낯선 할아버지가 음료수를 청하고 담배 서너 개비 달라기에 말없이 꺼내 줬다.

푸른 숲에 몸을 누이고 바라보는 풍경이 사람의 마음을 넉넉하게 한다. 일순 불어오는 바람이 소스라치게 반갑고, 바람에 몸을 맡기고 표표히 허공 높이 치솟는 패러글라이딩 모습도 이채롭다. 잠시나마 몸과 마음을 내려놓고 바람에 나를 맡겨 보니 여름날도 제법 좋은 날이다.

옹달샘의 가을

상당산성을 한 바퀴 돌고 산성 내에 있는 식당을 찾았다. 뚝배기에 자글자글 끓어 넘치는 청국장을 시켜 아침 요기를 하고 막걸리 한 대접을 시원스럽게 마신다. 아침 일찍 산행하는 몇몇 사람이 나처럼 늦은 아침을 먹는다. 인심 좋은 주인장이 순두부를 마음껏 먹으라고 커다란 그릇에 떠다 주며 권한다.

얼마 후 초췌한 노인이 조심스레 들어와 문턱에서 엉거주춤한다. 구면인 듯 주인장은 순두부를 그릇에 담아주며 저쪽 자리에 앉으라며 손가락으로 가리키더니 주방을 향에 "여기 막걸리 한 대접!" 하며 큰 소리로 주문한다. 일흔은 훨씬 넘어 보이는 노인은, 순두부에 양념간장을 뿌리고 훌훌 들이마신다. 굽은 허리와 어눌한 말투, 아마도 자주 이곳을 찾는 단골 같은데 돈 내고 먹는 손님은 아닌 것 같다. 청국장을 입안에 떠 넣으며 유심히 그들의 대화를 듣고 내린 결론이다. 밥 먹고 가는 손님 중 누구나 원하면 비지를 가져가라고 비닐봉지에 담아 두고, 따끈한 순두부도 양껏 먹게끔 하는 젊은 주인의 마음 씀씀이가 넉넉한 걸로 보아 그분에게 술대접을 하는 듯하다.

각박한 세상이라고 입을 모으지만 아직도 넉넉한 인심을 베푸는 사람은 많다.

"내 앞에 계신 할아버지 술값도 같이 계산하세요."

맛나게 밥을 먹고 나오며 돈을 내밀자 주인장은 빙그레 웃으며 눈인사를 한다. 가게를 나서는데 주인장이 할아버지에게 큰 소리로 치사를 한다.

"할아버지, 저 젊은 손님이 할아버지 술값 계산했어요."

노인의 반응은 없다. 가게를 나와 다시 산성을 향에 걸음을 옮긴다. 뱃심은 든든하나 시원함에 들이켠 막걸리에 다리가 풀린다.

넓은 잔디 위엔 소풍 나온 유치원생들이 술래잡기하듯 선생 뒤꽁무니를 쫓아다닌다. 푸른색과 노란 원복이 그림처럼 다가온다. 해맑은 웃음을 지켜보노라니 '가을은 저 녀석들의 계절이구나!' 하는 생각이 든다. 알밤처럼 굴러다니는 귀여운 몸짓과 짝꿍 손 잡고 부산하게 눈망울을 굴리는 모습은 힘껏 껴안아 주고 싶을 만큼 싱그럽기 그지없다.

산 능선을 한참 걸어 늘 쉬어가는 삼봉재 옹달샘 앞에 선다. 작은 옹달샘에 하늘이 떠 있다. 화강암을 깎아 만든 옹색한 공간이지만, 맑게 고인 물에 푸른 하늘을 가득 담아 수평을 이루고 있다. 물을 떠 마셔도 하늘은 사라지지 않고 청명한 얼굴을 드리우며 다시금 평정심을 되찾는다. 낮아서 높음을 담을 수 있고, 흘려보내기에 채울 수 있는 옹달샘에서 깜냥만큼만 받는 무욕無慾과 있는 그대로를 비추는 무념무상無念無想의 경계를 본다. 등산화에 묻어오는 삶의 걱정을 묵묵히 보듬어 제 몸 한 조각 나눠주고도 자신을 스스로 채우는 작은 옹달샘에 성명한 가을이 가득하다. 바람처럼 지나가는 세월에 자신을 묶는 어리석음이 한참이나 부끄러워 내려오는 내내 심사가 어지럽다.

　산 밑 쉼터에 앉아 굳어진 몸을 풀며, 돌을 던져 밤송이를 터는 중년 사내의 모습을 물끄러미 바라본다. 시간이 채워져 익으면 알아서 내려놓을 것을 욕심을 부리는 못난 모습에 화가 난다. 생수통에 가득 담아 가는 물이 산에 깃든 무수한 생명의 노고인 줄 모르고 돌팔매로 은혜를 갚는 저 무지가 안타깝다. 그만한데 더 먹는 것이 욕심이요, 안 먹어도 되는 데 굳이 채워 넣는 것이 화근이 된다.

　낮아져야 보이는 세상도 있고, 높이 올라야 보이는 세상도 있다. 그러나 높이 올라야 보이는 세상은 또 다른 낮아짐의 세상이다. 하늘을 보려고 높은 곳을 오르진 않는다. 지극히 높은 곳은 낮은 곳에서도 볼 수 있다. 높은 것은 지극히 낮은 것의 다른 이름이다. 높음과 낮음의 경계가 없다. 그러므로 산을 오른다는 것은 나를 낮추기 위함이다. 몸은 오르지만 눈은 아래를 보아, 넓어서 작아진 세상을 쫓아 그곳에 마음을 두고자 함이다.

이 또한 지나가리라

사람과 길이 엇갈리고 시간을 거꾸로 탄다. 어스름한 저녁 산등성이에 한 뼘 남은 옹색한 햇빛을 보며 산을 오른다. 저곳에 오르면 해는 서산을 넘어서고 나 홀로 깜깜한 밤을 맞이할 것을 알지만, 결심은 흐트러지지 않는다. 화창한 토요일, 가을 한낮을 즐기고 상기된 얼굴로 내려오는 사람들의 밝은 표정과 마주치며 어둠 속으로 발걸음을 옮긴다. 차라리 산속에서 길을 잃고 싶다는 강한 염원이 마음 한구석에서 꿈틀거린다. 뒤를 돌아다보아도 쫓아오는 사람이 없고, 앞길에도 마주치는 사람이 없다. 짙은 해거름이 산을 삼키고, 발밑에 보이는 도시는 하나둘 켜지는 가로등 불빛으로 치장하는 시간.

앞으로 가야 길은 두 시간 남짓. 자주 걸어 눈에 익은 기억을 돌이키며 바삐 몸을 움직인다. 숲 사이로 난 작은 길은 이미 어둠 속에 몸을 숨기고 희미한 잔상처럼 남은 붉은 흙길만을 응시하며 지팡이로 더듬는다. 길고 긴 산 능선에 나만 홀로 가쁜 숨을 몰아쉬고 있다. 어두워서 더욱 밝아지는 도시의 야경을 곁눈질하며 내가 가고 있는 길의 위치를 가늠한다. 잔잔한 마음에 파문이 인다. 사람이 사람을 아프게 하고 멍들게 한다. 바람처럼 그 또한 지나가리라는 작은 믿음이 일렁이는 물결처럼 파도를 탄다. 하지만, 아직도 풀리지 않는 실타래처럼 사람의 마음을 잡고 놓아주지 않는다.

깊은 산속 어둠을 밟는 낯선 경험이지만 이상하리만큼 무섭다는 생각은 들지 않는다. 차라리 산속에서 길을 잃고 싶다는 잔인한 생각이 여타 감정을 짓누르고 있기 때문이다. 걱정하는 아들 녀석의 전화와 아내의 전화가 잇따른다. 걱정하지 말라는 말로 돌려세우고 열심히 앞을 향에 걷는다.

인연을 놓아도 과거의 감정은 잘 정리가 되질 않는다. 세상 사람 마음이 나와 같지 않다는 것은 알지만 조금은 상대의 처지를 배려해야 하는 것이 아닌가, 넋두리를 쏟아내며 속으로 치미는 화를 꾹꾹 눌러 담는다. 동업을 정리하며 많은 것을 놓았다. 금전적 손해도 일방적으로 감수하고 끝끝내 험한 말 한마디 하지 않고 돌아섰는데 그 사람은 내 마음을 볼 줄 모른다.

돌아보니 많은 것을 놓아주었다. 선배에게 사기를 당하고, 열심히 다니던 교회 목사님에게도 돈을 뜯기고, 이제는 이 사람마저 이런 식으로 등을 돌리나 하는 생각에 사람과 세상이 자꾸 미워진다. 숱하게 산을 오르내리며 사람과 세상을 바로 보기 위해 무던히도 애를 썼다. 마음 후벼 파는 모진 말 한마디 하지 않고 그래도 묵묵히 견딜 수 있었던 것은 등산화 밑창이 닳아 발바닥이 쓰린 시간만큼 산행하며 마음을 들여다보고자 노력했던 시간이 있기에 가능했다. 비탈진 길에 흔들리는 몸을 바로 세우며 길을 찾는다. 그래도 사람이 사람을 미워하고 증오하는 것은 내 마음에 병이 될 줄 알기에 상대의 처지를 살핀다. 불쑥 솟는 이런 마음조차 미워지고 그러다 다시 보듬으며 지척을 분간할 수 없는 어둠 속에 마음의 길을 본다.

 청주 시내가 한눈에 내려다보이는 낙가산 정상에 섰다. 칠흑 같은 어둠 속에 도시의 불빛은 더욱 밝다. 벤치에 신발 벗어 놓고 담배를 꺼내 문다. 지난 세월 상기하며 참 못나게 살아왔다는 자조와 그래도 남에게 큰 상처 주지 않고 무던히 살아왔다는 대견함이 교차한다. 타고난 천성이 이런 것을 누구 탓하며 원망을 하겠는가! 어떻게 되겠지. 화가 난다고 막말하며 험한 행동 하며 살 수는 없지 않은가. 이렇게 한세월 살다 가는 것이 내 운명이라면 이처럼 살 수밖에.

 저 불빛 어디쯤 우리 집이 있다. 저녁상 봐 놓고 아빠 오길 기다리는 두 아들과 속 썩으면서도 내색하지 않는 아내가 기다린다. 지금을 불행하다고 보진 않는다. 인생의 수많은 굴곡 중 한 고비를 넘어가고 있다. 마음을 바로 세우고 곧게 걸으면 발걸음도 정직하게 뒤를 쫓는 법이다. 인생의 종착지에서 돌아보면 굽지 않고, 휘지 않은 삶을 살았다고 지나온 길이 증명해 줄 것을 믿기에 비탈길을 내려가는 다리에 힘을 준다. 언제나 그렇듯 이 모든 것 또한 지나가리라.

사람아, 사람아

응달진 곳 잔설殘雪을 밟으며 산행을 한다. 아내가 큰맘 먹고 사준 등산복 속으로 팥죽 같은 땀 줄기가 가슴 고랑을 타고 흐른다. 얼굴은 에는 바람에 따가운데 바람 통하지 않는 옷 속은 열탕에 앉은 느낌이다. 터널 공사 후 말라붙은 샘가에 앉아 가쁜 숨 고르며 팍팍한 다리를 벤치에 올려놓는다. 앞이 틔어 있어 쉬어가기 좋은 상봉재. 오늘은 말랐던 샘물이 졸졸 흐르고 있다. 반가움에 달려가 손을 넣어 본다. 얼음장 같은 한기가 오히려 시원하다.

기쁨에 지인에게 소식을 전하고 한참을 앉아 바라본다. 가으내 숨을 끊고 지내는 샘을 보고 안타까운 마음이 들었는데 이제 반가운 물줄기를 보니 즐거움이 솟는다. 빗물을 모으고 눈을 녹여 한가득 품고 있다가 얼어붙는 겨울이 되니 조금씩 흘려보내는 자연의 깊은 지혜에 숙연해진다.

뜻하지 않은 일로 일손을 놓고 쉬어가며 많은 사람을 만났다. 술잔을 채우며 안부를 묻고 염려를 해주는 사람, 점심 한 끼 나누며 따뜻한 마음을 주던 사람들이 발등에 부딪힌다. 산을 오르며 불끈 솟는 화도 누르고, 못난 나도 자주 본다. 그러다 돌아보면 내 삶이 만든 자화상일 뿐이다. 길은 내가 지나간 흔적이다. 그것은 마음의 길이다. 상처받고 달랜 시간이 많지만, 결국은 사람 사이의 길을 찾는 과정에 불과하다.

사람 사이로 난 좁은 길을 본다. 예전엔 무심코 지나쳤던 좁은 길에 마음을 주니 따뜻함이 느껴져 두 손 보듬는 희망으로 보인다. 땅속 깊이 고여 얼지 않고 속을 비워내는 저 맑은 샘물처럼, 생채기 난 작은 길을 따라 내 몸의 노폐물이 밖으로 흘러나온다. 숨을 참고 안으로 채워 넣는 시간을 보내며 사람에 대한 실망도 많이 했지만, 마침내 투명한 맑은 빛깔로 흘러 작은 물줄기를 이룬다. 사람을 본다. 고운 눈과 아름다운 말들 그리고 체온으로 전해지는 사람의 따스함을 느낀다.

어제의 삶이 오늘이 되고, 그것에 삶의 무게가 더해져 내일이 된다. 그 무게만큼 또렷한 길을 낸다. 샘물 졸졸 흘러 돌 항아리를 채우고 밖으로 넘쳐 물길을 낸다. 그 넉넉함에 피로를 잊으니 고운 햇살이 행복이다. 야트막한 산 등진 채 바람 막아주는 양달에 앉아 고운 햇살 맞으며 등산복 사이로 솟는 온기를 느낀다. 그리운 이도 사람이고, 상처를 준 이도 사람이다. 사람과 사람 사이로 뻗은 샛길에 몸을 맡기고 살아온 짧은 세월에 큰 애증이 배어난다.

오르내린 시간의 길이만큼 마음도 자라 품고 보듬을 수 있는 사람이 많았으면 좋겠다. 무릎 펴고 내려오는 산행길에서 받은 문자메시지 중에 '오늘이 애동지'라는 말이 있다. 세월의 흐름에 무뎌진 몸, 선하는 마음이 애틋하고 따뜻하다.

 길에서 길을 묻는 아둔함이 비껴간 자리에 사람의 넉넉한 마음이 자리를 채운다. 눈 앞에 펼쳐진 두 갈래 오솔길은 선택을 강요하지만, 이 모두가 사람과 사람이 어깨 부딪히며 만든 사람의 길이다. 언 몸 녹이는 온도는 사람과 사람이 맞닿아 내뿜는 열기면 넉넉할 것이다.

 오늘처럼 그리움이 사무치는 날에는 오붓하게 마주 앉아 그런대로 살아온 인생을 포장해 이야기해도 눈을 맞추며 추임새를 넣어 주는 사람과 함께 하고 싶다. 양지바른 곳에서는 이파리에 붙은 얼음이 햇볕을 받아 녹아서 떨어진다. 땀 흘리면서도 추운 낯선 경험이 헛되지 않을 것임을, 얼음 뚫고 바위 밑을 지나는 저 샘물이 깨우쳐준다.

 외롭다고 투정 부리지 말자. 겨드랑이를 파고드는 진한 고독이라도 사람 사이로 흐르는 정으로 나누어 녹인다면, 한파에 움츠린 가냘픈 육신일망정 한때는 행복했다고 말할 수 있지 않겠는가.

첫눈

뜻밖의 행운이다. 모임을 마치고 돌아오는 늦은 밤길, 차창에 흩날리는 진눈깨비를 본다. 아침에 일어나 밖을 내다보며 "어, 첫눈이 왔네!"라고 소리치며 들뜨는 기분을 고속도로 위에서 경험하다니. 새벽녘 제법 굵어진 눈송이가 아름다워 선술집에 찾아가 설렁탕 한 그릇에 소주 한잔 들이켜고 돌아온다. 단풍이 지고 나면 그저 아쉬울 것만 같았는데, 아침이면 먼 산마루가 귀밑머리같이 희끗희끗할 풍경을 그려보며 늦은 잠을 청한다.

겨우 눈을 떴는데, 어제 오신 장모님께서 배추밭에 가자고 성화가 한창이다. 뽑아 놓은 배추가 얼기 전에 가져와야 한다고. 긴 여행의 피로를 몸에 쌓아두고 아이들과 함께 배추밭으로 달려간다. 눈에 들어오는 산봉우리에 어김없이 하얀 눈이 쌓였다.

"아빠, 밤에 눈 내렸어?"

녀석들은 신기한 듯 마냥 좋아한다.

낯선 계절의 변화가 사람마다 가슴에 와 닿는 느낌은 사뭇 다르다. 눈길을 밟고 싶어 등산을 계획하던 내 바람은 어그러지고, 그간 틈틈이 대전과 보은을 오가며 작은 밭떼기에 배추, 무, 참깨를 심어놓고 손에 흙 묻히고 살길 바라던 장모님은 그간의 수고가 적어질까 걱정이시다.

찬바람이 매섭다. 밭에 도착하니 진눈깨비가 내리고, 한곳에 쌓아둔 배추의 겉잎은 녹아 있다. 농약 한번 하지 않았다고 하시며 자루에 담는 배추는 속이 꽉 들어찬 튼실한 모양은 아니다. 내다 팔 생각 없이 벌레와도 나누어 먹고 그저 되는 대로 키운 것이라 상점 앞에 놓인 배추와는 매우 다르다.

고갱이가 많아지라고 짚으로 묶어 놓은 흔적이 없다. 실하지 않은 배추이기에 안심할 수 있다. 산에서 부는 바람 맞고 토양이 주는 양분 먹으며 나이테 두르듯 한 겹 한 겹 안을 채워 속살 뽀얀 배추가 된다. 찬 기운에 얼어 버릴까 맘 졸이는 장모님의 손은 바빠진다. 자루에 담고 차에 실어 시골집 거실에 쌓아 놓고 다음 주말에 김장하기로 했다.

집에 돌아와 낙가산 능선에 핀 눈꽃을 보며 담배 한 개비 입에 물고 못내 아쉬운 시선을 떼지 못한다. 황갈색 낙엽 길에 쌓인 첫눈을 밟고 싶다. 가랑가랑 위태롭게 달린 마지막 이파리는 매서운 칼바람을 비켜 가진 못했을 것이라는 생각을 하며 안부가 궁금하다. 다 시간의 흐름이요, 자연의 변화다. 미련과 아쉬움은 사람의 몫일 뿐이다.

얼마 지나지 않아 지겹도록 볼 눈이다. 차바퀴에 달라붙은 눈을 발로 떼 내고, 앞 유리창에 쌓인 눈을 치우기가 귀찮아지는 때도 올 것이다. 또 눈길이 앗아갈 생명은 또 얼마나 될까. 그래서 눈으로 보는 미학과 몸이 느끼는 현실은 다르다. 아침마다 눈을 치워야 하는 사람의 마음과 등산길에 눈꽃 보고 행복해하는 사람 마음이 같기를 바랄 순 없다. 동동거리며 가을걷이 생각하는 농부와 눈길 밟으며 데이트하는 젊은 연인의 생각이 다르듯 첫눈이 주는 느낌은 서로의 처지만큼 멀 수밖에 없다.

몸은 늙어 가는데 마음은 십 대 소녀처럼 늙지 않는가 보다. 언젠가 농사일 마치고 어둑한 저녁 집으로 돌아오신 어머니 손에 노란 들국화가 들려 있었다. 바쁜 가을걷이에 부지깽이도 돕는다는 분주한 하루의 삶. 길옆에 예사롭게 핀 꽃을 꺾어 들고 오신 모습에서 일흔이 넘은 소녀의 모습을 보았다. 오래된 일이지만, 주름지는 곳은 손등과 이마일 뿐 마음은 아니구나!' 생각하며 내심 놀라던 기억이 새롭다.

아내가 반찬거리로 가져온 배추 두어 포기를 깨끗이 씻어 내놓는다. 노랗게 익은 고갱이 옆에 푸른 잎이 많이 없다. 내 손으로 일군 결실이 아니니, 무심한 손길에 겉잎은 떨어져 나간다. 잘 말려 된장국에 넣고 끓이면 좋은 찬거리가 되는 줄 젊은 아내가 알 턱이 없다. 아삭아삭 씹히는 맑은 소리와 소쿠리에 담긴 양만으로 풍족한 밥상이다.

첫눈을 밟으며 산행을 하고 싶다는 욕심 대신에 받은 상 치고는 푸짐하고 훌륭하다. 산바람과 연로한 장모님의 손길을 받고 한 계절 잘 넘어 마주한 풋풋한 고놈을 꼭꼭 씹는다. 그렇게 가을은 목구멍을 타고 넘어간다.

난 신을 속이지 않았다

"내가 정상에 오른 것을 칸첸중가의 신은 알고 있다. 그리고 난 신을 속이지 않았다."

항변하는 여성 산악인과 한국산악연맹이 대립하고 있다. 연맹이 정상에서 찍은 사진에 의혹을 제기하며 정상이 아닌 한참 아래에서 찍은 사진이라 정상 등반의 증거물로는 부족하다는 소견을 밝혔기 때문이다. 8000미터가 넘는 고봉을 목숨 걸고 오른 사람들의 노력을 놓고 가까운 동네 야산이나 오르는 내가 딱히 할 말은 없으나 씁쓸함은 지울 수가 없다.

정상에 올랐다는 다른 확실한 증거만 있으면 공방전은 사라질 것이고, 증거가 없다면 등반한 당사자의 양심만이 그 진실을 알고 있을 것이다.

인간의 끊임없는 도전정신의 산물이 극지방 탐험과 히말라야 등반이다. 쉽게 허락되지 않은 자연환경 탓에 인간이 포기하지 않고 자신을 시험할 수 있는 좋은 무대다. 등반 과정에서 숱한 생명이 눈 속의 주검으로 동면하고 있지만, 인간의 도전은 멈추지 않고 계속된다. 오른다는 것은 분명한 목적이 있다. 자신과 싸움, 개인의 명예, 더 나아가서는 국가의 이미지 제고를 위해 그들은 죽음을 무릅쓴 고행을 자처한다.

탐험을 통한 인간의 의지를 시험하는 순수성만 있다면 이러한 이전투구의 모습은 나오지 않는다. 몇 개의 봉우리를 오르고, 얼마의 시간이 필요하였느냐를 따지는 것은 등산을 스포츠로 인식하기 때문에 발생한다. 0.0001초의 시간을 단축하기 위해 첨단 과학이 동원되고 그 기록을 갱신해 가는 과정에 사람은 희열을 느낀다. 그러나 등산은 기록을 재는 스포츠가 아니다. 사투를 벌이고 정상에 우뚝 선 모습은 인간의 무한한 도전의식과 온갖 역경을 이겨 낸 인간승리의 감동을 준다. 그러나 누가 더 빨리 그리고 더 많이 올랐느냐는 중요한 것이 아니다. '신이 허락해야만 정상에 설 수 있다'는 말은 아무리 좋은 조건과 첨단 장비를 갖췄다 하더라도 자연 앞에선 인간은 작은 존재라는 겸손함을 내포하고 있다.

등반대를 인도하는 셰르파들은 무수한 산봉우리를 오른다. 무거운 짐을 지고 목숨을 담보로 산을 올라 정상을 밟지만, 그 영예는 늘 외국인에게 양보한다. 그들에게 정상을 몇 번 오르고, 몇 봉우리를 올랐느냐는 중요치 않다. 신이 허락하면 정상을 밟고 그렇지 않으면 내려오는 데 주저하지 않는다. 산은 그들에게 경외의 대상이다. 깃발을 꽂고 증거물을 남기는 일들은 함께하는 등반대의 몫일 뿐이다. 거액의 후원자를 받아 경쟁적으로 산을 오르는 산악인의 모습과는 거리가 멀다.

동상으로 다리를 잘라내거나 발가락과 손가락을 잃은 사람도 많다. 그리고 아직도 수습하지 못한 시신들은 눈 속에 파묻혀 미라가 된 채 방치되고 있다. 목숨을 걸어야 하기에 사람들은 히말라야에 매력을 느낀다. 좀처럼 허락하지 않는 신의 노여움을 달래며 산을 오르지만, 산은 항상 그곳에 있다. 산은 정복하는 것이 아니라 드는 것이다. 등산登山이 아니라 입산入山이다. 정상에 선다고 산이 내 소유물이 되지 않는다. 발자국 하나 남기고 돌아오는 과정일 뿐이다. 그래서 과욕은 늘 참사를 부른다. 불순한 일기에 오래도록 준비한 모든 것을 훌훌 털고 다음을 기약할 만한 그릇이 된 자만이 산에 올라야 한다. 산은 오르는 과정이지 정상을 밟고 선 사진으로 명예를 증명할 순 없다.

가까운 산이라도 정상에 오르고 싶다면 케이블카를 타거나 비행기를 이용하면 더 손쉽게 오를 수 있다. 그러나 산 밑에서 발걸음을 떼며 자신을 비우고, 힘겹게 숨을 뱉으며 정상에 선 이의 감동과 비교할 수 없을 것이다. 산은 그대로인데 사람만 바뀌어 오르고, 흰 구름으로 봉우리를 덮어 욕심을 가렸는데 사람 욕심은 수미산마저 오르려 한다. 내려놓으러 떠난 산에서 도로 배낭 가득 욕심을 채워 세상에 풀어놓는 심정을 무어라 말해야 할까.

단풍 들고 싶다

 을씨년스런 가을비가 지나간 날, 아직도 눈앞의 산야는 붉게 타고 있다. 목감기로 주말 내내 고생하던 아내가 목에 수건을 두르고 출근한다. 심사가 어지럽다. 신종플루로 어린 아들을 잃고 오열하는 젊은 아빠의 모습이 TV 화면에 어린다. 어린 자식 키우는 부모 맘에 내 일인 양 슬픔이 몰아친다. 맘에 묻고 살아가며 긴 시간 흘릴 눈물을 가늠해 본다.

 조촐한 오솔길을 택해 발걸음을 옮긴다. 낙엽 사이로 빗길의 흔적이 있고 여기저기에 낙엽이 뭉쳐 있다. 정상을 향하기보단 그저 맘이 무거워 천천히 편한 걸음을 택한다. 호젓한 산속 인적도 없고 비에 젖어 달라붙은 낙엽들만이 주말에 몰아친 천둥 번개의 번잡함을 말해 준다.

 보살사에서 독경 소리가 들려온다. 나지막이 자리 잡은 골짜기에 절이 들어 있어 은은한 독경 소리가 산을 향해 퍼진다. 수능시험이 얼마 남지 않아 손끝에 연꽃을 피우는 모정이 있어 그런 것이 아닌가 히는 생각을 하며 소리를 향해 방향을 잡는다. 법당에선 노스님의 목청 좋은 독경 속에 중년의 여인이 허리 굽혀 발원하기에 여념이 없다.

무슨 사연이 있어 이마를 조아리며 신의 도움을 간구하는지 모르지만, 인생의 고비에 맘을 비워 부처를 담아내는 노력이 힘겨워 보인다. 잘산다는 것이 무얼까 하는 화두가 머리를 헤집는다. 맹자의 삼락三樂이 아니더라도 덤덤히 한세상 풍파 없이 살아가는 것도 즐거운 일이다. 결핍의 불편함을 알기에 채우고자 욕심을 낸다. 그러나 그것이 끝없는 수레바퀴와 같은 굴레임을 알기에 노승은 절연을 통해 마음의 평정을 찾나 보다.

청아한 불경 소리 공중으로 흩어져 단풍잎을 흔든다. 길손의 발걸음 잡아끌며 번뇌가 찰나라고 말한다. 밥 먹고 똥 싸는 일상도 번뇌 가운데 있으니 어찌 보면 고해의 바다에 돛을 띄우고 사는 것이 우리네 삶이 아니던가. 망각의 늪에 빠지지 않는 한 벗어나지 못할 일이다. 긴 삶을 장작더미 위에 놓고 태운다. 허물 벗은 자리에 남은 단단한 결절들, 속세의 욕심이 눈을 가려 쓸어 담아 답을 세운다. 대리석으로 만든 사리탑 앞, 세로로 길게 파인 조사祖師의 삶을 읽는다.

인생의 부침浮沈은 누구도 피해 갈 수 없다는 사실에 안도와 위로를 받는다. 영겁의 시간을 사는 스님에게 대리석 곱게 깎아 만든 사람의 노고가 아쉽다. 길 가다가 무거우면 바랑 벗어 던지듯 흔적 없이 홀연히 가는 것도 그가 배운 공부일 텐데. 남은 자의 미련이 시간을 묶는다.

산 끝에 한 움큼 햇살이 보인다. 찬연한 색들 사이로 듬성듬성 소나무 푸른 색 조화를 만든다. 길옆 바위에 몸을 내려놓으며 보는 것이 좋아 그저 바라만 본다. 막바지 단풍색이 황홀하다. 이렇게 오랫동안 앉아 있으면 내 몸에도 울긋불긋 물이 들 것 같다. 그러다 굳어버리면 그것이 부처가 되고 내가 본 것이 극락이 아니겠는가?

각박한 삶에 모든 것이 부대낀다. 놓는다고 놓을 수 없기에 짊어진 삶의 무게가 무겁다. 불리는 호칭만큼 다양한 책임과 의무가 어깨를 누른다. 사십 대는 얽힌 인연을 잘 갈무리하며 살아야 하는 나이다. 그 또한 과거에 내가 만든 또 다른 내 모습이기 때문이다. 나와 인연 맺은 숱한 사람이 날 비추는 거울이다. 가만히 들여다본다. 맑아 보이지 않는다. 욕심의 흔적과 어리석음이 명경明鏡에 얼룩처럼 남아 있다.

허리 펴고 산에서 내려오니 잿빛 같은 안갯속에 도시가 보인다. 저 속에 내가 있다. 굳어진 양심과 평정심을 잃고 살갑지 못한 못난 모습이 마주 선다. 어쩌랴! 그것이 삶인 것을. 서너 개 흔들리는 치아에 목돈 들어가는 것이 겁이 나 잇몸 약 먹으며 통증을 참는 아내의 남편으로, 입속에 맛난 것 넣어달라고 제비처럼 입 벌리고 기다리는 아들놈들 곁으로 다가설 수밖에 없는 아비로, 그렇게 걸어 들어간다.

가을을 타는 것도 중년의 사내에겐 사치인가 보다.

마음자리

　백내장 낀 것처럼 시야가 흐리다. 뿌연 안갯속에 눈길 닿는 만큼만 앞가림하며 산행한다. 마른나무 사이로 날카로운 소리를 내며 산등성이를 넘는 차가운 바람에 옷깃 여미며 식은땀 한줄기 안으로 채워 넣는다.

　가쁜 숨소리가 젖은 가랑잎에 애처롭게 뒹군다. 푸른 잎 털어낸 자리에 칼바람 대신하고, 비탈진 경사면은 예리하다. 샘물이 끊어져 행인들 발길 돌리는 쉼터에 낯선 돌탑이 서 있다. 저 탑이 원래 저 자리에 있었나 하는 의문에 한참을 앉아 생각을 되짚는다. 여러 방향에서 보지만 좀처럼 시원스러운 대답이 나오질 않는다.

　산에서 흔히 볼 수 있는 돌들을 모아 어른 키보다 조금 높게 쌓은 돌탑이 오늘따라 새삼스럽다. 수십 번을 이 자리에 앉아 있었는데 오늘따라 처음 보는 듯한 생경함에 좀처럼 자리를 뜨지 못한다. 궁금함에 혹시 지나가는 사람이 있으면 물어볼 욕심으로 삼십 분을 기다려 봤지만, 인기척이 없다.

별일도 아닌데 괜한 호기심에 조바심이 난다. 저 벤치에서 싸 온 도시락도 먹고 물도 마신 적이 많았다. 그땐 분명히 없었던 것 같은데, 벤치에서 불과 2미터도 떨어지지 않은 돌탑을 내가 못 봤을 리 없고, 약간 밑으로 내려와 보니 기단석이 낯익은 것을 보아 원래 저 자리에 있었던 것 같기도 하고……, 좀처럼 답을 찾을 수 없다.

심란한 마음을 안고 이 길을 오르내린 지 꽤 된다. 마음이 가지 않으면 청맹과니인 양 보고도 보지 못할 수 있다. 실제로 산행하다 보면 발아래 펼쳐진 풍광이나 길 주변의 경관을 가끔 볼 뿐이고 대부분 시간은 머릿속 상념들로 어지럽다. 돌탑의 존재를 가지고 고민하는 것을 보면, 숱하게 오르내렸어도 무거운 마음에 주위를 돌아볼 여유조차 없이 마음만 바빴나 보다.

한때 가부좌를 틀고 참선을 한 적이 있었다. 배로 숨을 들이쉬고 내쉬며 모든 감각을 오로지 깊게 들이쉬고 가늘게 뽑아내는 숨에 신경을 쓰다 보면 주위의 소음과 망상이 점차 잦아드는 것을 경험하게 된다. 그러다 보면 깊은 곳에 무엇이 쌓인다는 느낌을 받곤 했다. 오감이 수많은 정보를 뇌로 보내지만, 마음이 함께 가지 않으면 금세 흩어지고 만다. 선현들이 말하는 마음공부란 결국, 오감이 만든 잡다한 망상을 걷어내고 심연 아래 가라앉아 있는 '존재' 자체를 느껴 평정심을 얻는 것이 아닐까.

구두를 만드는 사람은 지나는 사람들의 구두를 가장 먼저 보고, 옷을 디자인하는 사람은 옷의 미세한 질감과 소화를 쉽게 알아챈다. 이렇듯 보는 것도 마음 따라 다르다. 그러고 보면 난 건강을 위해 한가롭게 산행하는 사람은 아니었다는 생각이 든다. 근심 한 짐 내려놓고 여유를 얻다가, 또 근심이 쌓여 무거우면 버리기 바빴다.

결국 돌탑에 대한 궁금증을 풀지도 못하고 발걸음을 돌린다. 전에 함께 갔던 가족들에게 물어보면 손쉽게 풀릴 문제라 생각하고 산 아래로 방향을 잡는다. 그저 찬바람에 뜨거운 땀 한 줄기 식힌 것으로 위로를 삼는다.

풍주사 못 미쳐 작은 구릉에 진달래가 꽃망울을 터뜨렸다. 엄지손톱만 한 크기다. 앙증맞은 크기며 철모르는 개화가 어린 개구쟁이가 떼쓰는 표정이다. 살포시 입가에 미소가 번진다. 한참을 내려와 생각하니 휴대전화기로 사진을 찍어둘 걸 하는 후회가 밀려왔지만, 개의치 않는다. 마음에 이미 곱게 꽃물 들었으니 그것으로 족하다.

집에 돌아와 아내에게 물었다.
"전에 가본 상봉재 샘 옆에 돌탑이 있었던가?"
"글쎄, 있었나? 잘 모르겠는데."
아이들도 제각각이다. 마음 닿는 만큼만 보인다는 이치가 새삼스러운 날. 흩날리는 눈발에 철부지 진달래의 안부가 궁금하다.

몸이 산을 말하다

한갓진 등산로에 하늘을 보고 누운 밤송이가 널려 있다. 무심코 밟는 등산화에 뒹굴고 있던 시간의 알맹이가 터져 나온다. 줍지 않는다. 허리 굽히고 배낭에 넣는 수고로움이 싫고, 여남은 개로는 먹기에도 족하지 않으니 다람쥐 밥으로 남겨 놓고 그곳을 비켜 지나친다.

높은 산을 오르기 위해선 그보다 훨씬 더 먼 길을 걸어야 한다. 정상의 짧은 성취감을 얻기 위해 저 산 밑 가장 낮은 자리에서 첫 발짝을 떼야 한다는 이치가 새삼 가슴 시리게 한다. 땀방울이 떨어진다. 손등으로 훔쳐내면 찌든 삶의 찌꺼기가 내 몸을 빠져나와 맑아지는 느낌이다. 생각이 발등에 부딪히며 발걸음보다 앞서 나간다. 나뭇잎 사이로 반짝이며 흔들리는 바람에 눈이 어지럽다. 산다는 것을 생각한다.

마주 보며 산 사람과 보폭을 맞춰 함께 해주는 따뜻한 이들의 얼굴이 산길을 걷는 나의 다리에 힘을 실어 주고 있다. 잃고 얻음과 버림과 담음, 그리고 절망과 희망, 숱한 단어가 어지럽게 머릿속을 헤집고 다닌다. 행복하다. 언제 이렇게 생각이 깊게 뿌리를 내려 발끝까지 가본 적이 있었던가? 머리로 이고 사는 하늘을 보며 살아봤지, 내 몸을 지탱해준 발바닥에 감사하며 어루만지고 고마워한 적이 있었던가?

대청호수 물비린내가 바람에 실려 산으로 온다. 지나는 길손에 그늘 내어 주는 오래된 졸참나무가 눈에 들어온다. 퇴색된 오솔길은 눈이 좇다 길을 잃는다. 길은 없어지는 것이 아니다. 단지 왕래가 없어 잠시 인생에서 비켜갈 뿐이다. 누군가가 그 길을 가면 반갑게 앞을 틔워 양보해주는 것이다. 옹색한 방 안에서 나오지 않는 생각의 샘을 파던 속 좁은 모습이 먼 산의 웅장함에 황급히 달아난다. 변화된 상황이 새로운 생각을 불러내어 또 다른 길을 보여주는 이정표가 되리라는 생각이 불현듯 든다.

바람이 불고, 나는 가벼운 홀씨가 되어 바람을 탄다. 표표히 날아가는 날갯짓도 믿지 않은 몸짓이라는 것을 알아버렸다. 한 걸음을 떼어 놓는 힘은 뒷발이 나가는 힘의 반동인 줄 알고 산 지난날의 모자람을 생각한다. 내딛는 걸음을 유심히 본다. 몸을 싣고 맘을 실어 하나님의 시간을 살아간다.

알고 보면 얼마나 거룩한 시간인가. 조각난 파편들이 모여 내 삶을 밝힌다. 좁은 소견의 자투리가 모여 생각의 강을 이루며 하루의 빛을 담아내고 있다. 그렇게 긴긴 시간 눌러앉아 보냈지만 돌아보면 아쉬움과 후회가 수미산에 닿는 죄만 키워내고 있었다. 저만치 보며 눈을 감는다.

버린다고 버릴 수 있을까? 놓는다고 놓을 수 있을까? 끌어안는다고 날 놓고 널 채울 수 있을까? 들여다본다. 유심히. 그리고 손금처럼 갈라진 삶의 한 자리에서 그윽한 눈빛과 소담스러운 맘을 담아 날 다시 틔워 볼 뿐이다. 지나고 보면 행복하지 않은 날이 있었던가? 실존 하나만으로도 충만한 생명의 행복을 즐기지 못하고 보낸 시간이 너무 많았다.

양성산 팔각정에 다리를 올려놓는다. 캔맥주를 입에 털어넣고 바다가 고향인 멸치를 산에서 먹는다. 이곳도 사실은 3억 년 전에는 멸치의 양수가 넘실대던 바다였다. 기구한 인연의 사슬에 머리에 빨간 고추장을 바르고 내 입에 들어와 또 다른 생명을 얻는다. 누군가가 베어 버린 풀 더미 속에서 가을 냄새가 난다. 하늘에만 가을이 있는 것이 아니다. 코끝에도 가을은 성큼 다가왔다. 느끼는 사람의 깜냥만큼. 정상에서 만난 낯선 사람 동행하자며 내게 길을 묻는다. '저도 길을 찾고 있습니다.'라는 말이 목구멍을 간지럽게 한다.

바위에 걸터앉아 올라온 길과 내려갈 길에 눈을 맞춘다. 양말을 벗고 발바닥을 감싸 고마운 맘을 전해 본다. 너의 수고로움이 날 이곳에 내려놓고 다시 날 보게 만드는구나! 저 멀리 마을이 보이고 도로에 자동차가 지나간다. 대청호수에 푸른 물이 내 눈을 씻겨 하늘이 파랗고 세상이 파랗다. 나뭇잎을 떨어 존재를 알리는 바람이 곁을 스친다.

무엇을 보았는가? 무슨 말을 하고 돌아왔는가? 시간이 내게 묻고 있다. 본 것도 들은 것도 없다. 말도 하지 않고 돌아섰다. 그러나 차마 내키지 않는 발걸음을 옮기고 있다. 그것은 미련이 아니다. 딜어내지 못한 원망도 후회도 아니다. 시간을 빌려 몸을 사는 한 사내가 군말 없이 따라나선 그림자 같은 허깨비를 보고 자신이라고 여기고 산, 지난 시간의 안타까운 감상이 슬퍼 애써 참는 눈물이다.

바람 한 점이 그리운 날

 아침 일찍 짐을 꾸린다. 습한 날씨에 목덜미에서 땀이 흐르고, 잠을 설친 탓에 머리는 맑지 않다. 무더위에 당당히 맞설 요량으로 속리산을 오를 생각이다. 얼음물을 챙기고 볶은 김치에 김과 보리밥, 그리고 고추장을 넣고 보은을 향해 달린다. 폭염 주의보에 만류하는 아내의 걱정을 뒤로하고, 찾아가면 반겨주고 생각을 보태주는 시원한 산그늘을 기대하며 도심을 벗어난다. 차 문을 모두 열고 음악을 크게 틀어 목청껏 따라 부르며 팽팽하게 부풀어 오른 여름의 한낮을 즐긴다.

 두 시간 밖에 잠을 자지 못해 몸이 무겁지만, 문장대에서 바라보는 푸른 하늘과 시야 끝에 닿는 기암, 소나무의 자태를 떠올리며 은밀한 욕망을 충전한다.
 법주사 초입의 소나무 숲에는 더위를 식히는 피서객이 붐비고, 맑은 시냇가에는 발가벗은 아이들로 넘친다. 입장료 3000원을 내고 울창한 소나무와 굴참나무가 드리운 그늘을 밟으며 빠른 걸음을 옮긴다. 불볕더위 탓에 배낭을 메고 산을 오르는 사람은 많지 않다. 한가로이 유모차를 밀며 더위를 식히는 젊은 부부들과 부채를 쥐고 느린 걸음으로 산책을 하는 노인들이 눈에 띈다.

법주사를 지나 저수지에도 못 미쳐 옷은 땀에 절어 무거워진다. 흠뻑 땀을 흘릴 각오를 했기에 묵묵히 가쁜 숨을 몰아쉬며 계곡에 흐르는 맑은 물을 보는 것으로 갈증을 달랜다. 틈틈이 비가 온 덕분에 계곡물은 수량이 풍부하다. 어른 하나 몸을 담가도 넉넉할 깊이의 웅덩이가 많다. 계곡물은 풍덩 하고 들어가 땀을 식히고 싶은 충동이 들 정도로 깨끗하고 맑다. 얼려온 물을 꺼내 목을 축이려 하지만 녹지 않은 탓에 계곡물을 담아 시원하게 마신다. 어린 시절 흐르는 개울물을 손 바가지로 퍼 마신 생각이 난다. 그러고 보니 계곡물을 이렇게 마신 지도 오래되었다.

문장대 부근 넓은 바위에 자리를 잡고 싸 온 도시락을 펼친다. 보리밥을 김 위에 얹고 그 위에 김치를 올리고 고추장을 살짝 찍어 입안에 넣는다. 탁 틘 시야에 시원한 바람이 땀을 씻고 달아난다. 꿀맛 같은 점심을 먹고 담배 한 개비 입에 물며 지나온 길을 눈으로 좇는다. 대야에 물을 받아 더위를 식힌다는 아들 녀석의 전화를 받으니 산바람이 주는 청량감을 함께 하지 못하는 아쉬움이 크다.

습관처럼 산을 오른다. 운동 차원을 넘어서 삶의 일부가 되었다. 산은 살아 있는 거대한 유기체다. 무수한 생명이 호흡하고 서로가 기대어 생명의 길을 잇는다. 잠시 길을 빌려 내 삶을 잠깐 내려놓는 그 시간이 즐거워 묵묵히 산에 오를 뿐이다. 오르는 것이 아니라 산에 든다는 말이 더 적합할는지 모른다. 바랑에 짊어진 무거운 삶이 산에 내려놓는다고 가벼워지진 않는다. 무게 그대로를 짊어지고 다시 내려가는 것의 반복일 뿐이다. 싫지 않으니 은근한 중독이 되어버린 셈이다.

도심을 벗어나는 시간이 길어질수록 사람과의 대화가 줄어든다. 밥 먹고 사는 일상의 대화에 늘 비켜 가는 내 모습을 보며 점점 산을 닮아가는 느낌을 받는다. 일행 없이 혼자 다니는 습관이 몸에 밴 탓이다. 생각으로 묻고, 생각으로 답을 하며 입을 닫는 시간이 길어진다. 도시락 먹고 돌아서면 그뿐이다. 문장대에 올라 사진으로 시간을 묶는 번거로움도 싫고 그리운 사람에게 전화 걸어 감격을 나누는 일상도 그저 그렇다. 푸르고 맑은 산을 마음에 담았으면 그걸로 넉넉하다.

산에 묻혀 살아도 심심하지 않을 만큼 산을 오를 생각이다. 늘 같은 모양이지만 철 따라 바뀌고 때에 따라 변화하는 산의 다양한 속살을 볼 수 있어 즐거움이 크다. 생각을 끊는 맑은 물소리에 잠시 길을 멈추고 손을 담근다. 시리도록 차가운 물을 보고, 길 따라 굽이쳐 흐르는 물의 지혜로움을 생각한다. 모든 것은 다 지나가는 법이다. 한시도 머물지 않는 것이 삶이고 보면 나는 늘 어디론가 가고 있던 셈이다. 사람이 그리워지지 않을 만큼 사랑하고, 머문 자리 돌이켜 아쉬움이 남지 않을 만큼 그렇게 살다가 자연에 들고 싶다. 빠르고 늦음에 집착하지 않고 주어진 그만큼만 살뜰히 소진하면 될 일이다. 그것도 욕심이니 내려놓기가 쉽지 않다.

웃통을 벗어 젖히고 산을 오르는 젊은 스님, 내 뒤를 따라오는 젊은 아낙의 모습에 놀라 몸을 돌려 비켜선다. 맑은 물살을 희롱하며 더위를 쫓고 팍팍한 다리의 무게를 잠시 털어 낸다. 법주사 대불 개금불사 한다고 돈을 모은다. 불사에 동참하면 전생과 금생의 업장이 소멸한다는 안내문을 보다 한참을 웃었다. 인간의 욕심이 부처님도 팔아넘긴다. 부처를 보지 않고 넉넉한 속리산 품에 자신을 가두고 한세월 살면 우뚝 솟은 금강소나무처럼 자연의 모습을 닮아갈 텐데. 금빛 가루 곱게 발라 번쩍거리는 부처님 모습이 자연과 모가 나 생경하기만 하다.

몸에 밴 속리산 바람을 툭툭 털어 내고 이름도 모르는 트로트 가수의 애절한 노래를 들으며 청주를 향해 달린다. 그리워지면 또다시 찾겠다는, 장담할 수 없는 약속을 뒤로하고…….

보리밥 그릇에 사람이 있네

가을날 동네 식당 '보리밭'에서 보리밥 한 그릇 보시를 받았다. 양푼에 갖은 나물 넣어 맛나게 비벼 뚝딱 먹고 일어섰다. 공양받은 밥값만큼 살고 있는지 모르지만 야무지게 먹어 치웠다. 숭늉으로 입을 헹구고 감사함을 맘에 새겨 넣고 만행을 나서는 스님처럼 산을 향해 길을 잡는다.

쉬어 가는 길에 많은 사람을 만난다. 하룻밤 어둠 밝히며 아쉬움을 달래주던 속 깊은 사람들도 있고, 저녁에 술 한잔 사주며 무료하게 보낼까 봐 염려하는 사람도 있다. 그리고 점심 밥상에 내 밥 한 그릇 올려놓고 불러 주는 이의 따뜻한 맘도 느껴본다.

사람 사이에서 날 바라본다. 만나는 사람 하나하나에 또 다른 내가 있었다. 그들 사이로 작은 길들이 희미하게나마 보인다. 마주 보는 사람의 얼굴에 투영되는 내 얼굴이 살짝 미소 짓고 있다. 산길을 올라가다 보면 사람이 그리워지고, 내려와 보면 산의 맑은 기운이 날 부른다.

나 자신 밖의 다른 길은 없는 것이다. 세상에 나쁜 사람 싫은 사람은 없다. 내가 나쁜 사람이라 그 사람이 나빴다. 내가 싫은 사람이라 그 사람이 싫었다. 그 짧은 깨우침을 얻는 데 많은 시간이 걸렸다. 숱한 산행에서 사람을 본다. 못나고 못난 나 자신도 보았다. 그리고 버리고 버리려 해도 떨어지지 않는 아집과 교만도 보고 욕심도 보았다. 이제야 내려놓는 법을 아주 조금 알 것 같다. 사십이 갓 넘은 나이에 육신을 괴롭혀 정신이 맑아지는 것을 안다.

얻어먹은 술만큼, 얻어먹은 밥만큼, 그들이 준 시간만큼, 그리고 그들이 준 마음만큼 값을 하며 살아야 한다는 것을 사람과 산길 사이에서 배웠다.

보고 마주치는 모든 것들이 내 스승이요, 건네 듣는 말들이 다 말씀이다. 그것들을 담아내 빚고 다듬어 내 살과 뼈로 만들어 살아가는 것이 내 삶의 지표가 된다. 지난날들이 못내 부끄러워진다. 눈을 비벼 맑게 하고, 청풍에 귀를 씻어 정갈히 하고, 마음을 비워 사람을 담아내야 한다. 긴 인생 가운데 이 시간을 내게 준 사람들이 내 스승이 되었다. 버리고 기억하기 싫은 시간은 없는 것이다. 그 또한 나를 되짚어 안아 볼 좋은 기회를 준 고마운 시간이기 때문이다.

난 행복하고 편안하다. 즐겁고 상쾌하다. 나에게 염려와 걱정 어린 충고를 건네는 사람들을 만나면 그들을 설득할 자신감이 생긴다. 작은 것을 크게 보고, 큰 것을 작게 보는 마음이 한구석 여유로 샘솟는다. 걸음이 더디다 하여 책망하지 말라. 살펴 걷는 걸음이라 늦을 뿐이다.

바람에 몸을 맡긴다고 하여 어리석다고 말하지 말라. 흩날리는 꽃씨도 제 길 찾아 생명을 피워낸다. 세상을 모른다고 비웃지 말라. 세상은 보는 이의 맘만큼 밖에 보이지 않는 법이다. 세상이 아름답지 않다고 말하지 말라. 내 맘이 아름답게 볼 수 있는 마음의 눈을 잃었기 때문이리라.

밑창 뜯어진 등산화와 내 몸을 실어 허리가 휜 지팡이가 고맙다. 산을 오르다 보면 새로운 안목이 생긴다. 폐부까지 스미는 맑은 공기와 땀에 젖은 옷자락이 바람결에 말라붙는 시간과 마주 선다. 그리고 속으로 말하는 법이 생긴다. 작은 잎사귀에 부서지는 햇살, 그리고 그 햇살을 먹고 사는 수많은 식물, 그리고 그 기를 빼앗아 먹으며 사는 사람들을 보게 된다. 그러다 보면 작아진 내가 보이며 날 채운 사람들이 많다는 것과 내 몸의 반은 남에게 빌려와 이룬 것을 알게 된다. 그러니 어찌 몸과 맘을 가볍게 처신하며 함부로 놓을 수 있겠는가?

보리밥 한 그릇에 버무려진 다양한 생명이 가늘게 숨을 뿜어내며 내 길을 만들어 보인다. 밥값과 꼴값을 하며 살아야겠다는 다짐을 발걸음마다 새겨 넣는다.

봄이 오는 길목

'꽃샘추위'라는 말을 곱씹어 보면 볼수록 말이 예쁘다. 꽃봉오리를 시샘하는 겨울의 얄궂은 얼굴이 드리운 것 같기도 하고, 포근한 날씨에 서둘러 봄옷을 꺼내 입은 사람들에게 입술 뾰족 내밀고 "흥! 내가 벌써 떠난 줄 알고?" 하며 심통을 부리는 표정이 떠올라 웃음이 난다.

특이한 이상기온을 심술궂은 어린아이의 심정으로 표현했는지 신기하다. 잦은 황사와 폭설로 아침마다 일기예보를 듣고 옷을 골라야 했던 삼월의 시샘도 끝나고, 이제 봄기운이 완연하다. 노란 산수유꽃이 지천이고 나뭇가지마다 파랗게 여린 순을 밀어내는 오솔길에서 봄을 만난다. 아직은 산 주위나 들녘에 파릇한 새싹이 보일 뿐 산은 아직도 겨울의 뒤태를 버리지 못하고 있다. 하지만 얼마나 가랴? 좀 있으면 연두색 싱그러운 잎사귀로 뒤덮일 텐데.

담벼락 양지바른 곳에 앉아 햇볕 쬐는 노파의 깊은 주름 사이로 맑은 햇빛이 든다. 중풍에 절룩거리며 한 손을 말아 쥔 초로의 아저씨 걸음에도 봄볕은

푸지다. 가벼운 차림으로 산행을 하고 돌아오는 길에 서점에 들러 책 한 권 산다. 겹겹이 쌓인 책 속에서 망설이며 그 한 권을 집어 들고 나온다.

생각해보면 아이들 문제집이나 참고서가 아니라 내가 읽을 책을 사본 적이 얼마 만인가? 물론 이 책도 꼭 읽고 싶어 산 것은 아니다. 사회복지 공부를 시작하다 보니 책을 읽고 서평을 쓰라는 숙제가 있어 샀다. 책을 읽어야 한다는 생각을 늘 하지만, 쉽사리 손이 가질 않는 것은 아마도 마음에 여유가 없어서일 것이다. 책장에 빼곡히 꽂혀 있는 책에 눈이 가질 않는데 서점 가서 책을 고르기는 더욱 쉬운 일이 아니다. 어떤 이유이든 따뜻한 봄날 한 손에 책을 들고 걸어오는 마음이 풋풋한 걸 보니 포근한 봄볕이 내 맘마저 누그러뜨리지 않았나 싶다.

주말에 아이들과 시골 어머니 산소에 올라 가랑잎을 긁어내고, 소주 한잔 올리며 그렇게 한 계절을 보낸 심사를 토로한다. 산에 피는 꽃을 보고 어머니 떠나보낸 시간을 추억하며, 병실의 소독약 냄새가 아직도 코끝에 풍기는 것을 보고 그리 먼 시간이 아님을 알아챈다. 살 사람은 다 사나 보다. 밥 먹고 웃고 때론 맛난 음식 골라 먹으며 그렇게 사나 보다. 재잘거리며 가랑잎 줍는 저 아이들 웃음과 맑게 흐르는 시냇물 사이로 시간은 흘러가고, 기억은 점점 옅어져 가는 것이 세월이구나!

담배 연기 깊게 빨아들이며 털고 일어서는 자리에 눌린 푸른 잔디가 빳빳이 고개를 쳐든다. '요놈의 봄을 내가 깔고 뭉갰구나' 하는 황망함에 성급히 일어선다. 잔등이 긴지러운 봄날이 내겐 상실의 아픔으로 남는 것이다. 같이 하자며 동행한 여동생의 슬픈 눈짓도 나와 같은 쓰라린 기억을 떠올리며 애써 참고 있는 듯하다.

아이들 내복을 벗기며 마지막 겨울의 흔적을 지운다. 봄을 시샘하는 어떤 앙탈에도 응하지 않을 결연한 몸짓이다. 봄을 살기에 녹음 짙은 여름을 기다린다. 그리고 가을을. 그러다가 설경에 눈이 먼 나를 돌아보겠지. 아무려면 어떠냐? 복사꽃 흐드러진 날 꽃잎에 이름 새기고, 땀 줄기 가슴팍을 흘러내리면 시원함에 몸서리치는 맑은 도랑 찾고, 산이 물들고 마음이 물들어 지워지지 않는 그리움 조각 있으면 품고 겨울을 맞이해야지. 그리고 또 봄을 그리워하면 되겠지.

걷는 만큼 보인다

화창한 날씨를 벗 삼아 아침저녁으로 걸어서 출퇴근한다. 금천동 집에서 대성동 우성 아파트 뒷길로 해서 향교를 지나 '우암산 걷기' 길을 이용해 우암동 사무실로 온다. 지름길을 찾는다고 헤매다 막다른 골목에 막혀 지각도 가끔 하지만, 이젠 나만의 가장 빠른 길을 찾아 손쉽게 오가고 있다.

호젓한 골목길을 걸으며 '사람은 걷는 만큼만 본다'는 화두를 되뇐다. 걷는다는 것은 온전한 육체의 힘을 바탕으로 한다. 빠름과 더딤을 조절하며 가쁜 숨도 고르고, 담장 너머로 등교를 서두르는 초등학생의 생기발랄한 모습도 본다. 우린 모두 어디론가 가고 있다. 직장으로, 학교로, 혹은 뒷걸음치듯 집으로 각자의 목적지를 향에 분주하게 움직인다. 동굴을 나와 생존을 위해 분주히 움직이는 선사시대의 관습처럼 사회 속으로 들어간다. 자주 보고 자세히 본다. 봄을 맞아 담장 밑에 뾰족이 입술을 내미는 여린 새싹에서 우주를 들어올리는 자연의 웅대함을 깨닫고, 맨종아리로 걷는 여인의 바쁜 걸음에서 만화방창萬化方暢 봄의 생기를 느낀다. 늘숨과 날숨의 가지런한 호흡으로 생동하는 봄의 기운을 온몸으로 받아들인다. 어느 한 계절 그냥 지나간 적이 없는데 마음 바쁜 내가 늘 놓치고 살며 여운처럼 지난 계절의 뒤통수만 보고 아쉬워하지 않았나 자문한다.

살면서 우린 늘 길과 대면한다. 때론 길을 잃고 방황도 하지만 절박감과 맞닿은 곳에는 늘 길이 있는 법이다. 그 길은 사람의 길이다. 상처를 주고, 위안도 주는 길의 끝에는 늘 사람의 길이 있다. 노파의 잔등처럼 굽은 길 위에서 고뇌의 삶을 잠시나마 내려놓을 수 있는 것은, 길게 이어진 길 끝 어딘가에 있으리라는 희망을 믿기 때문이다. 굽은 길도, 휘어진 길도 사람의 길이며 직선의 탄탄대로도 밟고 지나야 끝나는 길이다. 내 안과 밖의 집착을 내려놓는 인고의 시간을 보내야 새로운 길과 마주 선다.

현대인들은 교통과 통신으로 인한 생활권의 확대로 유목민처럼 고향을 등지고, 직장 찾아 전국 어디든지 정착을 한다. 실향민이 고향을 사무치듯 그리워하는 것은, 갈 수 없다는 현실적인 안타까움도 있지만, 발로 밟고 눈으로 익힌 고샅과 골짜기마다 추억이 담겨 있기 때문이다. 현대인들에게 고향의 의미가 과거보다 퇴색한 것은 자세히 보고 살뜰히 살피는 마음이 없어졌기 때문이다. 광속처럼 빠른 시대, 바람처럼 지나가는 속도의 시대에 살고 있어 옛날처럼 짚신 신고 산천 구경하며 걷는 느림의 미학을 잃어버린 것이다. 탯줄 끊은 병원이 고향이 되었고, 찾아가 반길 이는 전화로 인터넷으로 안부를 물으면 그만이다.

삶은 걷는 것이다. 그리고 걷는 만큼만 본다. 걷는 일은 주위를 둘러보는 넉넉함을 선사하며, 때로는 걸어온 길을 되짚는 여유를 동반한다. 사람은 본 만큼 생각하고, 자세히 본 만큼 생각이 정밀하다. 그리고 가끔 멈춰선 곳에서 불현듯 자신을 만날 수도 있다.

걷기 명상을 강조한 베트남의 틱낫한 스님은 "걱정과 불안, 망상에 한눈팔지 말고 마음을 호흡과 발밑에 집중하라. 온전히 지금 하는 일에 집중하라. 온갖 생각과 함께 방황하지 말고 '지금 이 순간'에만 집중하라"고 하며 걷는 가운데 내면의 소리에 귀 기울일 것을 강조한다.

올 1월에 한 달여 동안 스페인 산티아고의 순례자길, 800km를 걷고 온 지인에게 힘들어서 중간에 울었다는 말을 들었는데, 난 그 울음이 육체의 고통 때문만은 아니라고 믿는다. 강요로 걷는 길이 아니기에 자신을 돌아보고 몸 안에 갇혀 있는 영혼의 울림을 분명히 느꼈을 것이다. 길에서 길을 묻고, 새로운 길의 방향을 잡는 질문 앞에서 과거 그 길을 갔던 순례자巡禮者의 마음을 느꼈으리라. 햇살 좋은 봄날, 천천히 걸으며 고요하지만 늘 분주한 생명의 태동을 느끼며 자신만의 봄맞이 계획을 세워보는 것도 좋지 않을는지.

산행 예찬

산행에 맛을 들인 지 8개월이 되었다.

워낙 운동을 싫어하는 성격이라 기껏해야 가까운 곳을 걷는 산책을 유일한 낙으로 삼았다. 벌초 때 조상님 산소 가는 낮은 산길에도 숨을 헐떡이며 쉬어 가길 반복했다. 체력이 좋지 않다는 생각은 자주 했지만 따로 운동할 생각을 하진 않았다. 군기가 바짝 들어 공을 쫓는다는 군 생활 동안에도 그 흔한 축구 한 번 하지 않았노라고 자랑삼아 얘기할 정도로 운동에는 젬병이다. 간혹 지인들과 족구 할 기회가 있어도 왠지 싫고 부담스러워 자리를 은근슬쩍 피해 버린 경우가 많다. 그러다 보니 체력은 더욱 약해지고 거기다 잦은 음주로 배만 나오니 벗은 몸을 남에게 보이는 자체가 민폐가 되고 말았다.

그 와중에 하던 일을 접게 되어 여러 가지 근심이 쌓인 마음이나 달래 볼 욕심으로 무더위 땡볕에 산행을 시작했다. 사기가 충천해서 산길에 들어섰지만, 숨이 차오르고 다리는 무거워 천근만근 되고 보면 왜 이 고생을 하나 하는 생각에 중도에 발길을 돌리고 싶은 마음이 굴뚝같았던 적이 많았다. 걷는 시간보다 쉬는 시간이 더 많은 산행이지만, 집에 돌아와 땀에 흠뻑 젖은 옷을 갈아입을 때면 왠지 몸 안의 노폐물이 빠져나온 듯한 느낌이 싫진 않았다.

집 가까이 있는 낙가산을 이틀에 한 번꼴로 오르내렸다. 7월 한낮이라 등산객도 많지 않아 그늘에 쉬며 담배 한 개비 피우고 이런저런 생각을 하며 몸을 깎아내렸다. 처음에는 낯설던 길들이 눈에 익고 괜한 호기심에 사람 다니던 흔적이 있는 길은 대부분 다녀봤다. 산행길을 늘려 상당산성까지 한 바퀴 돌고 내려오면 다섯 시간 정도의 시간이 든다. 아침에 일어나도 뻐근한 통증이 사라지고 가뿐한 몸과 굵어지는 허벅지가 좋아 부지런히 다녔다.

녹음 짙은 여름 산행의 묘미는 뚝뚝 떨어지는 땀방울을 훔치며 숲 사이로 부는 바람을 맞는 것이다. 소나무 향기 맡으며 그늘진 자리 골라 앉아 양말도 벗고 저 밑에 보이는 시내를 조망하며 떠나온 자리 굽어살피는 즐거움이 크다.

철이 바뀐다는 소식도 산에서 가장 먼저 듣는다. 햇볕 색깔이 달라지고 도토리 익어가는 것만 봐도 금방 알 수 있다. 단풍 들고 잎이 떨어져 오솔길을 포장하는 시간, 그렇게 성큼 가을이 찾아온다. 화려하게 물들어가는 산을 보며 청량한 공기 맘껏 마시고, 숲 사이로 비추는 따가운 볕을 피해 부지런히 발걸음을 옮기며 가꾸지 않아도 넉넉한 열매를 맺는 자연을 보는 즐거움에 흠뻑 빠졌다.

떨어진 낙엽이 갈색 멍석을 깐 자리에 흰 눈이 내려 운치를 더해 주는 겨울의 산행은 코끝을 시린 차가운 바람에 마음조차 맑아지는 재미가 있다. 발목까지 덮인 눈을 밟고 발가벗은 알몸뚱이 드러내 절대 고독의 분신처럼 외롭게 서 있는 나무들을 보며 사람 사는 세상을 생각한다. 빼곡한 숲이 엉기성기 빈자리가 되고, 그 사이로 파고드는 찬바람을 맞으며 두 팔 벌려 다가오는 봄의 성찬을 꿈꾼다. 빈 가지 시야를 넓혀 눈길 닿지 않던 저 너머를 보게 한다.

혼자 가는 산행길, 근심의 질곡 속에서 헤매다 보면 막다른 골목에서 나를 만난다. '세상사 다 그렇지 뭐' 하며 달관한 듯 던지는 체념 속에는 아직도 욕심과 꿈으로 포장된 미련에 욕심이 묻어 나온다. 굽어지고, 휘어지고, 오르고, 내리고의 반복이 계속될수록 몸도 따라가고 마음도 굽이친다. 사람과 사람이 부딪치고, 먹고사는 문제가 아린 통증으로 밀려와도 허벅지와 종아리가 땅기는 통증에 묻혀 지나치는 시간이 좋다.

봄이 온다고 귓가를 스치는 바람이 말을 걸고, 아지랑이 피어오르는 들녘에 움튼 푸른 풀잎이 눈인사한다. 얼었던 잔설이 녹아 골짜기 맑은 물 흘려내는 따뜻한 봄날. 가벼운 옷에 죽장 짚고 다시 보는, 생명과 숨소리로 인사 나누며 돌아가는 오솔길 굽이진 끝자락이 아름답다.

시름에 겨워 찾은 산길에서 몸이 말하는 소리도 듣고, 미워서 싫어진 사람도 보듬는 나를 만난다. 마음공부에 실하게 굵어진 종아리도 만져보고 말갛게 흐르는 땀을 닦으며 미움도 사랑도 버려야 내가 보인다는 진실도 깨닫는다. 산이 마음에 드니 계절의 변화도 실감나고, 숱한 얼굴과 고마운 이야기도 꽃피듯 만개한다.

짐을 벗으려고 산을 오르는 건 아니다. 짐을 짐으로 느끼는 것은 산 밑이나 오르막 끝이나 매한가지다. 잊는다고 잊힐까? 벗는다고 벗어지겠는가? 마음이 보는 대로 발걸음을 옮기다 보면 잊힐 것은 잊히고, 벗을 것은 벗게 된다. 걸어가는 모든 길은 산이 된다. 높낮이가 중요한 것이 아니라, 무심히 지나친 일상들 속에 보지 못하고 느끼지 못했던 작은 것들을 몸을 낮춰 보다 보면 마음에 숲이 우거진다. 한갓지고 봄볕이 푸짐한 논두렁을 걷는 느낌으로 조심스럽게 걸어가면 될 일이다.

파릇한 새싹 움터오는 흙을 밟고 우주를 들어 올리는 생명의 소리를 들으며 봄을 맞아 나도 봄이 되는 까닭을 물어보는 것도 좋은 일 아니겠는가?

숲에서의 사색

작은 것을 크게 보고 큰 것을 작게 보는 일은, 그 안에 오롯이 담긴 숨결을 느끼며 대소大小와 상관없이 무한한 우주가 담겨 있음을 깨닫는 과정이다. 세상에는 수많은 공부가 있다. 밥그릇 넓히기 위해 각종 직업이 요구하는 따분한 공부도 있고, 세상사에 눈을 밝혀 조금 더 자세히 보기 위한 고취高趣의 공부도 있다. 마음 밭을 갈고 세상을 묻고 보듬어 생명을 담아내는 종교로의 귀의歸依도 또한 좋은 공부다.

40여 년의 긴 세월 동안 먹고 마셔 두엄 곁 뒷간에 눈 똥만 해도 작은 언덕을 이룰 터이다. 입으로 들어가 항문으로 나오는 배설의 과정이 몸이 살아온 긴 흔적이다. 양분으로 몸집을 한껏 불리고 살면서 밥이 밥이 되는 까닭을 모르고 살았으니 우리에 갇혀 도살의 시간을 기다리는 돼지와 다를 바가 없다.

열 달 가까이 산을 오르내리며 자세히 보는 일에 심혈을 기울였다. 지나가다 가끔 올려다보며 계절이 바뀜을 알았던 무심함을 벗고 산속의 생명이 어떻게 철을 바꾸고 사는지 어떻게 성장과 변화와 쇠퇴를 거듭하며 삶을 이어 가는지 보고 또 보았다. 계절은 봄, 여름, 가을, 겨울만 있는 것이 아니었다.

수십 번의 작은 쪼갬이 모여 한철을 이루고 그 나뉨 속에 또 천 갈래, 만 갈래 미세하게 나뉘어 변화하는 생명의 몸짓이 있다. 찰나의 순간도 자연은 휴식을 취하지 않았다. 된더위에 시든 나뭇잎도 폭설에 꺾여 주저앉은 솔가지도 쉼 없는 생명의 치열한 모습이다. 살아있지 않은 것이 없다. 생명의 한고비를 넘겨 내려앉은 가랑잎은 또 다른 생명의 부활을 잉태한다. 연둣빛 입술을 내밀어 생명의 기를 먹고 밑동을 살찌게 하는 우람한 나무도, 숲 사이로 떨어지는 빛을 받아먹으며 바닥에 몸을 비비는 작은 풀잎도 경이로운 생명의 순환을 품고 사는 우주의 한 모습이다.

무엇을 먹을까 고민하는 배부른 탐욕 때문에, 낟알이 생명이 되고 그것이 무한의 고리로 연결되어 나 자신에게 돌아온다는 평범한 진리를 모르고 살아, 두꺼워진 뱃가죽과 굳어져 부끄러움을 잃은 얼굴로 되돌아온다. '입에 들어가는 모든 것은 선하다'라는 예수의 말처럼 생명이 또 다른 생명을 낳는 신비함을 모르고 지낸 시간이 길다. 그리고 보면 우주를 향해 배를 띄울 일이 아니다. 물질을 구성하는 소립자의 세계를 들여다보면 그 안에 상상을 넘어선 우주가 있다. 그것은 서로의 존재가 '있음'으로 귀결되게 하는 신의 숨결이 있기 때문이다. 마음으로 보고 고마움으로 응대하면 서로의 존재함이 필연이 된다. 그것이 영겁의 시간이 만든 '우주의 심'이다.

관심과 눈길조차 받지 못하는 작은 존재들이 모여 숲을 이루고 생명을 불러 모아 키운다. 있음의 존재가 상대적 가치를 불러 모아 다른 있음을 만들고 생명의 원과 숨을 만든다. 어느 한 가지 소홀함이 없이 돌아가는 무위無爲의 순환은 인간도 그 예를 벗어날 수 없다.

 삶과 죽음은 없다. 에너지의 전환일 뿐이다. 천국과 지옥을 말하지 마라. 천국과 지옥은 원시의 두려움이 사유를 가둬버린 단어에 함몰된 천착이다. 두려움으로 생명의 발랄함을 빼앗는 신은 가버려라. 생명이 생명을 만드는 공간에 신의 영역은 없다. 두려움이 강제된 억압의 시간은 중세로 가버리고 흐드러지게 생명이 춤추고, 영위하는 인간의 세계만 남으면 된다. 황금 성전과 꿀과 젖이 흐르는 강은 사막에서 갈증에 신음하던 히브리인의 원형이며, 오아시스 아래에 수십 명의 미녀와 성교를 나누는 천국은 이슬람의 율법에 옭아매여 자유로움을 잃어버린 이스마엘 자손의 것이다.

 묶지 않고 옭아매지 않는 자유로운 눈으로 땅을 밟고 내가 아닌 것이 없다는 겸손함으로 하늘을 보자. 신의 음성을 들으려 울부짖는 역사는 시내 산에서 모세가 종말을 고했다. 내 안의 것을 모시며 좌우를 살펴 신의 형상을 찾아보자. 담은 것을 맑고 정갈하게 하다 보면 내가 품고 사는 신의 모습과 나를 '있음'으로 존재케 하는 상대를 찾을 수 있다.

 산행을 끝내고 돌아오는 길에 무위당 장일순 선생의 '삶과 수묵'전을 보고 책 두 권을 품고 돌아왔다. 낯익은 사진과 전에 듣고 보았던 말씀이 붓놀림 끝에 살아 있음을 느꼈다. 책상에 놓인 책 제목을 가만히 응시한다. 책을 펼칠 때마다 내 몸을 적셔주는 단비 같은 약이 되리라 기대해 본다.

왜 그렇게 걷느냐고요?

추석 연휴 5일 동안 150km를 걸었다. 미친 듯이 걷고 또 걸었다. 코로나 핑계 삼아 실컷 걸었다. 산행도 하고 도심도 걸었다. 사람들은 묻는다. 무슨 일 있느냐고. 사람이 사는 데 어찌 일이 없겠는가. 현장실습 가는 둘째녀석, 방황하다 공부를 시작한 큰녀석, 내 어깨에 짐이라면 짐이다. 모진 말로는 네 인생 네가 결정하고 책임지면 된다고 하지만, 자식 일이 객관적일 수 없음을 자식 둔 부모면 누구나 공감할 터이다. 내 맘이 한동안 심란했던 까닭이다.

충북도교육청에 들어온 지 1년 반이 넘었다. 처음에는 어려움도 있었지만 잘 적응했고 승진도 했다. 그러나 가끔은 평범한 일상이 주는 편안함이 불편할 때도 있다. 촘촘한 일상에 무언가 놓치고 산다는 생각과 변화를 도모하기 위해 끊임없이 노력해야 한다는 강박감이 나를 짓누를 때도 있다. 시민단체에서 만났던 사람들과는 다른 분위기와 사람들, 그 안에서 흉금을 터놓고 얘기해도 좋은 사람도 만났고, 미리 계산된 사람과 계산된 이야기를 해야 하는 성무적인 일도 내 일이다.

걷다 보면 사람이 보인다. 마음 한 자리 차지하고 옹이처럼 굳어져 떨어나가지 않는 그 사람에 대한 그리움과 미움도 만난다. 끊어진 길처럼 왕래가 없어 한동안 소원했던 사람도 보인다. 한때는 매일 만나 세상 근심을 함께 나누던 좋은 벗이라 했는데 상처를 주고 기억조차 고통이 된 사람도 있다. 재잘대며 산을 오르던 녀석들도 이제는 나보다 빠른 걸음으로 앞에서 길을 잡고 뒤로 쳐지는 나를 채근한다. 죽는 날까지 자식 걱정은 끝이 없다고 했는데, 위태로운 걸음은 아니어도 미덥지 않은 게 부모 마음이라는 것도 산행에서 헤아려본다.

실직상태에서 절망감을 쏟아내기 위해 다니던 산길에서 십 년 전의 나를 만나기도 한다. 버려진 시간은 없다. 그때는 그때대로 한 짐 짊어지고 산을 오르고, 오늘은 오늘대로 한 짐 짊어지고 오른다. 그때보다는 지금이 낫다는 생각으로 위안 삼지만, 알 수 없는 것이 사람 마음이라고, 지나간 것은 잊고 때론 추억으로 포장하고 오늘의 고통만이 큉한 가슴을 채운다. 몸이 힘들수록 생각은 명료하고 과거는 또렷하다.

길에서 많은 사람을 만났다. 안 만났으면 하는 사람도 있고, 함께해 준 것만으로도 고마운 사람도 있다. 날마다 새로운 인연을 맺는다. 아파도 끊을 수 없는 인연도 있고, 아프면 끊을 수 있는 인연도 있다. 잠시 벗어나면 그만인데 그게 잘 안 되는 것이 우리네 삶이다. 높이 솟은 바위에서 시내를 내려다본다. 참 많은 길을 걸었고, 많은 사람이 저 산 밑에 산다는 것을 새삼 깨닫는다. 저 틈바구니에 얼마나 많은 사연과 고통이 존재할까.

걷는다는 것은 내려놓는 과정이다. 생각의 무게도 덜고 육신의 무게도 덜 수 있다. 복잡다단한 삶의 실타래도 누에고치 물레에 돌려 명주실 뽑듯 조금은 투명하고 가볍게 할 수 있다. 그래도 풀지 못한 관계와 놓는다고 놓이지 않는 삶의 잔해는 다음 날이나 그 다음 날 또 산을 타고 걸어야 하는 이유가 된다.

가을이 깊어 간다. 몸은 앞을 향하고 생각은 과거를 쫓고 입은 현실을 보라고 한다. 영혼이 가벼웠으면 좋겠다. 먹고사는 일은 먹고사는 일로, 불투명한 미래는 미래대로 남기고 앙상해서 튼튼하고 꼿꼿한 내 영혼과 마주하고 싶다. 세상이 주는 여타의 굴레에서 벗어나 지금보다는 좀 더 자유로워지고 싶다. 덜어내기 위해, 단단해지기 위해, 오늘도 나는 부단히 걷는다.

제2부

고구마꽃과 아내

여보, 고마워

재작년 12월 초, 좁쌀처럼 등 부위에 올라온 피부 발진이 올해도 계속되고 있다. 일상생활이야 가능하지만, 밤만 되면 찾아오는 가려움증에 하루 서너 시간, 적게는 한두 시간 밖에 잠을 자지 못하고 있다. 얼굴을 제외한 몸 전체가 벌겋게 변했고, 심한 곳은 진물이 흐르는 지경에 이르렀다. 온도에 민감해 집에 들어오면 순식간에 찾아오는 가려움증 때문에 어찌할 바를 몰라 온몸을 피가 날 정도로 긁는 것이 일상이 되었다. 두어 군데 피부과도 다녀보고, 한의원에서 침도 맞고 한약도 먹어봤지만 효험이 없다. 대학병원에서 조직 검사를 하니 약물 부작용이라고 진단을 하는데, 딱히 그 성분이 무엇이고 어떤 약을 먹어서 그렇게 되었는지는 정확한 진단과 처방이 없다.

병원마다 진단은 다 달라도 처방은 늘 한결같다. 스테로이드제가 유일한 처방이다. 그러나 스테로이드제라고 하는 것이 단시간 내 효과를 발휘할 수는 있지만, 그에 따른 부작용이 많고 또한 차도가 있어 복용의 양을 줄이면 처음으로 되돌아가는 악순환이 계속되는 단점이 있다. 그래서 약을 끊고 민간

요법으로 피부에 좋다는 차를 달여 마시고 있지만, 상태는 호전될 기미가 보이지 않는다. 장시간 지속하는 피부발진이 만성화되지 않을까 하는 불안감과 일상의 불편함, 특히 수면 부족이 나를 힘들게 하고 있다.

저녁이면 팬티 바람으로 앉아 있는 나에게 아내와 아이들이 온몸에 보습제를 발라준다. 새벽 네다섯 시까지 잠을 못 자면 옆에 앉아서 등을 문질러 주어 잠을 조금이라도 청할 수 있게 도와주고 있다. 내 고통도 고통이지만 곁에서 지켜보는 가족들, 특히 아내의 걱정은 클 수밖에 없다. TV에서 황토가 좋다고 하니 어느 날은 황토 항아리와 황토를 구해 지장수를 만들어 놓고, 어성초가 해독작용과 소염작용이 있다는 말을 듣고는 매일 어성초 차를 끓여놓고 마시게 한다. 속옷은 황토물에 염색하고, 몸에 독소를 빼내는 데 효과가 있다는 해독주스, 녹두죽과 채식 위주의 식단을 준비해 준다. 그런데도 가려움증과 온몸이 상처투성이로 얼룩진 내 모습을 보는 것 자체가 아내에겐 심한 고통이리라.

여러 방법을 찾아서 하다 보면 그중에 하나는 얻어걸리겠지 하는 바람도 있지만 1년 넘게 지속된다는 사실 앞에서 불안할 수밖에 없다. 주위 아는 분들은 직간접적으로 체험한 방법이나 들은 이야기를 전해 주며 여러 가지를 해 보라고 권하지만 모두 확신할 수 없는 것들이다. 얼마 전 뉴스에서 아토피가 심한 10살 남짓한 자녀를 둔 어머니가 아이의 상태가 호전되지 않고 스테로이드제의 부작용으로 점점 상황이 악화하는 것을 비관해 아이를 목 졸라 살해하고 본인도 목숨을 끊은 사건이 보도되었다. 도덕적인 문제나, 치료의 방법, 그 효과성 등 모든 것을 차치하더라도 그 가정에 아토피가 가장 큰 불행의 원인이었음은 분명하다. 더욱이 얼굴까지 침범한 아토피의 증상을 매일 봐야 하는 어머니로서의 불안감과 절망감이 이해된다.

병 없이 살 수 있다면 좋으련만 한 가지 이상의 고통은 늘 달고 사는 것이 인생이다. 또한 예측한 불가능한 상황은 언제든 찾아와 사람을 힘들게 한다. 교통사고나 예상치 못한 질병의 발현으로 일신상의 고통뿐 아니라 금전적인 피해로 어려움을 겪는 가정이 숱하다. 한 개인의 고통이 가정의 비극을 불러오는 경우가 많다. 가려움으로 인한 불면의 밤이 지속될수록 신경은 날카로워지고 만사가 짜증스럽다. 이런 모습을 보는 가족의 맘도 편할 리는 없다. 그래도 싫은 내색조차 하지 않으며 옆에서 보살펴주는 아내의 손길에 감사함을 느끼니 아파서 잃는 것만 있는 것은 아니다. 내가 잠을 청할 수 있도록 옆에 앉아 등을 긁어주는 속 깊은 아들의 안쓰러움도 느끼고, 잔심부름도 도맡아 하는 둘째 녀석도 제 딴엔 아빠를 걱정하는 마음이 크니 말이다.

어찌 사람이 병 없이 살길 바라겠는가. 현재 내 병이 부러운 사람도 부지기수일 것이다. 섭생을 잘하고 약을 잘 먹으면 호전될 수 있다는 희망이 있으니 말이다. 불치병 진단과 더불어 살날이 몇 개월밖에 남지 않았다고 통보받은 이의 두려움과 고통에 비하면 나의 고통은 별것 아닐지도 모른다. 남의 고통이 현재의 내 고통을 줄여주는 대응책은 될 수 없지만 긴 세월 놓고 보면 그래도 대수롭지 않은 일일 수도 있다. 병세에 조금만 좋다고 하면 득달같이 주문해 몸에 바르고, 먹으라고 강권하는 아내의 수고가 그저 고맙게 느껴지는 것도 아프니까 얻을 수 있는 호사인지 모른다. 그러면서 내 아내가 나보다, 아니 이보다 더 중한 병을 얻는다면 난 어떻게 할까 하는 사문도 해본다. 좋은 모습만 보여주고, 행복한 일만 쫓아다니는 결혼 전 연인이라면 모르거니와 배우자가 늙고 병들어도 그 책임을 다하겠다는 맹세를 한 사이니 응당 그러해야 하지 않을까.

불면증에 시달리는 날 위해 잠시 고통이라도 잊으라고 등을 긁어주는 아내의 따뜻한 손길을 느낄 때 한없이 편안함을 느낀다. 아프니까 마누라 소중한 지 알겠냐는 핀잔이 싫지 않다.

우린 이렇게 살았다

　그날은 온종일 비가 내렸다. 1997년 7월 5일, 종일 궂은비가 내리고, 토요일 2시를 넘기지 말아야 좋다는 용한 점쟁이 말에 하객들이 도착하기도 어려운 12시에 결혼식을 올렸다. 그해 1월 말쯤에 만나 불과 5개월 만에 치러지는 결혼은 말 그대로 '번갯불에 콩 구워 먹는' 식이었다. 얼떨결에 여동생 가족 식사 자리에서 한 번 만나고, 한참 후 청주에서 한 번 만나고 세 번째 만날 때 결혼하자고 했다. 그녀의 자취방에 가지런히 꽂혀 있는 가계부와 서너 벌의 옷이 걸려 있는 검소함이 맘에 들어 같이 살아도 괜찮다고 생각했다.

　이력서를 낸 학교에서는 연락이 오지 않고, 잠깐 하는 일이라고 생각한 학원 강사 일로 지쳐 갈 무렵 그렇게 우린 만났고 결혼했다. 뜨거운 연애도 없었고 이 사람 아니면 안 된다고 생각해보지도 않았다. '서로 그만하면 되겠지!' 하는 마음뿐이었다. 벌어놓은 돈도 없어서 내 자취방 전세금 500만 원과 아버지가 주신 500만 원을 가지고는 농짝 하나 제대로 들어가는 집을 얻을 수가 없었다. 아내가 적금을 깨 돈을 보태 겨우 방 2간짜리 오래된 빌라를 읽어

신혼집을 차렸다. 남들처럼 토닥거리며 싸우기도 많이 싸우고, 결혼을 후회해 본 적도 많았다. 아내도 아마 그랬을 거라 생각한다.

아침에 일찍 출근하는 아내와 밤늦게 들어오고 저녁에 출근하는 나, 생활 패턴이 달라 늘 대화가 부족했고, 잠자리마저 각방을 써 살갑고 애틋함이 없었다. 그렇게 시작한 결혼생활이 이제 13주년을 맞이했다. 아들 둘에 내 집도 장만하고 넉넉하진 않아도 그런대로 살아간다.

주말마다 가는 시골집을 싫은 내색 한 번 안 하고, 형제간에 우애 있게 잘 지내는 것도 아내의 덕이 크다. 내가 직장 그만둔다고 할 때도 얼굴 찌푸리지 않고 잘 생각했다고 격려를 해주고, 옷장에 용돈을 넣어 두고 없어지면 다시 채워 넣는 속 깊은 사람이다. 잔정이 없고 권위적인 내 성격을 잘 알지만 큰 부대낌 없이 오늘까지 살아온 것도 아내의 배려가 있기에 가능했다는 것을 잘 안다.

얼마 전, 전에 옷을 산 가게에서 문자가 와서 결혼기념일인 줄 알았다. 13년 만에 아내에게 선물을 했다. 보잘것없는 속옷이지만, 치수를 몰라 몇 번이나 옷장을 뒤져 알아냈다. 횟집에서 단둘이 소주를 마시고 집으로 돌아왔다.

당신 없으면 죽고 못 산다는 사람들의 말을 나는 믿지 않는다. 남녀 간의 사랑은 나름의 타협이라고 생각한다. 서로의 형편과 조건을 가늠해서 사람을 만나 정이 들면 '익숙함과 편안함'을 사랑이라고 포장하고 미화하는 게 아닐까? 서로 다른 생각을 하는 사람들이 모난 부분을 깎고 녹여내 서로 닮아가는 것이 결혼생활이다. 처음부터 완벽한 사랑은 없다. 그런 사랑은 유리잔 같아 언제든 깨지기 쉽다.

하객들 모아 놓고 평생을 함께하자고 맹세하는 것은 인생길에 고난이 닥쳐도 잡은 손을 놓지 않겠다는 자신의 다짐을 굳건히 하는 행위다. 내 것을 버리고 상대를 담아내는 노력이기도 하다. 처음부터 만족한 조건은 살면서 잃을 것이 많다는 것을 의미한다. 채워져 있기에 덜어내는 과정이 필요하다. 그러나 부족함을 서로 느낀다면 나머지 인생을 살면서 채워 가려 노력하면 될 일이다. 인생은 사랑만으로 사는 것이 아니다. 때론 냉철한 이성과 긴 여생을 관조할 줄 아는 혜안이 필요하다. 타오르다 식어버리는 것이 아니라 은근한 기다림과 서로의 삶이 맞물리고 얽혀, 둘이지만 '나'의 존재가 드러나지 않는 하나의 삶이 되어야 한다.

내가 변하지 않고 상대가 자신에게 맞춰주기만을 기다린다면 평생을 기다려도 답은 요원할 것이다. 사랑의 시작은 너와 나지만 결혼은 우리 모두가 함께 한다. 다른 이름으로 불리는 수많은 존재가 또 다른 나인 까닭이다. '결혼해서 고생시키지 않겠다는 말과 손에 물 한 방울 묻히지 않게 해주겠다'는 사랑의 고백은 아이들 소꿉놀이에서나 하는 말이다. 결혼생활은 같이 고생하고 상대를 위해 기꺼이 손을 구정물에 담그는 과정이다. 대우받는 것이 아니라 대우받을 정도로 서로 믿고 아끼는 과정이다.

결혼은 항상 이별을 전제하고 있다. 서로의 삶이 행복하지 않아 갈라서는 이혼도 있고 언젠가는 살다가 한 사람의 죽음을 보아야 하는 사별도 있다. 흔자 남겨진 삶을 살아야 하는 슬픔을 염두에 두고 살아야 한다. 결혼의 해피엔딩은 두 사람의 몫이 아니다. 노후의 삶은 자녀가 좌우한다. 사네 못 사네 하며 궁상떠는 자식의 모습 또한 인생이고 결혼생활이다. 숱한 시련과 고난을 함께 견디며 내가 못 하는 것은 그대가 도와주고 그대가 못 하는 것은 내가 채워주며 인생의 고비를 함께 넘는 것이다. 아스팔트처럼 곧고 평탄한 인생에는 상처가 아물고 짓무른 고통의 시간을 옛이야기 삼아 나누는 정겨움이 없다.

죽음이 갈라놓는 순간까지 결혼은 진행형이다. 어떤 사람을 만나든, 어떤 아쉬움이 남아 있든, 사람이 살아가는 것은 고통을 수반한다. 부부가 된다는 것은 삶의 몫을 나누어지는 과정이다. 나만 생각하면 불행하다고 생각하지만, 나 같은 사람 만나서 사는 상대도 불행하다는 것을 잊으면 안 된다. 부부에게 완전한 사랑은 없다. 평생을 같이 살아도 내 것이 되지 못한 상대의 허물과 그가 되지 못한 자아는 남아 있다.

13년을 살았지만, 아직도 우리에겐 깎여야 하는 모서리가 너무 많다. 어떤 위기가 찾아올지도 모른다. 충분한 신뢰가 쌓였다는 믿음이 또 다른 위기를 불러올 수도 있다. 믿었기에 작은 신뢰의 틈은 더 큰 배신으로 상대에게 고통을 줄 수 있다. 중요한 것은 상대에게 투영되는 나 자신을 잘 살펴 걷는 것이다. 나의 불행은 아내의 불행이요, 그것은 두 사람이 일궈 놓은 가정 전체의 불행이다.

두 사람의 만남을 운명적인 사랑으로 포장하든, 오가다 만나 인연끼리 살

붙이고 사는 거라고 둘러대든, 그로 인해 파생된 숱한 인연의 끝자락을 잡고 있다는 책임의식은 벗어날 수 없다. 그러기에 오늘의 삶은 진실하고 신중해야 한다. 결혼은 장밋빛 환상도, 깨소금 볶는 달콤함도 아니다. 담백한 일상에 자고 나면 생기는 여러가지 일을 보람을 갖고 극복해 나가는 과정이다. 어떤 죽음을 맞든 '상대의 부재'에 가슴 아파하며 또 한 번은 독신의 삶을 살아야 한다. 살이 섞이고 삶이 섞여 얼굴마저 닮아가는 부부의 삶은 긴 여정이다.

마지막 가는 길에 손을 움켜쥐고 얼굴을 만지고, 뜨거운 눈물 쏟아내며 가슴으로 우는 그날, 우리가 사랑했다고 고백해도 부끄럽지 않다. 먼 곳을 보기에 발밑에 차이는 일상의 사소함을 넉넉히 품을 수 있는 여유를 갖는다. 큰 꿈을 꾸기에 현실의 작은 허물을 서로 덮고 넘어갈 수 있는 것이다. 사랑은 일방통행이 아니다. 불행은 나만 생각하는 잘못된 습관에서 출발한다. 내가 행복한데 상대가 불행할 수 없는 이치와 같다.

보잘것없는 선물에 기뻐하고, 비록 늦은 저녁이지만 술 한잔 나누며 돌아오는 발걸음이 가볍다. 주저앉고 싶은 인생의 무게라도 나누며 꼭 잡은 손을 놓지 않고 그래도 잘 살았다고 가슴 쓸어내리며 살았으면 싶다. 오늘은 백발을 벗 삼아 함께 걷는 미래를 꿈꿔 본다.

전어 가시가 목에 걸린 날

아이들 저녁밥 차려 주고 아내의 퇴근을 기다린다. 텔레비전에서 본 싱싱한 전어 회 먹는 장면이 눈에 박혀 사라지지 않는다. 한참을 기다려 퇴근한 아내에게 넌지시 압력을 넣었다.

"벌써 가을이네. 전어가 나올 때가 됐지."

아이들 저녁은 먹었느냐 물어보니 다 먹고 학교 숙제, 학원 숙제까지 다 끝냈다는 말이 이어진다.

애들 떼 놓고 둘이 가서 전어 회나 먹고 오자고 눈짓을 했다. 눈치 빠른 아들놈들은 협상을 한다.

"그럼 두 분 갔다 오세요. 그럼 우린 뭐 하지?"

'컴퓨터 한 시간'이라는 미끼를 던져 서로가 원하는 부분에 합의를 봤다. 추위에 유난히 약한 아내는 겉옷을 걸치고 집을 나섰다. 집 근처 횟집에 자리를 잡고 전어 회 한 접시와 소주 한 병을 주문한 후 이런저런 말을 나눴다. 대화의 시작은 주로 애들 교육 문제였다.

사실 아내 속맘이야, 석 달째 놀고만 있는 신랑이 무슨 생각을 하는지, 다른 직장을 알아보고는 있는지, 솔직히 궁금하고 묻고 싶을 것이라고 짐작한다. 서로가 애써 그 주제는 피했다. 아내는 술 한 잔을 놓고 고사를 지낸다. 어느 테이블에서 전어구이를 주문했는지 고소한 냄새가 퍼진다. 소주 알코올 도수가 낮아지니 예전 같으면 한 병이면 될 것을 이젠 한 병을 더 먹어야 예전만큼의 취기가 오른다. 누가 보면 잉꼬부부가 오붓하게 분위기 잡고 앉아 세상 사는 이야기 도란도란하는 줄 알겠지만, 누가 남 가정사 속속들이 다 알겠는가. 아내의 속 끓이는 맘을 짐작하는 내가 넉살 좋게 술 마시는 모습이 사실은 좀 미안하다. 혼자 연거푸 술을 마시니 빨리 취한다.

아내와 나누는 대화에 박진감이 있을 리 없고 뚜렷한 화제도 없으니 술잔 잡는 손만 빨라진다. 소주병이 바닥을 보일 무렵 지나가는 말로 물었다.
"장환이 엄마는 나와 평생 같이 살 자신 있어?"
너무도 당연한 대답이 나올 것을 기대하며 무심코 던져 본 말이다. 그런데 이런! 아내는 한참을 생각하더니 대답한다.
"글쎄! 아직은 잘 모르지! 앞으로 살날이 많이 남았는데, 지금 뭐라고 장담할 수는 없겠지!"
속에서 나도 모르게 부아가 치밀어 올랐다.
'물론이지! 현재 좀 힘들어도 잘 극복하고 애들 크는 모습 보며 잘 살아야지!'
이런 대답을 예상했다가 뜻밖의 말을 듣고 보니 갑자기 심사가 뒤틀렸다. 모처럼 좋은 분위기를 안방까지 이어나갈 생각이었는데 할 말이 방향을 잃고 말았다. 가시 돋친 말을 몇 마디 했나. 지금 그 말이 이 상황에서 꼭 나와야 하느냐고? 부부가 결혼하고 애 낳고 살았으면 당연히 죽을 때까지 같이 살아야지 그럼 나 늙으면 이혼이라도 할 생각이냐고 억지를 부렸다. 아내는 당황스러워하며 대꾸한다.

"왜 그래! 그냥 생각 없이 한 말 가지고. 누가 꼭 그렇게 하겠대? 말이 그렇다는 거지. 기분 좋게 술 마시고 왜 화를 내!"

아내 말이 틀린 것은 아니다. 그리고 그렇게 말을 할 수도 있다는 것을 잘 안다. 자격지심의 발로인가. 아무튼 말 한마디도 하지 않고 집에 돌아왔다. 아내가 한 말보다는 좋은 분위기 이어가려 했던 상황들이 어긋난 것이 더 화가 났다. 그렇다고 비굴하게 굴 수도 없고. 그렇게 우린 싸우고 말을 안 하고 지내고 있다.

아침에 일어나 생각해보니 별일도 아닌 걸 갖고 괜히 화를 내서 주말 오붓하게 둘이 보낼 기회도 많은데 어떻게 하지도 못하고 꼴만 우습게 됐다. 그렇다고 헤헤거리며 다가서는 모양새도 좋아 보이지 않고…….

냉전 가운데 일요일 아침엔 혼자 배낭을 챙겨 산을 다녀왔다. 그런데 나 없는 사이 밀린 빨래에 집 청소해놓고 장까지 봐 났다.

서로의 눈치를 보며 시선을 피하고 사는데 요즘 아내가 허리 아프다는 말을 많이 한다. 애들 불러 허리 주무르라고 시키고 수건을 허리에 대고 침대에 누워 있는 시간도 많아진다. 끙끙거리며 앓는 소리를 내는 아내를 보며 퇴근 전에 설거지해 놓고 집안도 정리해 놓는다. 아침에 일어나 밥상 차려 놓고 애들을 깨웠다. 물론 아내 밥까지 같이 놓고.

사람이 산다는 것, 아니 부부가 같이 산다는 것이 참 우습다. 별일도 아닌데 괜한 자존심을 세워 서로에게 못 할 짓 해가며 사니 말이다. 사실 내가 많이 보수적이다. 가부장적이라는 말이 더 적합할지 모른다. 다정다감한 성격도 못 되고 가정일을 알뜰히 챙기지도 못한다. 그저 좋은 사람들 만나 술 한잔하고 허허 하며 웃고 사는 재주밖에 없는 사람이다. 생일이나 기념일을 챙겨 선물할 줄 아나, 힘들어하는 아내에게 말이라도 살갑게 할 줄을 아나, 내가 생각해도 난 빵점짜리 남편이 분명하다. 그러면서 며느리의 역할은 삼강오륜처럼 떠받게 하니 이만하면 부처님 가운데 토막도 돌아설 만하다. 신랑을 들기름에 달달 볶아도 모자라는 현 상황에서 참 못난 모습 많이 보이고 산다.

그래도 부부는 부부인가 보다. 지지고 볶고 살아도 마음 저 밑바닥 한구석에 미안해하고 안타까워하는 맘 있고, 인생의 시련 앞에 함께 있어 주기만 해도 위로가 된다. 밥상머리 마주 앉아 있는 모습만 봐도 집이 꽉 찬 느낌을 받으니 말이다. 서로의 식성과 행동까지도, 좋아하고 싫어하는 것을 말하지 않아도 알만큼 산 조강지처를 누구와 바꾸며 누가 그 자리를 대신할 수 있겠는가.

오늘 저녁도 애들 밥 먹이고 설거지한 후 집안 정리하고, 빈방에 앉아 이렇게 앉아 기 싸움을 하고 있는 모습이 내가 봐도 한심하고 처량하다.

내 동생 상미

다들 생활전선으로 나가고 분주했던 흔적만이 남아 있는 거실에서, 한 손에 커피잔을 들고 TV 리모컨을 집어 들었다. 기억조차 희미한 연예인이 나와 브라운관을 떠난 뒤의 삶을 들려준다. 슬픈 가정사와 자살의 유혹, 그리고 이제는 새로운 삶의 의미를 찾은 듯 집 구경을 시켜주고 지인들과 식사하는 모습이 나온다. 가슴에 묻어둔 가슴 아픈 사연을 털어놓으며 눈물짓는 모습은 아침 방송의 단골 메뉴가 되어버렸다.

문자 메시지가 왔다는 단조로운 기계음이 반복해서 들린다.
'오늘 보은 고모 생일이니까 전화해 줘요.'
아내의 음성이 귓가에 맴돈다. 맞다!
"내 생일 얼마 남지 않았어! 오빠! 기대하고 있을게."
얼마 전 동생과 통화할 때 들은 소리가 머리를 스쳐 간다. 그러면서 시골에서 옆집에 살던 친구의 모습도 겹친다. 그 친구와 동생의 생일이 같다. 시계에 눈이 간다. 지금 전화하면 좀 이른 시간 같아 휴대전화를 소파에 던지고 신문을 뒤적거린다.

 동생네 부부는 생일이 같다. 태어난 시는 어떨지 모르지만 같은 날 세상을 봤다는 사실만 놓고 보면 하늘이 맺어준 인연이 아닐까 하는 생각이 든다. 작년까지만 해도 아내가 케이크를 선물로 보내주었는데, 이젠 알아서 하겠지 하는 생각도 들고, 두 사람이 행복한 모습으로 현재까지 살아온 과정들이 뽀얀 새싹처럼 가슴에서 싹터 온다.

 8남매 중 막내. 나에겐 유일한 동생이다. 어린 시절엔 참 많이도 싸웠다. 싸웠다기보다는 내가 일방적으로 괴롭혔다고 해야 옳을 것 같다. 두 살 터울이니 배려와 인내는 우리 둘 사이에 없었다. 싸우고 나서 방 빗자루 거꾸로 말아 쥔 어머니께 등을 맞던 모습이 새록새록 올라온다. 아들 귀한 집안에서 동생은 슬픔을 많이 겪었다. 일곱 살부터 가마솥에 불을 때 밥을 짓고, 중학교 들어가서는 자취하는 나를 위해 2년간 밥과 빨래를 하며 학업을 도왔다. 그때는 여동생의 희생이 당연하게 생각하며 반찬 투정까지 하는 속 좁은 오빠였다.

 가난한 살림에 내가 대학을 가자 공부를 곧잘 했던 동생은 어쩔 수 없이 실업계 고등학교를 선택할 수밖에 없었다. 두 사람을 대학 보내기에는 살림이 버거웠고, 또한 딸을 대학 보낸다는 생각은 그 당시 아버지한테는 사치와 같은 것이었다. 한번은 대학을 다니던 중 한 달에 한 번 용돈을 받기 위해 집에 들렀다가 청주로 오기 위해 버스 터미널을 가는데 옷가게에서 동생이 나왔다.
 "오빠, 지금 가는 거야?"
 "네가 여기 웬일이니?"

"나, 여기서 아르바이트해! 이거 오빠 용돈 써."

그러면서 돈 삼만 원을 내 주머니에 넣어 준다. 미안한 맘에 사양했지만, 기어코 주머니에 넣어 주고 다시 가게로 들어간다. 버스에 올라 청주 오는 동안 내내 삼만 원을 만지작거리며 미안해하고 고마워했던 기억이 있다. 동생의 꿈을 빼앗아 사는 것 같아 한없이 미안했던 것이다.

고등학교를 졸업하고는 대전에서 옷가게 점원을 하며, 청주에 와 못난 오빠의 옷을 사주며 씩씩하게 돌아서는 뒷모습을 보고는 재잘거리며 대학 캠퍼스를 누리는 여자 후배들이 괜히 미운 적도 있었다. 가난이 죄라고 선택의 여지도 없이 몰린 삶의 질곡에서 그래도 동생은 늘 밝고 씩씩했다. 동생이 시집간다고 했을 때 난 서울에서 다단계에 빠져 돈도 잃고 사람도 잃고 마음의 생채기에 삶이 하루하루 절망의 연속이던 때였다.

청주에 나와 공사판에서 막노동을 했다. 벽돌을 짊어지고 가파른 계단을 오르내리며 동생 결혼을 위해 무엇이라고 해주고 싶었다. 충주·파주 등을 다니며 벽돌을 짊어지고 날랐다. 일거리 없어 노는 날은 철근 일을 하며 돈을 모았다. 결혼식 전날 집에 도착해 그간 번 돈을 동생 손에 쥐여 주었다. 더 많은 것을 해주지 못해 미안하다는 말도 건넸다. 동생은 한사코 사양했지만 이렇게라도 하지 않으면 내 맘이 편하지 않을 것 같았다.

결혼 후 얼마 지나지 않아 동생이 말을 전한다. 생활비에서 돈이 모자라 신랑을 추궁하니 신랑이 실토하더란다. 집안에 사촌 누님이 무당인데, 처남이 직장을 못 잡고 노는 모습이 안타까워 물어보니 굿을 한번 하면 잘 될 거라는 말을 듣고 백만 원짜리 굿을 했노라고.

  그 말을 듣고 맘이 뭉클했다. 굿의 효험을 믿지는 않는다. 단지 그 맘 씀씀이가 정말 고마워 오랜 시간이 흐른 오늘날까지도 감사하고 있다.

  어머니가 재가하시어 낳은 남매이기에 머리가 굵으면서는 동생과 나의 우애는 남달랐다. 다른 형제들과 말 못 할 얘기도 서로 나누며 쓰라린 상처도 매만져주며 살고 있다. 동생은 어머니 아버지께 가장 잘하는 효녀다. 여러 형제가 한목소리로 칭찬할 정도로 베풀 줄 아는 따뜻한 맘씨를 부부가 가지고 있다. 어머니 병상에 계실 때 저녁마다 달려와 씻기고 보듬던 동생은 이젠 홀로 되신 아버지를 씻기고 같이 막걸릿잔 기울이며 어떤 아들보다 더 살뜰히 맘을 쓰는 착한 막내딸이다. 아직도 어머니를 그리며 함께 산소에 가 풀을 뽑고 눈물 흘리며 애통해하는 동생의 모습에 딸이라고 차별받던 한스러움은 없다. '굽은 나무가 선산 지킨다'고 했던가. 뒤늦게 왜 태어났냐는 눈총을 견디고, 딸이라고 외면받던 동생이 가장 큰 나무가 되어 고향과 부모 곁을 지키고 있다.

  집안의 여러 조카에게 가장 인기 있는 고모이며, 이모이다. 잊고 지낼 수 있는 작은 일에도 전화 한 통화 넣어 소통의 문을 열고, 사람 사이를 따뜻하게 하는 묘한 재주를 가진 두 사람이 맞는 생일, 뿌리는 다르지만 한 몸통을 이루며 줄기와 잎을 내는 연리지連理枝가 되기를, 날개와 눈이 하나뿐인 암수가 합쳐 하늘을 나는 비익조比翼鳥가 되어 맑고 밝은 날만 계속되기를, 마음을 다해 합장해 본다.

형제의 강

찜통 같은 더위로 턱밑까지 숨이 차오르는 7월 말의 한낮이다. 3년 전 홀로 된 아버지께 휴가를 함께 가자고 종용하지만 늘 같은 말씀만 하신다.

"만사가 귀찮다. 너희끼리 다녀오너라! 난 집이 가장 편하다."

여든여덟의 노구老軀를 이끌고 2박 3일 장거리로 여행하는 것이 아버지께 부담으로 다가왔는지 모른다.

"아버지, 형님네하고 같이 갈 텐데 함께 가시죠? 아들 형제와 손자들과 언제 또 여행을 가시겠어요? 그러지 말고 같이 가세요."

"아버님, 안 가시면 저희도 안 가요. 아버님 혼자 두고 죄송해서 우리끼리 어떻게 가요. 쉬엄쉬엄 갈 테니 같이 가세요."

옆에 있던 아내도 거들었다. 초등학교 5학년 아들과 2학년 되는 아들 녀석들까지 할아버지 팔을 붙들고 매달리자 마지못해 승낙을 하신다.

"하긴 이놈들과 언제 다시 가보겠냐?"

"아이들 가르치고 집 장만하느라 여름에 휴가 가 본 적이 없다. 운전해서 먹고살아야 하니 내 차 몰고 어디 가는 것이 썩 내키지 않는다. 그리고 차 밀리고 하는 데는 좀처럼 엄두도 나질 않아 마음 놓고 어딜 떠나 본 적이 없다."

작년 가을에 시골에서 만나 술 한잔 기울이며 지나가는 말로 하신 형님의 말이 마음에 가시처럼 박혀 떠나질 않았다. 형은 경남 창원에서 택시 운전을 직업으로 한다. 집안의 대소사에 장남의 역할을 하며 어렵게 사신 형님의 말은 한동안 못난 동생의 마음을 울렸다. 그래서 올여름 휴가 때는 아버지 모시고 형님네랑 함께 휴가를 가야겠다는 맘을 먹은 지 오래다. 다행히 아내가 흔쾌히 동의해 주어 선운사와 서해 대천에 방을 잡았다. 여동생 가족과는 몇 번 다녀온 적은 있지만, 형님네와는 처음 가는 여름휴가다. 여동생의 9인승 차량을 빌려 형님 내외와 아버지, 그리고 우리 식구 네 명이 2박 3일의 휴가를 떠난다. 운전대를 잡겠다는 형님과 오늘만이라도 조수석에 앉아 편하게 풍경을 감상하시라고 실랑이를 하다 내가 운전대를 잡았다.

언제나 그렇듯 여행의 즐거움은 출발 전의 설렘과 흥분이 팔 할을 차지한다. 아이스박스에 음식을 채우고 아버지를 모시고 오붓이 떠나는 여행이 즐겁다. 풍천장어에 복분자주를 곁들일 생각에 마음은 벌써 선운사 산모퉁이를 돌아가는 기분이다. 재잘거리는 손자들과 장성한 아들들 내외와 함께하는 여행길이 언제 다시 있겠느냐며, 아버지도 체력적으로 다소 힘들지만 용기를 내신 것을 안다. 선운사와 서해 대천에 방을 잡아둔 제수씨 덕분에 좋은 여행길이라고 덕담을 건네는 형님의 말씀이 고맙고, 같이 갈 수 있어서 좋다는 아내의 말 또한 살갑다. 보은에서 경부고속도로를 타고 가다 다시 호남고속도로를 갈아타고 논산을 지나고 정읍을 거쳐 고창 선운사 입구에 도착했다.

4시간이 걸려 도착한 선운사 입구에는 온통 장어집으로 즐비하다. 바다와 민물이 만나는 곳에서 자라는 장어가 담백하다는 말은 들었지만, 얼마나 많은 장어가 잡히기에 이렇게 많은 식당이 있나 하는 의구심은 감출 수가 없다. 차 안의 짐을 옮기고 보니 방 두 칸에 거실도 딸린 제법 근사한 집이다. 베란다 너머 선운사의 풍경이 한눈에 들어오고 잘 정돈된 가구와 주방 기구들이 웬만한 호텔과 비교해도 손색이 없다. 산나물 비빔밥으로 늦은 점심을 하고 형님과 우리 내외는 산행 준비를 한다. 무더운 날씨지만 이곳까지 와서 산행하지 않는다면 좋은 맛 한 가지를 놓친다는 생각에 서두른다. 여행길에 준비한 등산복을 형님께 선물로 드리니 "동생이 사주는 옷 입어본 사람이 얼마나 되겠냐?"라며 흐뭇해하신다. 형수님께는 아내의 것과 같은 모자를 선물로 드렸다. 이 모습을 보시는 아버지께서 미소를 지으신다. 형편이 좋고 나쁨을 떠나 형제가 우애 있게 사는 모습이 부모께 해드리는 가장 큰 효도가 아니겠는가? 다리가 불편한 형수님은 조카들과 아버지를 모시고 숙소에서 쉬고, 셋이 선운사를 지나 산행에 오른다.

비록 무더운 날씨지만 숲길을 걸으며 대화를 나눈다. 굵은 땀방울 솟는 이 시간이 여행 후 가장 기억에 남으리라는 것을 알고 있다. 언제 이렇게 형님과 함께 산행해 보겠는가. 사는 곳이 서로 멀고 시간 내기가 어려우니 모처럼의 기회를 좋은 추억으로 만들고 싶은 욕심에서 생각해 냈다. 선운사 경내를 지나 한참을 올라가니 저수지가 나온다. 팥죽 같은 땀이 흘러내리지만 마음은 상쾌하다. 울창한 숲은 보이지 않고 동네 야산에서 흔히 볼 수 있는 잡나무들도 산은 **빼곡**했다.

4시간가량의 산행을 끝내고 내려오는 길에 선운사에 들렀다. 선운사 앞뜰에는 배롱나무의 붉은 꽃이 흐드러지게 피어 있고 절 뒤편에는 동백나무 숲이 아담하게 잘 가꾸어져 있다. 전시관에 들러 부처님 말씀과 여러 선사의 흔적을 되짚어 보며 고즈넉한 산사의 향을 짙게 맡았다. 숙소에 돌아오니 옥수수와 부침개가 상위에서 우리를 기다린다. 형수님의 선물이다.

간단히 요기하고 가까운 갯벌체험장을 찾아갔으나 물때를 맞추지 못해 바닷바람에 몸을 씻고 돌아오는 길에 미당 서정주 시인의 문학관에 들러 좋은 구경을 한다. 토담집 생가에 앉아 시인이 보았을 뒷산과 마당 너머 펼쳐진 들판을 쫓아 눈이 바쁘다. 문학관에 전시된 유품을 보고 시를 읽어보며 오점으로 남아 있는 친일 작품이 날카롭게 마음을 찌른다. 시대의 고통을 외면한 문학정신이 죽어서도 후세에 반면교사가 되길 바란다.

돌아오는 길에 식당에 들러 장어로 저녁을 먹는다. 다소 투박한 손길이 눈에 거슬리지만, 맛은 그런대로 괜찮다. 1인분에 18,000원으로 비쌌지만 이렇게 즐겁고 정겨운 자리에 크게 구애를 받을 필요는 없다. 은근슬쩍 미리 계산하는 아내의 맘 씀씀이가 새삼 고맙다. 숙소에 돌아와 형님과 내가 한편을 먹고 손자와 할아버지가 한편이 되어 윷놀이 판이 벌어졌다. 아버지도 지갑에 만원을 꺼내 놓고 벌어진 윷판에서 형님과 나는 내리 두 판이나 지고 말았다. 시골 둥구나무 밑에서 노시던 가락이 아직도 녹슬지 않았음을 알 수 있어 흥겨운 자리다. 마지막엔 형님 내외랑 우리 내외가 맥주 내기를 했는데 우리가 이겨 시원한 맥주로 입가심하는 기회를 잡았다. 이렇게 선운사의 밤은 깊은 추억으로 매듭지어 가고 밤새 소나기는 선운사의 나뭇잎을 때리며 흘러내린다.

눈을 뜨니 여섯 시가 갓 넘었다. 혼자 조용히 몸을 세워 밖으로 나와 이곳저곳을 살펴본다. 두 시간 정도를 찬찬히 둘러보다 돌아오니 된장찌개가 끓고 있다. 맛나게 아침을 먹은 후 짐을 싣고 대천 바닷가로 방향을 잡는다. 새만금을 둘러보고 가자는 형님의 제안에 부안으로 향해 바다를 가로지르는 곧은길을 내내 달린다. 육지가 되어버릴 바다의 크기에 감탄하면서도 이게 정말 잘하고 있는 짓일까 하는 의문이 좀처럼 떠나질 않는다. 해류의 흐름까지 바꾸며 인간의 욕심을 꼭꼭 담아 흙을 채우는 모습이 걱정으로 다가선다. 빼곡히 아파트와 빌딩이 세워진 먼 훗날 이곳이 바다였다고 닳고 닳은 소리로 후손에게 이야기해줄 그 날이 올 것이다.

웃통을 벗어 젖힌 젊은이들이 활보하는 대천에 도착하니 점심때가 되었다. 감자탕과 냉면으로 속을 채우고, 숙소에 짐을 옮겨 놓자마자 아들놈들은 튜브를 꺼내 들고 바다로 내닫는다. 저리도 좋을까? 형님 내외랑 아내는 바다에 몸을 담그고 파도를 탄다. 바닷물에 여간해선 발을 담그지 않는 나는 아버지를 모시고 즐겁게 노는 가족들을 구경하는 것으로 시원함을 대신한다. 서너 시간의 물놀이를 끝내고 돌아온 형님 내외와 아내를 데리고 가까운 대천항에 들러 먹음직스러운 놈으로 회를 떠 출출한 속에 횟감을 안주 삼아 소주를 마셨다. 오늘도 즐거운 저녁이다. 거나한 취기에 밤바다를 보며 발목을 씻는 파도를 몸으로 느낀다. 산책하고 돌아와 등을 대니 또 하루가 그렇게 휙 지나간다. 비린 바닷바람을 맞으며 아침 산책을 하고 매운탕을 끓여 아침을 먹고 보은으로 출발한다.

짧은 여행길이지만 오랜만에 형님 내외랑 함께한 즐거운 여행이었다. 건강이 언제까지 허락될지 모른다는 아버지의 노파심도 이번 여행을 계획하게 된 중요한 이유가 된다. 각자 먹고사는 걸 핑계로 자주 보지 못하지만, 형제가 이렇게나마 함께 시간을 보내는 것도 자라는 아들놈들에게 좋은 교육이 될 것을 믿는다. 마음으로 서로 보듬고 살뜰히 챙기는 모습을 통해 멀리 떨어져 살지만 한 뿌리의 자양분을 먹고 자란 한가지라는 것을 잊지 않는다. 차에 올라 다시 각자의 삶을 위해 다른 방향으로 멀어지지만, 추억을 공유하고 핏줄로 당기는 인연임을 새삼 느끼는 좋은 기회가 되리라 믿는다.

불경佛經에 따르면 부부의 인연은 팔천 겁이요, 형제자매의 인연은 구천 겁이라 한다. 겁劫이라는 단위는 하늘과 땅이 한 번 개벽했을 때부터 다음 개벽할 때까지의 시간을 뜻한다고 하니 무한의 시간이라 할 수 있다. 이렇듯 깊은 인연을 통해 만난 형제가 아버지 모시고 호젓한 여행을 하며 두런두런 나누는 대화는 달고 맛있다. 생면부지의 남에게도 손길을 내미는 사람도 있는데 하물며 형제간의 사랑은 달리 일러 무엇 하겠는가. 사는 형편이 서로 넉넉지 않음은 안다. 휴가비로 지출한 돈을 메우기 위해 아내가 허리띠를 더욱 조여야 할 것도 안다.

조금 줄여 살면 어떤가. 마음 한가득 추억을 담고 왔으면 족하다. 굽은 허리 펴시는 아버지와 다시 택시를 몰고 창원을 향해 달리는 형님 내외의 맘 한구석에 좋은 추억 하나 아름답게 아로새겼으면 그것으로 이번 여름휴가는 따뜻한 추억이 된다. 아버지 떠난 그 자리에서 이번 여행이 즐거운 기억으로 회자膾炙될 것이라 생각하니 누가 뭐래도 뜻깊은 한여름이다.

형수님

　나이가 들어도 명절을 앞두고 설레는 맘은 변하질 않는다. 명절 음식 장만에 '명절증후군'을 앓는다는 대한민국 며느리들과 다르게 나는 술잔 놓고 안부를 묻는 명절이 기다려진다. 차로 사십 분이면 갈 수 있는 가까운 보은으로 설을 쇠러 다녔는데, 이제는 형님이 사시는 먼 창원으로 가다 보니 도로정체가 남의 일이 아니다. 다음 날 일찍 출발해도 될 일을 굳이 고집을 부려 밤늦게 출발한다고 선물꾸러미를 주섬주섬 챙기며 부산을 떤다.

　형수님의 노고에 숟가락만 올려놓는 점심이 부담스럽다. 눈길이니 내일 천천히 오라는 당부의 말씀도 있었지만, 큰며느리로 각종 제사와 명절에 음식 장만으로 고생하시는 것을 알기에 일찍 가서 같이 음식을 해야 한다는 당위성을 구구절절하게 아내에게 설명한다.

　형수님은 이십 대 초반에 한 시간마다 있는 버스를 타고 시골구석으로 형님 손에 이끌려 오셨다. 내가 처음 본 것이 고등학교 2학년 때니 오랜 세월이

지났다. 날렵한 몸매에 경상도 억양이 왠지 낯설어 겸연쩍어했던 기억이 엊그제 같다. 눈앞에 펼쳐진 논밭이 모두 우리 것이라는 형님의 말에 속아 결혼했는데 큰조카 낳고서야 다 거짓말이라는 것을 알았다고 하신 말씀을 듣고 웃던 기억이 난다. 낯선 부엌, 검은 그을음과 매캐한 연기를 맡으며 밥을 짓고, 8남매 대가족의 큰며느리로서 최선을 다해 온 고달픈 삶이었다.

관절염으로 무릎이 아파 쩔룩거리며 혼자되신 아버지를 위해 매끼 식사에 다른 반찬 올리려 애쓰는 것을 잘 안다. 대학 다니는 시동생 등록금도 대주고 매번 있는 집안 대소사에 몸을 움직이고 돈을 쓰며 맏며느리 역할에 모자람이 없다. 단출하게 형제만 있고, 위로는 여섯 시누이 등쌀도 묵묵히 견디며 살아온 지가 이십오 년을 넘어선다. 그런 사정을 잘 알기에 일찍 가서 일을 도와야 한다고 채근하며 나는 출발을 서두르고, 아내는 묵묵히 따라나선다.

맏며느리가 무슨 죄가 있나. 먼저 시집온 것이 죄라면 할 말 없지만, 똑같은 조상 섬기며 온갖 궂은일을 도맡아 해야 하는 그 수고로움을 조금만이라도 헤아린다면 서둘러 가서 같이 일을 하는 것이 도리 아니겠는가.

간혹 집안 간에 사이가 벌어져 명절에 찾아가지 않는 사람들을 종종 본다. 이유를 들어보면 작은 서운함이 불신으로 굳어진 경우와 제사나 재산 문제, 혹은 부모를 모시는 문제들로 남만도 못한 관계가 되어 원수 아닌 원수로 지내는 경우도 많다. 구구한 사연을 듣노라면 아주 이해 못 할 것도 없지만, 돌이켜보면 작은 욕심이 화근이 된 경우가 대부분이다. 도덕군자가 아닌 이상 서운함과 원망이 없을 수는 없다. 그러나 조금만 돌이켜 생각해보면 현재의 처지는 훗날 뒤바뀌게 된다. 아이가 어른 되고, 며느리가 시어머니가 된다. 말을 가리고 행동을 무겁게 하고, 미래를 생각하며 옷깃 여미듯 조심스러운 행보를 한다면 무리 없이 오늘을 살 수 있다.

새벽 두 시에 도착하니 형수님이 대문 밖에 나와 반겨주신다. 아침 일찍 일어나 형수님과 아내는 전을 부치고 형님과 난 가까운 산에 올라 집안의 이러저러한 문제에 관해 대화를 나눈다. 체구가 큰 형수님 옆에 달라붙어 거드는 아내의 모습도 보기 좋다. 가까운 수산시장에 들러 횟감을 떠와서 고생하신 형수님 드리려고 사 왔다며 너스레를 떤다. 모두 출가하고 단출하게 남은 가족이지만, 정정하신 아버지와 작은아버지, 그리고 형님과 술 한잔 나누며 종일 고생한 형수님께 감사를 표한다. 차례를 마치고 나서는 음복주를 형수님께 권하며 맏며느리로 살아온 삶의 노고를 맘으로 전한다. 어른들께 세배를 올리고 나서 아내와 내가 형님 내외 앞에 서서 세배를 드리고 당신들은 맞절로 받는다. 어머니가 안 계시니 내겐 형수님이 어머니가 되는 셈이다.

감사한 맘을 다한다. 또 그렇게 아름다운 모습으로 평생을 그리워하며 살아가는 형제가 되길 간절히 빌어본다.

달초撻楚

"네 종아리에 든 멍은 시간이 가면 옅어진다. 그러나 부모의 마음에 든 멍은 오래간단다. 네 마음에 멍이 들고 그것이 너의 삶을 돌이켜보는 계기가 되면 좋겠다."

효자손으로 모질게 내리쳐 푸른 멍이 든 아들의 종아리를 보며 말했다. 금세 들통날 거짓말을 태연스럽게 하는 큰녀석의 버릇을 고치기 위해 회초리를 들었다.

지금까지 아이들에게 체벌해 본 적이 없다. 체벌에 대한 혐오감이 있을 뿐 아니라 웬만한 일이면 대화로써 해결할 수 있다고 믿었던 까닭이다. 학교 숙제도 제대로 해 가지 않고 학원 시간도 지각하기 일쑤라는 전화를 받고 어제 앉혀 놓고 그러지 말라고 대화로 설득했다. 눈물을 뚝뚝 흘리기에 말귀를 알아듣는다고 생각했고, 학교 데려다주는 길에는 단단한 다짐도 받았다. 하루도 못 가 거짓말이 들통이 났다. 학원에 도착하면 전화하라고 했더니 학교에다 가방을 두고 학원에 잠시 들러 전화만 하고 또다시 학교에 가서 놀았다는 것이다. 몇 번을 망설이다 종아리를 걷으라 하고 물었다.

"네 잘못을 인정하니?"

"예."

"오늘은 매로써 널 다스릴 수밖에 없다. 몇 대를 맞을래?"

한참을 망설이던 녀석은 대답했다.

"열대요."

의아했다. 세 대나, 많으면 다섯 대 정도를 생각했는데 생각보다 세게 나왔다. 효자손을 거꾸로 말아 쥐고 있는 힘껏 내리쳤다.

시퍼런 줄이 가고 바르르 떨며 울음이 터져 나왔다. 다섯을 채 세기 전에 허리를 굽혀 종아리를 어루만지며 서럽게 운다.

"말에는 책임이 따른다. 똑바로 서라."

마저 다섯 대를 채우고 나니 엎어져 오열한다. 둘째녀석 조용히 책을 보며 곁눈질로 상황을 파악하고 있다. 집에서는 담배를 피우지 않겠다는 약속이 이틀을 못 가 허언이 되었다. 물끄러미 담배를 물고 밖을 보지만 애잔한 마음과 쓰라린 속은 어찌할 수가 없다.

난 살면서 부모님께 맞아 본 기억이 별로 없다. 어머니 말씀으로는 내가 고집이 세서 어렸을 적에 빗자루로 많이 맞았다고 하는데, 특별히 기억나는 사건은 없다. 초등학교 입학 후는 부모님에게 맞아 본 기억이 전혀 없기에 부모님의 매가 기억이 나지 않는가 보다. 맞아 본 적이 없기에 때리는 것에 대해서도 부정적인 생각을 했다. 종아리를 문지르며 우는 녀석을 보며 약이라도 발라 줄까 하는 생각도 했지만, 이번 기회에 버릇을 고쳐야 한다는 생각에 모진 맘을 먹고 모른 체 돌아섰다.

　학원에서도 아이들에게 매를 대는 것을 극도로 자제했다. 특히 머리를 때린다든가 얼차려를 주는 것은 아이의 인격을 모독하는 행위로 느껴져 하지 않았다. 중·고교 시절 학교에선 뺨을 때리는 선생도 있었고 몽둥이로 엉덩이를 사정없이 패는 선생도 경험했다. 교육적 범위를 넘어선 폭력을 행사하며 교육을 위한 불가피한 선택으로 포장하는 것에 대해 역겨움을 느꼈다. 교육적 체벌은 때리는 사람이 아니라 맞는 사람이 저절로 느낀다. 애정을 바탕으로 한 체벌은 그 당위성을 학생 스스로가 충분히 느낄 수 있다. '엽전은 어쩔 수 없다'는 식민사관식 자기 비하도 서슴지 않는 선생도 역겹지만, 맞는 것에 대해 무감각하게 길들어 가는 학생의 모습이 안타까웠다. 신체적 고통을 주어 교육의 목적을 끌어내려 하는 것은 결국 때리는 사람의 자기 합리화밖에 되지 않는다.

　회초리 자국이 선명한 아들의 종아리를 가만히 쳐다보며 말로써 꾸중하는 것이 낫지 않았나 하는 후회도 들었지만, 때리는 내 맘이 이렇게 아프다면 저 녀석의 마음에도 조금은 느끼는 바가 있어 깨달음이 생기지 않을까 하는 생각을 해보았다. 애정을 바탕으로 하는 매에도 마음에 멍이 든다. 살갗에 물든 푸름보다 더 오래가고 세월에 쉽게 지워지지 않는다. 동여맨 마음이 흐트러지고 감성을 쫓아 방탕해지려 할 때마다 나태함을 돌이키는 자극이 될 것이다. 때리면서 아픈 것은 부모의 간절한 마음과 소망이 함께하기 때문이다. '너 잘되라고 그런다'는 상투적인 말을 넘어 속살을 후벼 파는 통증을 통해 부모가 되어간다. 무조건 예쁘고 귀여운 단계를 지나 조금은 삶의 자투리를 반듯하게 다듬는 과정에서 누구나 겪는 과정이다.

　내 자식의 범위를 넘어서 세상 아이들의 잘못을 보고도 내 마음에 멍이 들었으면 한다. 가난하고 소외당하는 아이들 하나하나를 놓고도 내 자식 멍든 종아리를 만지는 심정을 갖는다면 좋겠다. 애정의 매는 서로의 진한 교감을 전제로 한다. 아이의 잘못에 대해 부모의 일방적인 감정의 배설이 아니다. 그 옛날 나에게 그러했듯 꾸중과 회초리로 가르침을 주신 부모를 기억하는 교감의 시간이다. 맞아서 아픈 것으로 끝나는 것이 아닌 사랑의 대물림과 올곧게 자라길 바라는 기도의 시간이다. 언젠가 맞은 녀석이 지금의 내 감정을 고스란히 느낄 것을 안다. 애정 없는 폭력에 멍든 아이들이 많고 애정 없는 폭력을 멈추지 않는 어른들도 많다. 사랑의 매는 서로가 아파해야 그 효과를 기대할 수 있다.

　큰녀석의 종아리를 주물러주는 둘째녀석을 물끄러미 바라보며 속으로 웃는다. 간접체험을 제대로 했는지 둘째 녀석의 표정이 진지하다. 큰 녀석의 선경험이 작은 녀석의 일탈을 미리 방지하는 효과를 본 셈이다. 매 들 일 없이 평화로운 날이 많았으면 좋으련만.

고구마꽃과 아내

고구마도 꽃을 피운다는 것을 알았다. 안개 자욱한 우암산을 우산 받쳐 들고 오르며 아파트 뒤 가파른 언덕에 핀 고구마꽃을 보았다.

"고구마는 여간해서 꽃을 피우지 않는데, 저기 피었으니 잘 구경해라."

언젠가 동행한 지인의 말을 듣고 '세상에 꽃을 피우지 않는 식물도 있나?' 하는 생각에 무심히 지나친 적이 있다. 시골집 마당에 심어놓은 고구마가 넝쿨이 우거져 사람이 다니는 뜰 앞까지 번져도 꽃을 본 기억은 없다.

혹시 모르겠다. 피었는데 마음이 머물지 않아 한 계절을 살고 간 그의 모습을 기억 못 하는 건 아닌지. 마음이 좇지 않으면 모든 것은 무상한 일상이 되고 맙니다. 가까이 있으므로 고마움을 모르고 무심히 대했던 아내가 떠오른다. 파릇한 넝쿨 가운데 몇 송이만이 하늘을 향에 살짝 웃고 있다. 마음이 닿는 만큼 보인다고 생각해 본다.

요즘 백숙 한 그릇 얻어먹고 얻은 화두를 가지고 산다. 가까이 지내는 세 가족이 모두 모여 밥을 먹고 난 자리에서 사는 이야기와 담고 있던 이야기기가, 섞어 마신 술처럼 깨질 않는다.

"여자의 맘 한구석엔 우울의 방이 있고, 사내의 맘 한구석엔 외로움의 방이 있대요."

잘 알고 있다고 믿었던 아내의 맘에도 표현 못 한 우울의 방이 있음을 알았다. 귀하고 소중함을 알지만, 알면서 모른 체, 진짜 몰라서 모르고 넘어간 생각들을 곱씹어 본다. '내 남편의 원래 성격이 저러니…….' 하며 아내가 체념하며 지내온 시간이 많음을 안다. 퉁퉁거리는 말 몇 마디는 아내들이 늘 남편에게 쏟아붓는 일상적인 넋두리겠지 하며 큰 의미를 두지 않고 흘려보낸 적이 많음을 새삼 느꼈다.

"남들에게 하는 것처럼 나에게도 해봐."

살면서 숱하게 들은 말이다. 바깥일이 중요하고 그것이 사내가 사회 생활하는 데 필요한 기본적인 일이라고 둘러대기에 바빴다. 그러면서 정작 안으로 곪아가는 아내의 마음을 애써 부정했던 것도 사실이다. 술잔이 오가며 그간의 서운함과 앞으로의 바람을 풀어가는 시간이 길어졌지만, 집에 도착해 쓰러져 잠을 자고 아무 일도 없었던 것처럼 하기엔 차분히 오간 대화가 깊었다.

추상적인 고마움의 표현과 '익숙함과 낯익음'이 부부의 정이라고 생각했다. 돌이켜보면 아내는 인자한 어머니의 모습을 닮았다. 투정과 나의 이기利己만을 좇는 사내에게 늘 참고 견디며 속으로 삭인 세월이 오래되었다. 토닥거리고 살면서 세심하게 마음을 나누는 일이 어색하여 여느 부부나 매한가지로 산다고 위안했던 일도 많다. 존중보다는 일방적이었고 대화보다는 침묵이 더

길었다. 나라를 구하는 큰일을 하는 것도 아니면서, 스스로 바빠 힘들게 보냈을 아내의 인내에 미안해 숙연하게 며칠을 산다.

워낙 해준 것이 없어 청소와 설거지만 해줘도 함지박처럼 입을 벌리고 좋아하는 아내의 모습이 나를 부끄럽게 한다. 받아본 것이 없기에 작은 친절을 고마워하는 것을 안다. 그만큼 살아온 세월이 일방적이고 편파적이었다는 반증이 되겠다. 지금 생각해보면 눈 맞추고 이야기꽃을 피워 본 적이 없다. 심드렁하게 받아치는 말을 대화라고 할 수는 없지 않은가.

얻어먹은 백숙 덕에 가만히 자신을 생각하는 시간을 갖는다. 백숙에 들어간 인삼과 대추보다 가족의 몸에 좋을 여러 생각을 하며 찬찬히 아이들과 아내의 얼굴을 본다. 식성조차 닮아가는 식구食口라는 말을 음미하며 좁다란 밥상에 어깨 부딪치며 마주 앉아 한솥밥을 먹는 의미를 자문한다. 내 살과 뼈를 취해 더 크게 사는 아이들과 늦은 시간 옴지락거리며 반찬을 만든 아내의 노고도 같이 본다. 밥을 모시는 마음으로, 좁아도 넉넉한 자리를 고맙게 받는다.

봄맞이 여행

 문의에 있는 양성산 산행길에서 개구리울음 소리를 듣는다. 촉촉이 배어나는 땀방울을 통해 봄을 느끼고 그 녀석들의 울음을 통해 봄을 실감한다. 문득 생각나는 남해, 거긴 봄이 완연하겠지? 오곡밥 돌돌 말아 차 안에서 점심을 해결하고 푸른 마늘밭이 싱그러운 남해로 달린다. 두 달 전에 가본 풍경이 눈에 밟혀 봄맞이하려고 장모님 모시고 다시 간다.

 페루의 고대 문명 마추픽추의 그림을 연상시키는 '다랭이 마을'에 도착하니 늦은 오후다. 비탈진 언덕에 층층이 만든 논을 보니 어지럽다. 눈 앞에 펼쳐진 바다와 우뚝 솟은 마을 뒷산에 밭뙈기 하나 만들기도 어려운 현실을 극복하기 위한 생존의 몸부림을 본다. 비탈에 옹기종기 모여 마을을 이루며 민박으로 생계를 이어가는 저들의 조상은 한 평의 논을 만들기 위해 돌을 주워 논두렁을 만들고, 눈이 시린 해풍을 맞으며 손톱이 닳도록 피멍 든 삶을 살았으리라.

 지붕에 그려진 국화꽃이 이채롭다. 계단 같은 논에 봄풀이 자라 파랗게 색

칠하고 지게 지고 다니던 고단한 삶은 황토로 깔아 호젓한 산책길이 되었다. 무심히 떠 있는 저 섬들과 가파른 절벽에 자리 잡은 숱한 무덤을 보며 사람이 환경을 극복하며 한 숟갈 밥을 목구멍으로 넘기는 긴 시간을 본다.

 절벽 아래 파도가 부서지며 외롭게 떠 있는 서너 척 고깃배가 섬이 되어 있다. 밭과 논을 일구기 위해 수많은 돌을 주워 나르던 그때 그 사람들은 끝없이 펼쳐진 푸른 바다를 보며 무슨 생각을 했을까? 가파른 이 절벽에 목숨을 매달고, 가난의 고통을 지게에 짊어지고, 잎담배 말아 물고 허리의 통증을 달래며 한세월 그렇게 살았겠지.

 시원한 바닷바람 맞고 자란 측백나무와 붉은 꽃망울 터트리는 동백의 자태가 봄이 왔음을 말해 준다. 노란 유채 푸성귀 나물로 무쳐 먹으면 입가에서 봄은 싱그러운 향으로 피어난다. 고단한 삶의 흔적이 명소가 되어 사람들 발걸음을 모으고 해물파전에 막걸리 들이켜며 지난날 고향을 추억하듯 논두렁을 거닌다. 낯선 광경 카메라에 담고, 흘러가면 추억으로 각인될 그리운 마음에 사진을 찍는다.

 해안도로를 따라 달린다. 어딜 가도 바다가 눈을 쫓아 따라오고, 그루터기 논에 잡풀이 파랗게 돋아 푸릇한 채소를 심어놓은 듯하다. 정월 대보름을 쇠는지 동네마다 푸른 대나무 낟가리로 세우고 멍석 위에선 윷가락이 넘어진다. 막걸리에 돼지 머릿고기를 김치에 얹어 먹으며 늙은 아낙네들 덩실거리며 춤을 춘다. 지나가는 마을마다 똑같은 풍경이다. 아직도 저렇게 정월 대보름을 큰 명절로 여기는 것이 신기하다. 달집을 태우며 한 해의 소망을 비는 모습들 속에 풍랑에 몸을 맡기며 위태로운 하루를 살아간 그들의 절박한 심정을 들여다본다.

차 문을 열고 달려도 춥지 않은 삼월. 벌써 이곳은 봄의 문턱을 넘어선 지 오래다. 어둑해진 저녁 무렵, 산과 바다의 구분이 없어져 촘촘히 밤을 밝히는 불빛들로 바다와 마을의 경계를 가늠한다. 바다가 보이는 언덕 위엔 어김없이 예쁜 집들이 자리 잡고, 도심을 빠져나와 무거운 몸 내려놓고 봄 맞으러 온 사람들로 분주하다. 내일 비가 오고 산간 지역에는 눈이 내린다는 예보가 들리지만, 이곳에는 비가 내려 싱그러울 것 같은 봄기운에 마음마저 풀풀이 든다. 차 문으로 손을 내밀고 바람을 만지는 어린 아들 녀석들과 장모님 모시고 여행 다니는 남편이 조금은 살갑게 느껴지는 아내의 표정이 밝아서 좋은 날이다.

허리 펴고 하늘을 보는 짧은 시간, 마음에 담아갈 좋은 추억이 많았으면 좋겠다. 황홀한 불빛으로 치장한 다리가 보인다. 넘어서면 삼천포다. 횟감 안주에 내가 취해 바다가 쓰러지는 저녁을 맞고 싶다.

아내가 운다

"내가 널 어떻게 키웠는데, 니가 어떻게 그런 말을 할 수 있어."

큰아들 녀석이 들어간 화장실을 향해 아내가 서럽게 운다. 처음 보는 모습이다. 웬만한 일은 속으로 삭이는 아내가 그렇게 소리 내어 우는 모습은 본 적이 없었다. 참다 참다 끝내 폭발하고 만 것이다. 방문을 황급히 닫았다. 그런 상황에 내가 개입한다면 오히려 불씨를 키울 것만 같았다. 베란다에 나가 담배를 물고 창밖으로 내리는 빗물을 그저 바라볼 뿐이다. 화장실에서는 주먹으로 벽을 치는 소리가 들린다. 분을 이기지 못한 녀석의 행동을 그저 소리로 가늠할 뿐이다.

한참 지나 안방 문을 열고 나온 아내와 눈이 마주쳤다. 아내를 가볍게 안아 주었다. 아내는 설움에 복받치는 듯 또 소리 내 운다. 등을 쓰다듬으며 위로를 건넸다.

"지나가는 바람과 같아! 조금만 더 참아봐."

광복절 날 시골에 갔던 아내는 어지럽고 가래가 끓어 식사를 못 하시는 아버지를 집으로 모시고 왔다. 일요일 점심엔 아버지를 생각해 닭죽을 끓였다. 큰 녀석은 밤새도록 무얼 하는지 방에 불이 켜져 있었다. 밤을 새운 게 분명했다. 점심을 같이 하기 위해 몇 번을 불러 깨웠다. 알았다고 할 뿐 기척도 없다가 식사 끝날 무렵 거실로 나왔다. 할아버지와 함께하는 식사 자리니만큼 온 가족이 함께했으면 하는 바람으로 그 녀석을 깨운 것이 화근이 된 셈이다.

아내는 저녁이 되자 아무 일 없었다는 듯이 식사를 준비한다. 미역국을 끓이고 오징어를 데쳐 한 상을 차려 내왔다. 아버지는 밥 생각이 없다며 물러선다. 그러자 아내는 한입에 들어가기 좋게 주먹밥을 만들어 아버지 입에 넣어 준다. 억지로라도 식사를 해야 한다며 미역국을 떠먹인다. 얼마 전부터 어지럽고 가래가 심하게 끓어 식사도 못 하고 누워 계신다는 말에 여동생이 아버지를 모시고 병원에 다녀왔는데, 이제 폐가 망가져 별다른 처방이 없다는 말을 전해 들었다. 올해 아흔, 그 좋아하시던 술은 끊을 수 있어도 담배는 못 끊으시겠다며 지금도 가끔 한 대씩 태우신다. 아내의 재촉에 서너 개의 주먹밥을 드시고, 간식으로 참외를 드신다. 아버지는 당신의 삶이 얼마 남지 않았다는 것을 알고 계셨다.

"병원에 입원했으면 한다. 이제 죽을 때가 다 된 것 같고, 병원에 가서 죽어야 하니 형제들과 상의해 결정해라."

속이 상해도 며느리의 도리를 다해야 한다는 생각에 울음을 참고 저녁을 준비하고, 주먹밥을 만들어 내놓는 아내의 모습을 물끄러미 바라보았다. '질풍노도의 시기'를 보내는 아들 녀석의 비위를 맞추려고 안간힘을 쏟으며 며느리의 책임도 기꺼이 짊어지는 모습이 안쓰럽기까지 하다.

아들 녀석의 방황도 아버지의 삶도 때가 있다. 바람처럼 지나갈 짧은 세월이지만 가녀린 체구에 견디기가 쉽지 않으리라 짐작한다. 아플 만큼 아파야 낫는 아들 녀석의 병과 아프면 그것으로 끝나는 아버지, 그 중간에 아내가 있다. 그리고 그것을 담담히 바라보는 내가 있다.

저녁도 먹지 않고 나간 녀석은 10시가 넘어서야 들어왔다. 학교에서 염색한 머리 때문에 지적받았다고 아내는 염색약을 사 와 그 녀석 머리염색을 도와주고 있다. 그리고는 언제 싸웠느냐는 듯 새치 때문에 고민이라는 아내의 머리를 아들 녀석이 염색해주고 있다. 조용히 방문을 닫았다. 그렇게 하루가 또 지나간다.

지랄 총량의 법칙

　자식 낳고 사는 사람은 남의 자식에 대해 쉽게 얘기하는 게 아니라는 말을 실감한다. 요즘 중학교 3학년인 큰녀석과의 마찰로 편치 않은 날을 보내고 있다. 으레 사춘기 때에는 세상을 비딱하게 보고, 특히 아버지 권위에 불만을 품다가 머리가 굵어지면 흔적 없이 사라지는 것이라 믿었건만, 큰녀석의 행태를 보면 도무지 이해되질 않는다. 방문 굳게 닫고 휴대전화로 음악을 크게 틀어놓고 밤새우는 것이 일과다. 그래놓고는 온종일 잠만 자다 저녁이 되면 친구들 만나고 와서는 또 밤을 새운다. 아내에게 건네 듣는 말로는 만사가 불만 투성이란다. 왜 공부를 해야 하는지도 모르겠고, 또 아빠하고는 불편해서 말섞기도 싫다고 한다니, 어디에서부터 꼬였는지 가늠조차 어렵다.

　학원에서 중학생을 다년간 가르치고 상담도 많이 해봤기에 누구보다 사춘기 중학생에 대해서는 잘 안다고 은근히 자부했었는데 내 자식 앞에서는 모든 것이 무용지물이다. 길게 기른 머리에 갈색 염색을 하고, 제 딴에 여드름을 가린다고 머리카락을 펴서 얼굴을 덮고 있는 모습을 볼 때마다 화가 목구멍까지 치밀 때가 한두 번이 아니다. 문자를 주고받느라 잠시도 손에서 휴대전화를 놓지 않는 모습 또한 늘 눈에 거슬린다. 책을 읽거나 학원 문제지를 푸는 것은 못 본 지 한참이 되었고 밤 10시가 넘어야 집에 들어온다. 아내는 애 비위 맞추기에 급급한 것 같고 내가 싫은 소리 해봤자 서로 불편할 것 같아 참고는 있지만 내 인내심도 한계에 이르고 있다. 그리고 보면 품 안의 자식이라는 말이 맞긴 맞나 보다. 손이 많이 가서 그렇지 애교부리며 무릎 밑에서 놀던 그때가 행복했지 싶다.

난 그 녀석과 잘 맞고 무탈하게 사춘기를 보낼 줄 알았다. 그도 그럴 것이 대전 처가에 그 녀석을 맡겨 키워 늘 간절했고, 같이 살고부터는 늘 붙어 다녔다. 학원을 운영했기에 매일 숙제도 봐주고 게임을 하듯 수학 문제도 풀곤 했다. 그때만 해도 제법 영특해 가르치면 가르치는 대로 곧잘 알아들어 신통하기도 했다. 그러던 녀석이 어느 순간 내게 말문을 닫았다는 사실조차도 모르고 살았다. 가끔 주말에 산행도 하고 학교 성적도 상위권이라 무탈한 줄 알고 지냈다. 가끔 아내가 그 녀석의 말과 행동을 전하면 '그 나이에는 다 그런 것이며 지나면 괜찮다'는 말로 대수롭지 않게 넘기곤 했다. 아빠와 대화하기가 두렵다는 둥, 대화하고 나면 나와 한 말을 곱씹으며 못다 한 말이 많아 화가 난다는 둥, 그런 들을 때마다 내가 그 녀석에게 무얼 그렇게 잘못했는지 모르겠다. 여느 아빠처럼 크게 모자라지도 넘치지도 않았고, 그래도 가끔은 속내를 털어놓으며 믿었던 구석도 분명히 있었는데 도리어 그렇게 멀어져만 가는 그 녀석이 야속하게 여겨졌던 것도 사실이다.

사태의 심각성을 깨닫게 된 것은 상담을 받아보고 싶다는 말을 내게 하고

부터다. 오죽 힘들면 제 입에서 상담받고 싶다는 말이 나왔을까 하는 생각에 아찔함마저 들었다. 통제를 벗어난 듯 밖으로만 도는 녀석을 바라보고 있자니 걱정도 되고, 공부를 열심히 해 원하는 대학에 진학했으면 하는 조바심에 화가 나는 것도 사실이다. 우선 상담을 꾸준히 받게 했다. 제 엄마를 통해 다니고 있는 학원을 그만 다녔으면 하는 말을 들은 적이 있어 선택권을 주었다.
"다니고 싶지 않으면 언제든 학원을 그만두어라. 놀고 싶으면 맘껏 놀아라. 그것을 가지고 절대 문제 삼지 않겠다."
그렇게 한 발짝 물러섰으나 내심 불안하기는 마찬가지다.

어느 글에서 '지랄 총량의 법칙'이란 말을 본 적이 있다. 사람은 저마다 지랄의 총량을 갖고 있어 늦고 빠름만 있지 언제든 가진 지랄을 다 소비해야 한다고 한다. 그래서 어른이 되어 지랄하는 것보다 좀 더 어린 나이에 지랄을 소비하는 것이 낫다는 말이다. 즉 예방주사 맞는 것처럼 어차피 겪어야 할 일이라면 한참 중요한 고등학교 때 지랄하는 것보다 지금이 더 낫다는 것이다. 사춘기 자녀와 씨름하는 부모에게 위안을 주기 위한 말인지는 모르지만, 그 말이 사실이었으면 하는 바람도 있다.

'흔들리지 않고 피는 꽃이 어디 있으랴'라는 시구처럼 사람은 누구나 흔들리고 때론 뿌리조차 흔들릴 정도의 파괴적인 고통도 겪는다. 그것이 사춘기라면 정체성 형성이라는 과도기적 사고로 인해 더 심한 갈등과 혼돈을 겪을 수밖에 없다. 지금은 그 녀석의 행동 어느 한 가지도 마음에 들지 않는다고 해도 훗날 폭풍이 지나고 쏟아지는 화사한 햇살처럼 오늘을 이야기하는 날이 있겠지. 부모 되기 참 쉽지 않은 일이다. 내 자식만큼은 그러지 않겠지 하고 믿었던 믿음이 깨지는 순간, 그것도 내가 문제가 된다는 사실을 받아들이기가 쉽지만은 않다. 내 나름대로 열심히 살았고, 공부를 강요한 적도 없고, 가정에서 폭력과 폭언을 일삼는 아빠도 아닌데 아빠와 벽을 쌓고 안으로 문을 걸어 잠갔다니, 참잡한 심정에 서운함도 있고 화가 나기도 한다.

땅을 깊게 파기 위해서는 처음에 힘이 들어도 주위를 넓게 파야 한다. 모든 것을 겪고 이해하기에는 세상이 그렇게 녹록지 않다. 시행착오를 줄이기 위해 성현의 말씀에 귀를 열고, 앞서간 이의 행적을 좇는 것은 당연하다. 그 욕심이 과해 아이에게 나쁜 영향을 준 것은 아닐까 자문한다. 어른 되기는 쉬워도 부모 되기는 어렵다는 말을 실감하며 조금은 멀리 떨어져 지켜봐 주는 것으로 만족해야 할 듯싶다. 그래도 한 가지는 알아주었으면 좋겠다. 나도 너만큼 매우 아프다는 것을.

아내의 생일

　오늘은 아내의 생일이다. 아내는 미역국도 먹지 못하고 아이들 아침 챙겨 주자마자 현관문을 나선다. 그러고 보니 결혼기념일도 모르고 지나갔다. 결혼한 지 햇수로 12년이 되었다. 그동안 난 아내에게 생일이나 결혼기념일이라고 해서 선물을 한 적이 한 번도 없었다. 결혼기념일은 서로 모르고 지나간 적이 많았고, 생일날은 아이들이 케이크를 준비하면 같이 먹으며 그렇게 보냈다. 어머니 살아 계실 때는 당신께서 가끔 용돈을 주며 맛있는 것 사 먹으라고 하신 적은 있었다.

　한 달 전부터 아들놈들은 용돈을 모아 엄마 생일날 아이스크림 케이크를 산다고 계획을 짠다. 미역국도 없이 어제 먹고 남은 김치찌개 국물에 밥을 말아 먹고 출근하는 뒷모습에 좀 미안하다. 물론 내 생일 때도 마찬가지다. 원하는 선물이 뭐냐고 묻는 아내에게 난 늘 무심하게 대답하곤 했다.
　"생일이 뭐 별거여? 쇠털같이 많은 날 중의 하루에 불과한 걸. 난 관심 없어. 미역국도 필요 없고 선물도 필요 없고, 그냥 평범하게 보내면 돼!"

아이들 생일은 어린놈들의 극성 때문에 케이크 자르고 외식하는 것이 전부였다. 모두 바쁘게 나간 흔적만 있는 집에서 혼자 밥을 차려 먹는다. 올해는 미역국이라도 내 손으로 끓여놓을 걸 하는 후회가 든다. 가뜩이나 두 달째 집에서 쉬며 모른 척하고 보내는 자신이 야속하다.

열흘 전 잘 알고 지내는 원장이 둘째딸을 낳았다. 미역 한 다발을 주문해서 아내가 갖다주었다. 빨간 얼굴에 앙증맞은 몸집은 안기에도 부담스럽다. 태어남은 축복이다. 한 생명이 내 몸을 빌려 세상에 나온다는 것이 얼마나 위대한 일인가? 어떤 마음가짐을 가지고 부모가 되고 어떤 생각을 하고 한 영혼을 대할 것인가 하는 마음이 절로 들 만큼 숭고한 일이다.

열 달 동안 무거운 배를 안고 사신 부모님께 감사드리는 날이 생일이며 감사의 꽃도 함께 해야 한다는 것을 안다. 그리고 작은 선물에도 즐거워하는 것이 여자인 줄도 안다.
"장환 아빠, 나한테 작은 머리핀 하나 사주면 안 돼?"
"그냥 자기가 사면 되지 왜 사달라고 해?"
언젠가 한번 아내의 사소한 말에 이렇게 역정을 낸 적이 있으니……. 안다는 것과 행동하는 것은 다르다. 누구나 쉽게 받을 수 있는 꽃 한 송이 받아보지 못하고 작은 선물 하나 무릎 앞에 들이밀지 못하는, 이해심 없고 능력 없는 남편 만나 고생이 많다.

말로 다 표현해야 사랑인가? 두 아들 잘 키우고 시댁에 두루두루 잘하는 아내가 늘 고맙다. 주말마다 시댁에 싫은 내색 한 번 하지 않고 밑반찬 챙겨가고, 놀고 있는 남편에게 무엇을 할 것이냐는 타박 한마디 없이 몰래 내 지갑에 용돈 넣어 주는 그 맘을 왜 모르겠는가? 무뚝뚝한 남편이지만 그래도 변하지 않는 사랑이 있다는 것을 아내가 알아주었으면 좋겠다. 좁은 어깨 두드려주며 함께한 인생길이 즐거웠다고 진심을 말하는 날 오지 않겠는가.

전생의 원수

'전생의 원수가 부부로 만나고, 전생의 빚쟁이가 자식으로 태어난다'는 말이 있다. 살 맞대고 사는 가장 가까운 핏줄이 하필이면 악연으로 만난다는 것일까. 살벌한 빚쟁이가 눈웃음치며 살갑게 구는 자식 놈들로 환생해서 현생에서 빚잔치를 하려는 의도를 잘 모르겠다.

자식 이기는 부모 없다는 말이 있다. 아마도 키우고, 가르치고, 혼수로 집 장만까지 해주며 부모 등골을 빼먹는 우리나라의 현 세태를 미리 짐작해 나온 말이 아닌가 싶다. 항상 부족해 먹어도 배부르지 않아 만족할 줄 모르는 아귀 같은 자식들 뒤치다꺼리에 노심초사하는 부모들의 자화상이다.

예쁘고 고맙기까지 한 아내가 무슨 철천지원수라고 윤회의 사슬을 쫓아 이 곳까지 찾아와 복수하며 괴롭히는지 생각해 볼 문제다. 사랑한다고 온갖 사탕발림으로 아부하던 남녀가 한 이불 덮고 살다 보면 생각이나 습관이 맞지 않아 싸우는 경우가 많다.

다른 사람과 싸울 때는 분명한 이유가 있다. 언행이 자존심을 다치게 했거나 잦은 실수가 쌓여 분을 못 참고 화를 내는 경우다. 싸우고 나면 화해도 하고 아니면 다시 돌아보지 않고 살아도 별문제가 없다. 그러나 부부는 싸우고 돌아서도 같은 공간에 머물며 일상적인 삶을 살아야 하므로 상황이 좀 다르다. 시간이 지나면 별일 아닌 듯 그냥 지나가기도 하지만, 심각하게 싸운 경우는 말을 하지 않거나 서로의 존재를 무시하면서 일정한 냉각기를 갖다 보면 서로 아쉬워 자연스럽게 화해의 물꼬를 트게 된다.

부부싸움은 이성이 아니라 감정의 지배를 많이 받는다. 잘잘못을 가리는 싸움이라면 잘 들어보고 과실 많은 사람이 가볍게 인정하고 사과하면 된다. 그러나 부부싸움은 그렇게 단순하지 않은 경우가 많다. 문제를 해결하려고 대화를 하다 보면 고구마 넝쿨 걷어 올리듯 줄줄이 케케묵은 감정과 참고 살며 응어리진 한들이 쏟아져 나온다. 이쯤 되면 처음에 싸우게 된 최초의 사건은 온데간데없고 서로에게 상처를 주기 위한 묘안이 범람한다.

가장 지능적인 방법이 무시하는 것이다.
"그래, 다 내 잘못이야. 그래, 내가 죽일 놈이다."
자학하듯 대화 자체를 인정치 않고 긴 시간 어색한 침묵으로 일관하다 보면 아무래도 먼저 답답한 사람이 지게 돼 있다. 눈 마주치지 않기, 밥상 차려주면 어깃장 놓듯 라면 끓여 먹기, 아이들과 재미있게 놀아주면서 은근히 외톨이를 만들면 결국 백기를 들 수밖에 없다.

결혼 초기에 부부싸움을 하면 논리적으로 상황 하나하나를 섬세하게 복기

하며 잘잘못을 가려 항복을 받으려고 했다. 그러면 아내는 대화 자체를 거부하고 방문 닫고 잠을 잔다. 나는 분을 못 참아 씩씩거려도 묵묵부답에 혼자 발광하듯 화를 내다가 시간이 지나면 사그라지곤 했다. 이젠 전세가 역전돼 싸우게 되면 내가 침묵으로 일관하고, 아내가 먼저 화해의 몸짓을 보내면 언제 그랬냐는 듯 자연스럽게 대하곤 한다. '그러니까 좀 잘하지.' 하는 뉘앙스를 풍기며 승리를 자축한다.

부부싸움은 급한 쪽이 지는 것이다. 달변보다는 침묵이 더 위대하다는 사실을 확인시켜 주는 좋은 예이다. 토닥거리며 싸운다는 것은 지루한 일상에 나름의 묘미가 있다. 신경전을 벌이며 아이들을 우군으로 포섭하고, 방문 닫고 앉아 바깥 동정을 살피며 나름의 전략과 전술로 상대의 심기를 건드려 전의를 없애는 허허실실 작전에 두 손 들고 투항하는 아내를 살포시 안으며 긴 싸움의 여독을 푼다.

아내가 전생의 원수일 리가 있겠는가. 나 같은 남편 만나서 자신의 전생 업장을 녹이기 위해 속으로 삭이고 인내하며 사는 가엾은 존재다. 손바닥 위에서 잔재주 피우는 손오공을 보듯 부처 같은 혜안으로 져 주고 사는 것을 왜 모르겠는가? 그러나 오만방자한 손오공도 제멋에 사는 법이다.

요즘 부부 중에는 서로 싸우지 않거나 한쪽의 일방적인 용서와 참음만을 강요하며 사는 부부도 많다. 물론 성인군자처럼 품고 살면 이상적인 아내요, 남편이다. 그러나 쇠털같이 많은 날을 살면서 부딪치고 다투는 일 없이 살기가 쉽지 않다. 방귀를 오래 참으면 나중에 더 큰 화를 부르듯, 일상의 사소한 문제라도 참고 참다가 불만이 쌓이면 사네 못 사네 하며 극단으로 치달을 수 있다. 그러기 전에 분출구를 찾는다고 생각하면 작은 다툼이 오히려 백신이 되지 않을까.

마지막 교복

　모든 것을 정리했다. 아침부터 비가 오는 날, 꼼지락거리는 큰아들을 차에 태워 학교 정문에 내려줬다. 회사로 가다가 혹시나 하는 생각에 차를 돌려 학교 정문에 가니 아들 녀석이 학교가 아닌 집 방향으로 걸어가고 있었다. 의심이 사실로 드러나는 순간이다. 당황해하는 녀석을 태워 학교로 갔다. 담임선생을 찾았다. 담임선생에게 들은 말은 충격이었다. 개학한 지가 2주가 되어가는 데 학교에 온 것은 어제가 처음이라고 했다. 할 말을 잃었다.

　오전 조퇴를 신청하고 녀석을 데리고 집으로 돌아왔다. 학교를 그만두고 싶다는 말과 내년에 다시 특성화 고등학교로 입학하고 싶다고 했다. 가출과 지각, 불성실한 생활, 이로 인해 서로 너무 많은 상처를 주고받았다. 의미 없는 학교생활을 강요하기에는 너무 멀리 와 버렸다는 느낌을 받았다.

"그래, 그만 다녀라. 자퇴해라!"
　입안에서만 맴돌던 말을 어렵게 꺼내 놓았다. 사퇴에 필요한 서류를 가지고 오라는 말을 남기고 출근했다. 퇴근 무렵 담임 교사가 연락해 왔다. 아들로부터 이야기를 들었다며 자퇴에 필요한 서류를 아이 편에 보냈다고 했다. 퇴근한 아내에게 오늘 있었던 이야기를 전했다. 그리고 인제 그만 자퇴를 시키자고 조용히 말했다. 아내는 내 말이 채 끝나기도 전에 안방으로 들어가 울기 시작했다.

아침, 자퇴 서류에 사인해 아이 편에 보냈다. 교복을 입고 집을 나서는 녀석을 불러 세워놓고 말했다.
"깊이 생각하고 행동해라. 네가 입고 있는 교복이 오늘이 마지막일 수 있다. 지금은 벗어버리고 싶은 굴레 같지만 먼 훗날 오늘이 무척 후회되고 그리워질 수도 있다. 교복을 벗는 것은 너를 보호해 주는 울타리 하나를 내려놓는 것과 같다. 그리고 어느 누군가에게는 그렇게도 입고 싶었던 교복일 수 있다."
녀석은 아는지 모르는지 "예." 하며 돌아선다.

그렇게 기나긴 갈등에 종지부를 찍었다. 중학교 1학년 2학기부터 어긋나고 있었는데 그것을 알아차린 것은 중학교 3학년 졸업을 앞둔 시점이었다. 상담소도 보내고 함께 여행도 가고, 어떻게든 맘을 돌리려고 애를 썼으나 모든 것이 허사였다. 배신감과 후회, 원망이 점철된 시간이었다. 때론 외면해보고 싶은 생각도 간절했다. 오늘 같은 날을 피하고자 무던히 애를 썼다. 힘들어도 졸업만 해주었으면 하는 바람에 녀석의 얼굴을 대할 때마다 솔직히 편치 않았다.

답답한 맘에 점심시간에 지인을 찾아가 의논도 했다. 그분의 답은 놓으라는 것이었다. 서로 깊은 상처를 주기보다는 숨 쉴 공간을 만들어 주고 조금은 떨어져서 지켜보는 게 낫다고 했다. 시민단체에 있다 보니 학교 밖 아이들의 문제, 교육 현실, 부적응 학생의 문제가 개인이 아닌 사회문제로 보는 시각을 갖게 돼 그나마 다행이라면 다행이었다. 그러면서도 지각이나 결석을 하면 큰일 나는 줄 알고 학교에 다녔던 내 과거의 학교생활이 떠올랐다. 지금의 녀석과 같은 행동은 상상도 못 했고, 자퇴하는 것은 먼 나라의 이야기처럼 생각했다. 그러나 그 현실 앞에 내가 서 있다.

녀석이 속을 썩일 때마다 밤늦게 귀가하는 학생들을 유심히 바라보는 습관이 생겼다. 자정이 다 돼가는 시간, 묵직한 가방을 메고 학원 차에서 내려 집으로 가는 모습, 신호등 건너편에서 엄마와 아빠를 발견하고 종종걸음으로 내닫는 모습, 평범한 그 모습의 주인공이 내가 될 수는 없었을까? 생각해보면 많은 말을 했다. 혼도 내고, 외면도 했다. 때론 상처를 후벼 파는 모진 말도 했다. 그때마다 거대한 벽에 마주 섰다. 녀석은 철저히 자기중심적으로 자신의 행동을 합리화했다. 마치 고슴도치가 안으로 움츠리듯.

대문을 나서는 교복 입은 아들의 모습, 아들이 냉혹한 현실 앞에서 주저앉고 싶은 좌절과 절망과 맞닥뜨릴 때 난 무엇을 어떻게 이야기해주어야 하나? 골목길 끝 녀석의 모습이 사라진다. 그렇게 그 녀석은 점점 내 품을 벗어나 세상 속으로 한 발짝씩 다가가고 있다.

아홉 살 형님의 슬픈 저녁놀

큰어머니는 6남매를 두고 이 세상을 떠나셨다. 차마 발걸음도 떨어지지 않았을 것이다. 그 빈자리를 어머니가 오셔서 채웠다. 그때 돌도 지나지 않은 누이와 다섯 살 된 형, 그리고 위로 줄줄이 네 명의 자매가 있었다. 위로 할머니, 할아버지 아래로 어린 6남매, 그리고 얼마 후 나와 내 여동생이 태어났다. 굶주림만 면할 정도의 농삿거리만 있는 가난한 집안에 오셔서 모진 세월을 견디고 세상과 인연의 끈을 놓은 지 다섯 해가 지나가고 있다. 8남매를 키워 여의고 뇌경색으로 쓰러져 갑자기 돌아가시고 말았다.

나는 다섯 살 전후해서 나와 여동생이 나머지 형제들과 어머니가 다르다는 것을 알았다. 누가 말해 주지 않아도 본능처럼 알았고, 그때부터 말과 행동을 조심했다. 지금 생각해보면 그 나이에 어떻게 알았는지 신기하기만 하지만 눈치로 세상을 보는 법을 일찍이도 깨달았다. 부지불식간 주고받는 대화를 통해 어림으로 그들과 내가 다름을 알지 않았나 싶다. 보이지 않는 차별, 도회지에 나가 있다가 가끔 찾아오는 누나들이 나와 동생을 대하는 것과 내 위 누이를 대하는 것이 달랐다. 편하게 매달리고 살갑게 구는 누나들이 아니라 왠지 조심스럽고 눈치를 볼 정도로 때론 차갑게 느껴졌다. 외가도 다르고 가끔 찾아오는 집안 어른들이 나누는 대화의 행간으로 넘겨짚어 알았다. 여동생에 대한 누나들의 차별은 더욱더 심했다. 가뜩이나 어려운 형편과 많은 형제자매 속에 태어난 여동생은 축복받지 못했다. 가끔 찾아오는 둘째누나가 애를 뭐하러 낳았느냐면서 모진 말로 어머니 마음을 후벼 팔 때 어린 나이지만 모른 체 눈감고 나와 버렸다. 대들 나이도 안 됐지만 뭐라고 대꾸하는 것이 집안과 어머니에게 더 큰 상처가 되는 줄 눈치로 알았다. 명절이면 고향을 찾는 누나를 기다리기보다는 어색함과 상처 주는 말을 들을까 걱정이 돼 집 밖으로 돌아다녔다. 다른 누나들처럼 동생에게 대하는 편안함과 살가움을 기대할 수도 없었다. 네 살 많은 누이와 우리의 도시락 반찬이 다르다고 핀잔하는 말, 그러면서 데면데면 대하는 우리 남매와 달리 앞집에 살았던 또래의 사촌에게 오히려 더 친근하게 대하는 것이 어린 내 눈에 비친 가족의 모습이었다.

어머니는 차별하지 않았다. 바로 위 누나나 형에게 심한 말 한 번 하지 않고 우리와 똑같이 대했다. 대신 나와 여동생은 어머니의 빗자루 세례를 많이 받았다. 빗자루로 등짝을 맞으면서 그럴 수밖에 없는 어머니의 심정을 알았다. 내가 고등학교 들어가서는 가끔 어머니는 누나들에 대한 실망과 서운함을 말씀하셨다. 그럴 때마다 난 못 들은 체하려고 했다.

"그런 얘기 제게 하지 마세요. 제가 화가 나 누나들에게 대들면 여태까지 무탈했던 집안, 형제간에 금이 갈 수 있어요. 차라리 어머니가 마음으로 삭이세요."

모두 출가해 나와 여동생만 남았을 때, 아마도 대학교 1학년 때가 아닌가 싶다. 방학을 맞아 아버지를 모시고 마산에 사는 형님댁을 방문했다. 근처 사는 막내누이 내외도 참석해 술 한잔하다가 나도 모르게 취중에 그동안의 불만을 쏟아내었다. 눈물을 흘리며 어린 시절 상처받은 마음과 그런 어머니를 지켜볼 수밖에 없었던 심정을 이야기했다. 당황한 형님은 자리를 함께한 막내 누나와는 언성을 높이며 다시 보지 않을 사람처럼 싸웠다.

"이제 누나들은 다 필요 없고 형제인 너와 나만 우애 있게 지내면 된다. 오랜만에 만나는 가족끼리 좋은 이야기만 해야지 서운했던 감정을 이야기하면 갈등만 생긴다."

이튿날 아침 술 깨고 돌아오는 길에 맹세했다.

'다시는 그동안 겪었던 가족 간의 서운한 점을 이야기하지 말아야지.'

모두 성장한 이 마당에 괜한 말로 집안 간 다툼만 일어난다면 아버지 어머니, 그리고 누구한테도 도움이 되지 않는다는 것을 알았다.

동생도 나도 다 결혼하고 8남매가 1년에 한 번 남매계라는 이름으로 시골 마당에 모여앉아 옛날이야기를 하며 웃음꽃을 피운다. 형제간에 다퉈 명절날 찾아오지도 않고 왕래조차 하지 않는 가정을 많이 보았다. 속내를 드러내놓고 고민을 말할 수 있는 사이는 아니더라도 최소한 아쉬운 소리 안 하고 만나면 그저 반가운 사람처럼 지냈다. 속내야 어떻든 가족이라는 이름으로 자주 보는 사이도 아닌데 얼굴 붉힐 행동과 말은 하지 않는 것이 낫다는 판단에서였다.

2008년, 어머니는 설 다음 날 뇌경색으로 쓰러져 3개월 동안 의식불명 상태로 병원에 계시다 돌아가셨다. 어머니의 삶을 알기에 서럽게 울었고 더 애잔했다. 막냇동생까지 사십을 넘겼으니 웬만큼은 세상살이 인간사를 다 안다고 할 수 있다. 8남매가 모여 가끔 옛날이야기, 특히 가난했던 시절 먹고 싶었던 음식이나 그에 따른 일화를 이야기하며 웃을 때가 많다. 어느 날 무슨 이야기를 하다 형님이 한 번도 끄집어낸 적도 없는 이야기를 털어놓았다.

"어머니가 이 집에 왔을 때 비록 어린 나이였지만 할 말과 하지 말아야 할 말을 분간할 수 있었다. 외가에 가면 외할머니가 '네 엄마가 밥을 잘 챙겨 주냐, 돌아가신 네 엄마가 좋으냐, 지금 있는 새엄마가 좋으냐'란 질문에 어떠한 말도 할 수 없었다. 어떤 의미로 묻는지 알고 있었기 때문이다. 겨울 저녁 굴뚝에 연기가 피어오르고 황량함이 감돌 때 바라보던 저녁노을을 잊을 수가 없다."

형님의 그 말이 좀처럼 뇌리를 떠나지 않는다. 나는 지금껏 나나 내 여동생이 당한 부당한 차별에 대해 늘 고민하고 속상해했을 뿐, 대여섯 살에 엄마 잃고 그리움에 몸부림쳤을 누나와 형의 입장은 생각해보지 못했다. 무언가로 뒤통수를 한 대 맞은 느낌이었다. 형님은 돌아가신 큰어머니가 얼마나 그리웠을까. 누나는 두어 살밖에 되지 않아 큰어머니 얼굴도 기억하지 못하겠지만, 형님은 대여섯은 되었으니 그 그리움이 얼마나 클지 짐작이 갔다. 그런데도 내색 한 번 하지 않고 살았다는 것에 더 마음이 아팠다.

어느 날 나와 어머니 산소에 오른 형님은 어머니 산소에 절을 하고 나서 돌아가신 어머니에 대한 그리움을 토로했다.

"어머니 목소리라도 한번 들었으면 소원이 없겠다."

낳아준 어머니보다 키워준 어머니에 대한 그리움이 사무친다며 가끔 꿈속에서 어머니를 뵌다는 말도 전했다.

붉게 물든 저녁노을을 망연히 바라보는, 아홉 살 형님의 모습이 지워지지 않는다. 그때 바라본 노을은 얼마나 슬프고 애잔했을까. 나만 아프고, 나만 서운한 게 아니었다. 부모님께 말대꾸 한 번 안 하고, 성실하기만 했던 형님의 뒷모습에 감추어진 슬픈 그림자를 사십 중반에 살짝 훔쳐보았다. 성묘를 마치고 내려오는 길, 고향 마을 뒤편에 노을이 지고 있었다.

둥구나무

잎사귀 사이로 현란한 햇살이 눈부시다. 넓은 둥구나무 아래 평상에 누워 하늘을 본다. 휴가를 맞아 고향집을 찾은 형님과 시원한 나무 그늘 속에서 정담을 나눈다.

"이 나무는 720년을 살았으니 숱한 과거를 기억하고 있겠지?"
"그럼요."
"이 나무가 말을 할 수 있다면 큰일 나겠지?"
"왜요?"
"네 형수 말고 소싯적 데리고 온 여자들도 다 알고 있을 거 아냐?"
"그럼 난리죠?"
"너도 예외는 아니잖니?"

형님도 나도 웃고 말았다. 분가한 할아버지께서 지게 목발 내려놓으신 지 60여 년이 되어간다. 고향이라는 단어와 늘 겹치는 것이 이 둥구나무다. 수령이 700년을 넘었으니 얼마나 많은 사람이 사연을 안고 이곳을 지나쳤을까? 임진왜란 때 왜병을 물리친 조헌 선생이 말을 매어 놓고 휴식을 취했다 한다. 그래서 뒤에는 조헌 선생의 사당이 있고 나무 옆에는 하마비下馬碑가 있다. 6·25 전쟁이 일어나자 이 나무가 우는 소리를 내었다고, 어른들 무릎 베고 누워서 들은 기억도 난다. 장대한 시간을 보내온 나무의 가슴속 사연이야 더 말해 무엇 하겠는가?

지금은 없지만, 예전에는 둥구나무 옆에 집이 있었다. 그 집 마당에 이 나무가 있던 셈이다. 그 집에는 혜연이라고 나와 동갑인 여자애가 살았다. 뽀얀 살결을 가진 아이였다. 그러나 불행히도 소아마비를 앓아 한쪽 다리를 절룩거렸다. 무당인 혜연이 어머니는 절름발이라고 놀리는 우리를 쫓아다니며 잡히면 나무에 묶어 둔다며 무섭게 화를 내곤 하였다. 나무에 울긋불긋한 헝겊을 매어 놓고 치성을 드리던 그 모습은 낯설고 무서운 경험이었다. 혜연이는 고2 때 경기도 가평에 나이 많은 농사꾼에게 시집을 가버렸다. 대학 시절, 여름에 아이 안고 친정 온 그녀를 결국 보지 못했다. 시집가서 신랑과 함께 온 그녀를 친구로 만난다는 것이 불편했다. 말하자면 내외를 한 꼴인데, 지금은 가끔 후회된다. 사춘기 때 이런저런 속맘을 얘기하던 좋은 친구였는데…….

고추 내놓고 흙장난을 하고 나무에 기어올라 참새 새끼 잡아 키운다고 극성떨던 철부지들을 받아준 것도, 가슴에 하얀 손수건 달고 가는 첫 등굣길을 배웅해주던 것도 둥구나무였다. 공장에서 일하는 누나가 온다는 기별이 오면 온종일 이 나무 밑에 앉아 뿌연 먼지 일으키며 오는 버스를 하염없이 기다리곤 했다.

가난했던 살림, 대학 등록금 받아 들고 집 나서며 남몰래 눈물 흘리며 이곳을 지나갔고, 여자 친구 생겨서 동네 어귀에서 떨어져 걸으며 어른들 눈을 피해 황급히 발걸음 옮기던 그때도 이 나무는 기억하고 있겠지! 수줍어하는 아내 손을 잡고 나무 밑을 지나갔고 첫아들 포대기에 안고 돌아오고, 둘째 놈 손잡고 이곳을 찾아왔었다. 어느덧 두 아들 녀석들은 나무 그늘에서 줄넘기하고 킥보드 타고 뛰어논다.

살 등이 터진 것처럼 거친 껍질이 떨어진다. 둘레가 8m가 넘으니 성인 몇 명이 팔을 벌려 안아도 다 담아내질 못한다. 둥구나무는 나에게는 추억과 그리움, 그리고 눈물이다. 흥겨우면 나무 밑 평상 마루에 눌린 돼지머리 고기와 막걸리가 오간다. 지나는 길손도 한 대접 서운치 않게 목을 축이고, 보따리장수도 그늘 핑계 삼아 엉덩이를 내려놓는다. 목침 베고 누워 초저녁잠을 주무시는 어른들과 내외하는 아녀자들 옥수수 갖고 나와 반대편에 자리 잡고, 그 사이로 반딧불 쫓으며 떠드는 아이들. 쑥을 피워내는 연기는 달빛을 가리곤 했다. 그립다.

어머니가 돌아가셨을 때 둥구나무 아래 모셔놓고 노제를 지냈다. 무수한 사람들이 꽃상여 타고 나무 밑을 지나 장지로 떠났다. 둥구나무는 이승의 마지막 인연의 끈이었다. 자식들 온다는 기별에 먼발치에서 사람 보이면 눈 가늘게 뜨고 응시하던 곳도 바로 둥구나무 밑이다. 어머니 생전에 나무 그늘에 앉아 철없이 여쭤본 적이 있다.

"엄마! 돌아가시면 땅에 묻는 게 좋아 화장하는 게 좋아?"
"난 태워서 바다에 뿌려 주었으면 좋겠다."

"그럼, 화장해서 이 나무 밑에 뿌리면 어떨까?"
"그것도 좋지! 그런데 동네 사람들이 좋아하겠냐?"
어제 나무 그늘에 앉아 어린 아들놈에게 말했다.
"나중에 아빠 죽으면 화장해서 뼛가루를 유골함에 넣을 것도 없이 사람들 몰래 이 나무 밑을 한 삽 파고 묻어 주렴."

나중 일을 어찌 알겠는가? 마음이 그렇다는 것이다. 형님과 나란히 누워 옛날 얘기하며 마음 한구석에 옹골차게 들어앉은 이 둥구나무에 고마움을 그렇게라도 해서 갚아주고 싶다.

제3부

슬픔이 가져온 사랑

여학생의 눈물

 뿌옇게 낀 아침 안개만큼 맘 한구석이 답답하다. 괜한 짜증과 서글픔이 몸을 자꾸만 가라앉게 하는 아침이다. 바람기 하나 없는 산을 오르니 찐득한 땀에 젖은 옷이 달라붙는다. 가르치며 산다는 것에 모종의 분노가 치밀어 올라 안으로 삭이려 애를 쓴다. 모진 말을 하지 말고 그냥 넘어갈 걸 하는 후회와 얇은 지식을 팔아 밥으로 바꾸는 강사라는 직업에 회의가 밀려든다. 옹색한 처지다 보니 안으로 쌓이는 상처에 마음이 쉽게 곪는다. 학생들의 버릇없는 행동을 따끔하게 지적하고 나면 굳이 그럴 필요가 있었나 하는 생각에 입맛이 쓰다.

 저녁 먹고 조금 늦겠다는 여학생의 전화를 받았다. 맞벌이 가정이고 집이 멀어 저녁을 먹고 와도 그전에는 별문제 삼지 않았다. 그러나 친구들 네 명과 함께 늦겠다는 말에 어머니와 통화를 하겠다고 하니까 그냥 왔다. 수업 내내 통통거리며 신경을 거스른다. 화난 것은 어느 정도 이해를 하지만, 예의 없이 구는 것이 못마땅해 날카로운 말로 면박을 주었다. 안경 너머로 눈물을 흘리는 것을 모른 척하며 수업을 끝냈다. 평소에 살갑고 붙임성이 좋은 녀석이라 저런 딸 하나 있으면 좋겠다 싶을 정도로 맘이 가는 아이. 녀석은 못내 서운한지 학원 수업이 끝나도록 눈물을 멈추질 않는다. 전 같으면 불러내 대화를 해서 기분을 풀어 주었을 텐데 그러고 싶은 기분이 아니다. 그렇지만 녀석이 우는 만큼 내 속도 쓰리다.

3학년 녀석들은 지적장애가 있는 학생의 아파트를 찾아가 초인종을 눌러 그가 나오면 발길로 걷어차고, 잡히지 않고 도망쳐 나온 이야기를 화제로 삼아 신나게 떠들고 있다. 이유를 물으니 재미있고 긴장감이 넘쳐 그랬단다. 기가 막혀 말이 나오질 않는다. 이유 없는 폭력과 학대를 그저 재미있게 웃으며 모험담처럼 이야기하는 학생들의 표정이 징그럽고 몸서리 처진다.

"너희는 자신이 얼마나 비열한 행동을 했는지 모른다. 그 잔인함이 너의 삶을 옥죄는 줄은 왜 모르는 거냐."

쓴 말을 던지고 집으로 돌아왔다.

저녁 챙기는 아내가 내 안색을 살피다 조심스럽게 이유를 묻는다. 말하는 것조차 힘들어 퉁명스럽게 대꾸하니 서운함을 비추며 휑하니 안방으로 들어간다. 시험을 얼마 앞두지 않아 조급한 마음에 쌀쌀맞게 대한 내 행동과 자신의 행동을 돌아볼 줄 모르는 녀석들의 안쓰러움이 마음을 무겁게 한다.

눈감고 귀 닫으면 모든 것이 괜찮아지겠지. 세상이 그렇다고 인정해 버리면 괴로워할 일도 미워할 일도 줄어들겠지. 내 자식만 잘 키우면 맘도 편해지겠지. 하지만 그렇지 않은 것을 알기에 한동안 무거운 짐을 지고 살아야 한다.

마음을 보듬고 살기엔 너무나 각박한 삶이 되었다. 겉의 상처를 안으로 삭여 속을 키우는 소나무의 단단한 옹이만큼 내 맘도 단단해졌으면 좋겠다.

부드럽고 온화한 미소를 잃고, 코앞에 다가온 시험과 점수에 마음을 빼앗긴 내 잘못이 마음에 박힌다. 받은 만큼 자라는 숲의 생명처럼 그 아이들은 덜 받고 못 느껴서 하는 행동일 것이다. 마음에 넣고 모난 부분이 닳아 없어지는 만큼 아이들이 올곧게 자란다면 가르치는 자의 보람은 크다. 살갗이 헤지는 따가움에 뱉어내는 나의 속 좁음을 반성하며 묵묵히 산길을 오른다. 넉넉히 넓은 가슴을 가지지 못해 그늘이 되지 못하고, 팍팍한 마음에 땀 줄기 씻겨가는 바람 한 조각 만들지 못하는 고단한 밥의 노예가 되어가는 것이 아닌가 하는 자책의 시간이 비껴간다. 있는 그대로가 가치 있는 생명임을 느낀다면, 살갑게 보듬지 못한 모든 시간은 나의 죄일 뿐이다. 한 녀석 한 녀석이 나무 사이로 스쳐 간다. 고맙고 소중한 존재들이다. 잠시 당황스럽고 참담해도 인생길에 누구나 겪는 아픔의 시간이라고 생각하면 튼튼한 뿌리를 대지에 박고 그래도 나보다 큰 그늘이 될 사람들이다.

마음의 상처가 곪아 독한 소주로 소독하는 이가 어디 나쁜이겠는가. 콩나물 시루에 물을 주면 모두 새어나가는 것 같아도 아침에 보면 훌쩍 자라난 것처럼 천방지축 제멋대로 사는 그 틈에 선생의 따뜻한 말과 눈빛은 자양이 된다. 조금은 가벼워진 몸을 산 밑에 내려놓았다. 노란색 차에서 몸이 불편한 장애아동들이 내린다. 가벼운 산책로를 선생의 손에 의지하며 걸어가는 모습이 위태로워 보인다. 튼실한 기둥이 되지 못한 여린 팔뚝 사이로 아직도 가시지 않은 안개가 솟구쳐 오른다.

오지랖

"입에 밥 들어간다고 다 사람이 아니다. 사람 구실을 하고 살아야 사람이라고 할 수 있다."

아흔을 바라보는 연세지만 지금도 가끔 장성한 아들을 모아 놓고 아버지가 자주 하시는 말씀이다. 집안과 친지를 돌아보지 못하고 내 가족만 생각해서는 안 된다는 뜻이다. 먹고 살기 어려운데 좌우를 돌아보는 여유가 어디 있나 하는 뾰족한 생각이 치밀지만, 나이가 들수록 깊이 생각하게 되는 말이다. 지금처럼 앞가림도 못 하면서 오지랖만 넓어 이 일 저 일로 바쁘게 쫓아다니는 현재의 내 모습을 보면 돈 안 되는 일에는 참 부지런하다는 생각이 든다. 가끔은 모르는 척 뒤로 물러나 내 실속을 차리는 것이 나을 때도 있는데 그러지 못하는 성격에 참 바쁜 시간을 보낸다. 좋게 말하면 남에 대한 배려심이 충만한 것이고 나쁘게 말하면 결단성이 부족하다고나 해야 할까.

몸이 좀 피곤하고 할 일이 남아 있어도 누가 얼굴을 보자고 연락하면 두말없이 나가는 성격이다. 이른 아침이건 늦은 밤이건 상관치 않고 집을 나서는 것에 대해 몇 번 핀잔하던 아내도 이제는 그러려니 하고 만다. 술을 마시기 위해 사람을 만나지는 않는다. 누군가가 그 시간에 나와 대화를 원한다는 생각에 만사를 제쳐 놓고 나가는 것이다. 그러다 보니 술좌석에 항상 마지막까지 남아서 만취한 채로 돌아오기 일쑤이고, 다음 날 피곤함으로 고생하며 가끔은 후회도 한다. 내 사정보다는 상대의 처지를 먼저 배려하는 버릇 탓이다. 때론 잠이 들었을 때 전화를 받는 경우가 있다. 그럴 때는 전화기를 들기 전에 목소리를 가다듬어 잠결에 받는 느낌을 주지 않으려 최대한 애를 쓴다. 잠결에 받는 것을 상대가 알면 미안해하고 다음부터는 부담스러워 전화하기를 주저할 것을 알기 때문이다.

내 코가 석 자임에도 술좌석에 가면 날 붙들고 신세 한탄하는 사람이 많다. 가만히 내 처지와 견주어 보면 나보다 백번 나은데도 시시콜콜 먹고사는 문제를 하소연하는 것을 보며 가만히 속으로 웃을 때가 많다. 사람은 내 앞에 놓인 문제가 가장 커 보여 남의 관심사는 크게 안중에 두지 않는다. 그나마 날 믿고 속내를 털어놓는 그 사람의 마음을 보고 묵묵히 들어주며 장단을 맞춘다. 때론 남의 부탁으로 내가 할 수 없는 일도 대뜸 받아들고 해결하지 못해 전전긍긍한 적도 있다. 어떻게든 도와줄 요량으로 이 사람 저 사람에게 부탁해 겨우 해결한 예도 있다. 이런 것을 보면 배려가 지나쳐 내 주제도 모르는 반편이가 아닌가 하는 생각도 든다. 사람을 만나면 먹고사는 일상의 대화를 많이 한다. 십 원 하나 도움을 줄 상황이 아닌데도 힘들다고 하소연하는 걸 듣다 보면 솔직히 좀 지친다.

삶이라는 것이 결국 자신만의 문제로 국한되는 경우가 많다. 답답한 속을 털어놓고 허심탄회하게 자신의 고민을 토로하는 것은 괜찮지만 만날 때마다 죽는 소리 하면 조금은 아쉬운 생각이 든다. 정말로 죽을 지경으로 힘들지 않다는 것을 대화 속에서 충분히 짐작했기 때문이다. 술 한잔 마시고 돌아서면 먹고사는 문제는 내려놓고 좀 더 깊고 넓은 대화를 하면 좋겠다고 생각한다. 입에 밥 들어가는 문제가 작은 것은 아니다. 그러나 어떻게 먹을 것인가를 고민하고, 남으면 어떻게 나눌 수 있는지를 헤아리며 우리 사회를 되돌아보는 노력도 필요하다. 고민하지 않는 삶은 건조하다. 목으로 밥 넘기는 일에 골몰하다 보면 정작 나이 들어 주변이 쓸쓸할 수 있다.

   사십을 넘기니 집안일도 많아지고 여기저기 쫓아다녀야 할 대소사도 많다. 두 눈 질끈 감고 몰염치로 일관한다면 밥 먹는 축생에 다를 바가 없다는 아버지 말씀이 귀에 꽂힌다. 두루두루 살피며 사람 노릇을 하고 산다는 것이 쉽지 않다. 마음은 간절하나 형편이 따르지 않는 때도 있고, 몸 편한 것을 쫓아 모르는 척하는 때도 있다. 바쁘다는 핑계를 대면 누구나 수긍한다. 그것을 방패 삼아 교묘히 몸을 감추고 살 수도 있다. 그렇게 살면 편해서 당장은 좋을지 몰라도 세상 사는 맛은 잃어버리고 만다. 불러 주는 사람이 있다는 것만도 감사한 일이고 부름에 냉큼 달려가 응대를 하는 것도 서로 고마운 일이기에 행복으로 알고 산다.

그래도 되는 사람은 없다

 벌써 나와 있었다. 추레한 등산복 차림을 보고 먼발치에서도 그분인 줄 쉽게 알 수 있다. 가벼운 인사를 나누고 세무서를 향한다. 무더운 날씨에도 에어컨을 틀지 않고 창문을 여는 것으로 대신했다. 그분 몸에서 나는 악취를 견딜 자신이 없다.
 그분에 관한 이야기를 처음 들은 것은 2015년 5월 말쯤이다. 이분과 매우 가깝다는 분이 우리 단체를 찾아와 양심상 도저히 참을 수 없었다며 기구한 삶의 한 단편을 들려주었다. 그러면서도 이분을 그렇게 만든 사람들과도 친분이 있다며 자신이 드러나는 것은 몹시 경계했다. 반신반의하는 마음으로 그분의 사정을 잘 아는 분을 소개해 달라고 했다. 제보자의 말을 있는 그대로 믿기에는 상황이 심각했다. 그래서 제보자가 소개한 분과 지역 사회복지사, 장애인단체 분과 만나 사실을 확인했다.

 나이는 55세, 고향은 음성, 돌봐줄 사람 전혀 없는 무연고, 학력은 없고 말도 어눌하고 세상 물정 잘 모르는 사람, 세차장에서 14년 넘게 일했지만 월납을 제대로 받지 못하고, 2, 3년 전까지는 세차장 사무실에서 숙식을 해결했다고 한다. 얼마 전 푼돈을 목돈으로 만들어 주겠다는 근처 식당 여주인은 2,000만 원 정도 모인 돈을 들고 튀었고, 막걸리 한잔 사주며 형님 동생 했던 인쇄소 사장은 이분의 명의를 도용해 사업자등록을 냈고 체납된 세금 때문에 이분은 신용불량자가 될 수밖에 없었다고 한다. 이를 안타깝게 여긴 지인이 다른 일자리를 알아봐 주겠다며 하루 면접 보고 왔더니 세차장 주인은 "당신 같은 사람 필요 없으니 이제 나가라"고 고함을 쳐 쫓겨나 오갈 데 없는 신세가 되었다고 한다.

지금 명의도용 진위를 확인하기 위해 세무서로 가는 중이다. 지역 기자도 이런 일이 어디 있느냐며 취재를 자처하고 나섰다. 제보가 사실이라면 얼마 전 전국을 시끄럽게 했던 '염전 노예'와 다를 바가 없다며 뒤늦게 도착한 사진기자는 분노의 말을 쏟아내었다. 세무서 직원의 도움을 받아 확인한 결과 1240만 원이 넘는 세금이 체납되어 있었다. 사실 하나를 확인하는 순간이었다. 구제신청 용지와 구제 방법을 설명 듣고 나왔다. 다음으로 찾은 곳은 그분이 근무했던 세차장이다. 여러 대의 차가 세차를 기다릴 정도로 바빠 보였다. 사장을 찾아 방문 이유를 설명하고 사무실에 마주 앉았다. 그분의 표정은 만감이 교차해 보였다. 불편한 기색이 역력했다. 사장 부인은 다짜고짜 이렇게 찾아오는 게 어디 있느냐며 과민 반응을 했다. 그리고 줄 돈 다 줬고, 자기가 싫어 그만두었다며 아무 잘못이 없다는 듯 고함을 질렀다. 그럴수록 그분의 표정은 난감했고, 몸은 주눅이 들었다.

여기 오기 며칠 전 그분을 미리 만났다. 그분은 넘기는 달력을 갖고 나왔다.

14년 동안 자신이 얼마의 월급을 받았는지 그분은 모른다. 기억하는 것은 처음 세차장 일을 할 때 매달 100만 원을 받기로 했고, 100만 원을 받아 본 것은 14년 전 첫 달이 마지막이라는 것만 기억하고 있었다. 자기 이름조차 쓸 줄 모르고, 돈을 세는 것조차 어려워하는 분으로서는 당연한 일이다. 그나마 이분의 딱한 사정을 아는 사람이 그러지 말고 돈을 받을 때마다 달력에 받은 금액을 써 놓으라고 해서 그림 그리듯 숫자를 써 놓은 것이다. 14년은 어디 가고 없고 2015년 1월에서 6월 중순까지의 기록이 전부다. 아라비아 숫자를 쓰기까지 얼마나 큰 노력이 있었을까 하는 맘이 들었다. 달력을 보니 매달 5일에 3만 원, 17일에 27만 원, 23일에 10만 원 이런 식으로 되어 있었다. 한 달을 다 합쳐도 채 50만 원이 되지 않았다. 6개월간 많이 받은 날은 47만 원, 나머지 달은 채 40만 원도 안 되었다. 이 돈에서 월세 주고, 전기세, 휴대전화 요금 등을 주고 나면 옷을 산다든지 슈퍼에 가 필요한 부식재료를 산다는 것은 불가능했다. 돈이 없어 방세 달라고 조르면 그때마다 생색내듯 몇 푼 쥐여 주며 여태껏 일을 시켜왔다는 것을 알 수 있었다.

오갈 데 없는 사람을 먹여주고 재워줬더니 뒤통수친다며 소리를 지르는 사장 내외에게 "솔직히 월급 제때 안 줬잖아요? 시인할 건 시인하세요." 다그치자 사장은 아내에게 왜 월급을 주지 않았느냐며 도리어 화를 냈다. 맞다. 이들은 월급을 제대로 주지 않았다. 그러면서도 자기들이 그분과 알아서 해결하겠다며 누군가가 개입하는 것에 대해 거부반응을 보였다. 이미 노무사와 상담을 진행했으므로 차후에 연락드리겠다는 말을 남기고 나왔다.

다음으로 명의를 도용한 인쇄소를 찾았다. 외출 중이라 휴대전화로 사실을 확인했다. 전화기에서 흘러나오는 말은 세차장 주인과 별반 다르지 않았다. 가끔 술도 사주고 어려웠을 때 도와주었으며, 원한다면 지금 당장에라도 체납된 세금을 낼 수 있다고 큰소리쳤다. 전화를 끊고 사무실로 돌아오는 중에 다시 전화가 왔다. 사무실을 방문해 나를 만나고 싶다고 했다. 사무실로 찾아온 인쇄소 사장은 그분을 도와주었던 사례를 먼저 꺼내며 공치사를 했다. 그리고 내일 당장에라도 해결하겠다며 내 명함을 받아 쥐고 나갔다. 그러면서 자신이 지역의 사회단체 간부라는 말도 빼놓지 않았다. 다음 날 800만 원을 세무서에 내고 나머지 부분은 나눠서 내기로 했다며 연락이 왔다. 그렇게 쉽게 해결할 수 있는 일을 그는 왜 미뤄왔을까?

처음 그분을 만났을 때 물었다.
"선생님, 혹시 버스 탈 줄 아세요? 옷은 어디서 사 입으세요? 청주 밖을 혼자 다녀오신 적이 있나요? 슈퍼나 가게를 이용해 보신 적이 있나요? 명절 때 상여금을 받은 적이 있나요? 현재 가진 돈은 있나요?"
버스 타 본 적이 없고, 옷은 아는 사람이 갖다주면 입었고, 청주 밖을 나간 적도 슈퍼를 이용한 적도 없으며, 명절 때 10만 원 받은 것이 전부라고 했다. 그리고 14년을 세차장에서 열심히 일했는데 현재 수중에는 한 푼도 없다고 했다.

세금 체납 건을 해결하고, 그분과 함께 그분이 거주하는 지역의 주민 센터를 찾았다. 사정을 이야기하고 기초생활보장 수급자 지정이 가능한지 물었다. 담당 직원은 가능하다며 심사 결과가 나오기까지는 한 달 이상이 걸린다고 했다. 그러면서 직원은 그분에게 서류를 주며 작성해서 내일까지 가지고 오라고 했다. 한숨이 나왔다. 그 서류를 작성할 능력이 있는 분이라면 그분의 삶이 이렇게 팍팍하고 여기까지 왔을까 하는 생각에 한마디 거들었다.

"선생님, 도와주시는 것은 고마운데 이분은 글을 읽을 줄도, 쓸 줄도 모릅니다. 필요한 서류가 있다면 직접 해주시고, 받을 서류가 있다면 이분을 여기로 오라고 하지 마시고 사는 곳을 방문해 직접 해결해 주세요."

그분이 사는 곳을 가 봤다. 아이러니하게도 곗돈을 갖고 도망간 식당 여주인과 사실혼 관계였던 분과 함께 살고 있었다. 그분은 이분의 어려움을 잘 안다며 자기가 잘 도와주고 좋은 곳에 취직도 시키겠다고 했다. 당장 그분의 거취를 결정할 수 없어 알았다는 말과 잘 돌봐 달라는 말밖에 할 수 없었다.

그분의 문제를 해결하기 위해 많은 분을 만났고, 많은 도움을 받았다. 기초생활 수급자 지정은 주민센터 사회복지사, 장애인 판단 여부는 청주시장애인복지관, 긴급자금 지원은 이분이 처음 거주하던 지역의 사회복지사의 도움을 받았다. 현재는 처음 제보했던 분의 도움으로 원룸을 얻어 생활하고 있다. 기초생활보장 수급자로 지정되었고, 지속해서 의심이 갔던 장애 여부는 2차례 실시한 검사에서 지적 수준이 3세에서 7세 수준으로 장애 2급 판정이 나왔다. 장애인단체에서는 그분이 할 수 있는 일을 찾아 드리겠다고 약속했다.

가장 중요한 임금체납을 해결하기 위해 그 이후에도 2차례나 세차장 주인을 만났다. 세차장 주인은 처음 만났을 때와 달리 100만 원씩 14년 동안 다 주었다고 항변했다. 그러면서 달력에 기재된 몇 개월만 어려워서 월급을 다 못

주었다며 잔액 사백여 만 원을 분할로 주겠다고 했다. 한쪽은 다 주었다고 하고, 한쪽은 많이 줄 때가 매달 50~60만 원, 그것도 방세 달라고 사정사정해야 겨우 받았다고 한다. 청주노동인권센터 노무사와 함께 세차장 주인의 말대로 매달 100만 원씩 다 주었다고 했을 때 최저임금법에 따른 부족분 1200만 원, 그분의 주장대로 50~60만 원 받았다고 가정할 때 4000만 원, 두 분의 주장을 조금씩 받아들여 80만 원 정도 받았다고 했을 때 1800여만 원, 세 가지 안을 가지고 찾아갔지만, 세차장 주인은 몇 달 못 준 돈 400만 원밖에 줄 수 없으니 마음대로 하라며 대화를 거부했다. 노무사와 상의해서 노동청에 진정하기로 했다.

세차장 주인과 면담을 끝내고 새로 이사한 그분의 원룸을 찾았다. 깨끗한 방에 TV와 에어컨, 침대가 놓여 있었다. 식사를 잘 드시느냐는 물음에 해맑은 웃음을 짓는다.
"예. 잘해 먹고 있고, 반찬은 근처 교회에서 갖다주고 있어요."
계속 일을 하다 현재는 일이 없어 심심하다는 말에 위로의 말을 전하며 안심시켜 드렸다.
"조금만 기다리세요. 어렵지 않고 할 수 있는 일을 곧 알아봐 줄 거예요."
이제 그분은 최소한 법의 울타리 내에 있다. 기초생활보장 수급자와 장애인등록으로 주민센터와 장애인단체의 도움을 받을 수 있다. 그분이 할 수 있는 일자리도 조만간 마련된다. 조금 늦겠지만 체납 임금도 해결될 수 있다.

아무렇게나 대해도 되는 사람은 이 세상에 아무도 없다. 술 한잔 사주고, 가끔 생색내듯 몇 푼 쥐여 주는 것으로 도리를 다했다고 말하는 세차장 주인, 인쇄소 사장, 알량한 몇 푼마저 챙겨 도망간 근처 식당 주인, 이들의 공통점은 그분 가까이에 있고, 막걸리 한잔 나눌 정도로 친했다는 것이다. 그리고 누구보다 그분의 사정을 잘 알고 있었다. 14년간 노예처럼 일했지만 그들은 친분을 과시할 뿐 노후를 대비할 수 있도록 보살피는 데는 인색했다. 양심의 가책을 덜 정도의 안이한 온정을 베풀고 마치 최선을 다한 것처럼 가장하는 그들은 한 사람의 인권을 철저히 짓밟았으면서도 반성할 줄 모른다.

그분을 자주 만났다. 필요할 때마다 전화 통화를 했다. 나중에 들었다. 전화가 오면 걸려온 전화번호의 뒷자리 2개를 보고 그 사람을 안다고, 그만큼 그분은 세상 물정에 어두운 사람이다. 그런데 세차장을 처음 찾아갔을 때 주인은 목소리를 높였다.

"돈이 필요하면 필요하다고 왜 말하지 않았느냐."

월급은 달라고 하는 것이 아니라 마땅히 주는 것을 그는 정말 몰랐을까? 그리고 월급을 매달 100만 원씩 주었다는 뻔한 거짓말에 그분은 혀를 차며 14년 일한 그곳을 외면하듯 고개를 돌렸다.

"어떻게 저렇게 거짓말을 해? 난 정말 못 받았는데 어떻게 그럴 수 있어?"

아직도 무시로 전화가 온다. 국민연금체납고지서가 왔다고, 건강보험체납고지서가 왔다고, 그럴 때마다 방문해 확인했다. 통지서가 어떤 것인지 방문해서 확인할 수밖에 없다. 그분을 모시고 사정을 이야기해 모두 해결했다. 버티던 세차장 사장은 천이백만 원에 합의했다. 자신도 어렵다며 200만 원은 바로 지급하고 나머지 지급액은 매달 50만 원씩 나눠서 내기로 했다. 통장 하나를 새로 만들어 적금을 들게 했다. 혹여나 이것마저 누구 노리고 접근할까 하는 우려 때문이다. 얼마 전 그분을 만나니 강아지를 한 마리 사서 키운다고 했다. 외롭다고 했다. 사람에게, 그것도 형님 동생 하며 10여 년을 함께한 사람들에게 받은 상처가 낫는 데는 아직도 많은 시간이 필요하다.

하루는 바쁜 날인데 전화가 왔다. 한참을 이야기했지만 어눌한 목소리와 부정확한 발음 때문에 도무지 무슨 말인지 알아들을 수가 없었다. 몇 번을 되물어 겨우 진위를 파악했다. 시청에서 길가에 꽃을 심었는데 물을 주는 등의 관리를 하지 않아 다 말라 죽었다며 청주시장은 도대체 뭐 하는 사람이냐고 따지듯 물었다. 그냥 웃고 말았다. 자신의 삶 밖에 있는, 그것도 길가에 핀 꽃을 보고 안타까워하는 마음에 전화한 것이다. 조금은 여유로운 모습, 그냥 보기 좋았다. 이제 그분도 행복했으면 한다. 푸짐한 가을 햇살이 누구에게도 공평하게 내리쬐듯.

갈등

 이메일을 열어보면 항상 친구의 편지가 꽂혀 있다. 촘촘히 엮어져 길게 세로로 늘어선 편지가 반가움보다는 커다란 부담으로 다가온다. 두 살 많은 친구지만 호형호제하며 긴 방황의 시간을 공유한 소중한 친구다. 학창 시절 우리 시골집에 찾아와 같이 지게도 지고 피사리도 했다.

 해 저문 저녁 어머니가 만들어 주신 김치부침개를 맛있게 먹고, 동네 어귀에 있는 구멍가게를 찾아 막걸리 한잔 마시며 삶을 노래하던 정겨운 친구다. 군대에서 고생하는 나를 생각해서 술좌석에 막걸리 한잔 따라놓을 만큼 자상하던 친구다.

 그랬던 친구가 복학해서 보니 전혀 다른 모습으로 살고 있었다. 대화에는 관념적인 단어가 홍수를 이루고, 그의 방엔 이념 서적이 빼곡히 꽂혀 있었다. 조곤조곤 낮은 목소리로 현 사회의 모순을 짚어 내며 사회를 개혁하기 위해 고심하는 친구의 모습에 당혹스러움을 감출 수가 없었다. 학생회 활동과 노동운동에 많은 관심을 두고 진지하게 설명하는 모습은 그 옛날 막걸리에 취해 대로변에 누워 별을 세던 친구의 모습은 분명히 아니었기 때문이다.

졸업 후 백수의 처지로 친구가 사는 성남에 눌러앉아 밥을 축내며 옥상에 있는 평상에 앉아 밤새 토론하며 시간을 보내던 기억이 새롭다. 그 후 난 청주에서 직장을 잡고 친구는 성남에서 신협에 다니며 가끔 만나 회포를 푸는 사이가 되었다.

언제부터인가 교회에 다니고 있다는 말을 듣고 이 친구의 변화에 많은 관심을 두게 되었다. 부모님이 모두 독실한 믿음을 가진 것은 알았지만, 이 친구는 항상 종교에 대해 비판적이고 회의적인 생각을 하고 있다는 것을 잘 알고 있었기 때문이다. 더욱이 사회주의 이념으로 똘똘 뭉친 사람이 종교에 깊은 관심을 두고 전도를 하러 다닌다는 말을 듣는 순간 사고의 변화가 극과 극으로 치닫는 친구의 행보가 걱정되었다.

한참의 시간이 흐르고 친구의 집에 가보니 그 많던 사회과학 서적이 사과 상자에 담겨 집 밖에 놓여 있다. 인식의 전환이 이렇게 쉽게 행동으로 나타나는 모습에 약간은 당혹스럽기까지 했다. 믿음에 방해된다는 생각에 스스럼없이 과거에 자신을 지탱하던 사고의 틀을 대문밖에 내놓을 수 있는 과감성과 얼마나 깊게 종교에 심취해 있기에 이렇게 갑자기 변할 수 있나 하는 걱정과 의구심에 혼란스러웠다. 신학교에 입학하고 교회에서 전도사 생활을 하고 있다는 말을 들었다. 그리고 대학원에 입학하고 얼마 후 목사 안수를 받았다는 소식도 들었다.

친구의 형님이 청주에 사시기 때문에 가끔 내려오는데, 만나서 대화하다 보면 차분한 눈길에 조용히 내 말을 들어주며 옛날부터 목사였을 것 같은 모습으로 앉아 있다. 이제는 안양에서 작은 교회를 이끄는 목사님이 되어 있다. 교회 홈페이지를 통해 친구의 안부를 가끔 엿본다. 강단에서 칠판을 놓고 설교하는 목사님의 모습이 보인다. 유머를 섞어 얘기하며 가끔은 우리 집에서 나와 함께 막걸리 마시며 보낸 추억을 이야기하는 것도 듣는다.

결혼도 하고 잘생긴 두 아들의 아비로, 그리고 하나님의 종으로 사는 모습을 보면 격세지감이 느껴진다. 그 후로 내 이메일 함엔 친구의 편지가 쌓인다. 안부를 묻는 편지가 아니라 성경 구절을 이용해 하루를 묵상기도로 시작할 수 있는 잠언 같은 내용이다. 가까운 지인들에게 모두 보내는 내용이다. 한때 나도 교회에서 직분을 맡을 정도로 열심히 교회를 다녔지만, 생각의 변화로 지금은 발을 끊은 지 오래되었다. 그 친구와 가끔 통화할 일이 있으면 목사님이라는 호칭을 쓴다. 세속과 거리를 두고 하나님이 정하신 길을 가는 친구를 최대한 예우해 주고 싶은 마음에 그리한다.

추억은 공유할 수 있지만, 생각의 차이는 이제 너무 커져서 피차 시비를 논할 형편은 못 된다. 편지함에 쌓이는 친구의 마음을 모르는 것은 아니지만 가끔은 대충 읽고 버린다. 메일을 열 때마다 스팸메일처럼 쌓여가는 편지를 보며 읽지 않고 삭제 버튼을 눌러 다 버릴까 하는 고민이 밀려오지만, 그렇게 하는 것은 친구로서 최소한의 배려도 모르는 매몰찬 행동으로 느껴져 망설여진다.

오늘도 이메일에 쌓여 있는 편지들을 본다. 이름을 부르고 안부를 묻는 정겨움은 없지만 그래도 옳은 진리의 길이라 여기고 그 한끝이라도 친구에게 도움이 되었으면 하는 바람을 갖고 보내는 것을 알기에 오늘도 머뭇거리며 편지함을 연다.

꽃비 속 발인

하염없이 내리는 봄비에 만개한 벚꽃이 지고 있다. 나무가 드리울 수 있는 그늘만큼 꽃잎은 퍼져 있고 무심한 발길은 그 꽃을 밟고 간다. 길면 일주일 짧으면 3~4일, 개화에 봄비는 늘 불청객이다. 그 짧음이 사람의 발걸음을 모으고, 마음을 동동거리게 한다. 쓸어 담기도 민망할 정도로 작은 꽃잎이 일순간의 바람에 흩날리는 모습은 비장하기까지 하다.

진다는 것은 다 때가 있다. 어찌 그것이 벚꽃뿐이겠는가? 늦음과 더딤만 있을 뿐 사람도 마찬가지다. 때의 이름과 늦음, 그 중간에서 우린 상처 받고 때론 슬픔을 견디지 못하기도 한다.

사람이 죽었다. 불과 얼마 전 전집에 앉아 막걸리 한잔 기울였던 그 사람이, 낭랑하던 목소리로 사람을 즐겁게 하던 그 사람이 무심천 벚꽃이 만개하던 날 허망하게 세상을 놓았다. 대화 중간에 알뜰히도 가정을 챙기는 모습도 선했고, 올해 이사로 승진해 축하한다는 말도 했는데 고작 3일 병원에 입원하고 세상을 놓았다고 한다. 취하지 않고는 못 배길 것 같은 마음에 지인들과 술잔을 돌리고 거나한 취기를 용기 삼아 조문했을 때 영정사진 속의 그는 어제 본 사람처럼 낯익었다.

어린 두 딸을 대신해 손님을 맞는 이는 동생이라고 한다. 어른 덩치에 빙그레 웃는 둘째 딸의 눈망울에서 아빠 잃은 슬픔을 찾을 수 없었다. 그 딸은 발달장애를 앓고 있다. 함께 신동엽문학관에 갔을 때 서툴게 시를 낭송하는 딸을 대견하게 바라보던 그의 모습이 선하다. 아픈 손가락 하나가 얼마나 그의 삶을 짓누르고 절망하게 했을까? 아파트 분양에 대한 압박으로 힘들다고 푸념하지만, 살아야 하는 동기는 그 아이만으로도 충분하다는 것을 안다.

스트레스와 과로로 입원했다는 말을 듣고 대수롭지 않게 생각했는데 그것이 생사의 길목이었다고 하니 그 처연함과 안타까움이 더한다. 쉰셋, 하고 싶은 일도, 해주고 싶은 말도 다 못하고 황망히 져 버린 봄날의 벚꽃처럼 그도 오늘 봄비 속에 발인한다. 누구나 한번, 그것이 꼭 봄날이 아니어도 꽃은 피고, 또 그것이 봄날이 아니어도 꽃잎은 떨어진다.

슬픔은 언제나 산 자의 몫이다. 술로 허기를 채워도 안타까움은 더 절실하고, 꽃은 지는 걸 전제로 핀다는 말도 위로가 되지 못하는 날이다. 봄비는 무심히 내리고, 그는 그렇게 영원한 안식에 든다. 오늘은 하루가 참 긴 날이다.

담배, 그놈 참

칼바람이 부는 날, 몇 번을 망설이다가 허기진 사람처럼 결국 편의점을 향한다. 곱은 손으로 담뱃불을 붙이고 돌아오는 길, 이놈이 무엇이기에 하는 탄식이 새어 나온다. 흡연은 찬반을 논할 수 없으며, 잘못했다가는 본인의 건강뿐 아니라 가족, 더 나아가서 사회적으로도 민폐를 끼치는 사람이라고 조리돌림 당할 줄 뻔히 알면서도 괜한 공분에 적어 본다.

흡연한 지 따져보니 29년째니 30년이라고 둘러대도 될 듯하다. 일명 '뻐끔담배'를 피우며 입대를 앞둔 심란한 마음을 정리했다. 그렇게 시작한 것이 30년이 되어간다. 짧은 이별도 두어 차례 있었으나 5개월이 가장 긴 이별이었다. 그때는 분기탱천에서 흡연의 폐해와 금연을 했을 때의 좋은 점을 인터넷에서 찾아보기도 했다. 고비를 넘겼다고 생각하면 늘 술자리의 유혹이 변수였다. 담배를 피우기 위해 밖으로 나간 사람을 따라가 주위에서 얼쩡거리며 한 개비 얻어 피울까 하는 갈등으로 맘고생 하길 수십 차례, 결국 한 대만 피우자고 타협하지만 사지는 않겠노라고 앙큼한 자존심을 세웠다. 얼마 못 가 슈퍼에서 담배를 사 차 안에 두고는 정말 힘들 때 한 개비 피워야지 하며 내 행동을 합리화해 보지만 얼마 지나지 않아 하루 한 갑, 정량을 꼬박꼬박 채우고 있다.

　이렇듯 담배와의 인연은 질기고도 힘들다. 더 힘든 것이 주위 사람들의 시도 때도 없는 핀잔과 지청구다. 특히 금연에 성공한 사람의 자화자찬과 과거 지우기는 들어주기조차 고역이다. 흡연 경험이 없는 사람보다 더 잔인한 말로 상처를 준다. 당신도 한때는 흡연과 금연을 넘나들며 맘고생 했을 텐데 이제는 가끔 맞는 연기 냄새마저 역겹다고 얼굴 빤히 보고 말할 때는 밉기가 그지없다.

　금연 스티커가 난무하는 세상, 철저한 사주경계를 해야만 편안히 담배 한 대 피울 수 있다. 좁은 장소, 뿌연 담배 연기 속에 교복 차림의 10대 청소년과 맞담배를 하는 세상이 야속하지만 어쩌랴? 장거리 고속버스 좌석에도 재떨이가 있었다는 무용담은 70년대 서부 활극을 추억하는 것처럼 부질없는 짓이 되었다. 담뱃값이 인상돼도 벙어리 냉가슴 앓듯 참아야 한다. 경제적 부담보다도 '끊지 왜 피워?'라는 싸늘한 말대답이 더 무섭다.

　일이 안 풀릴 때, 혹은 무료한 일상에 청량제 역할을 한다고 항변해 봐도 흡연자의 처지는 늘 초라하고 궁벽하다. '담배는 현명한 자의 사고를 끌어내고 어리석은 자의 입을 다물게 한다'는 임어당林語堂의 말도 미간을 찌푸리며 힐난하는 아내의 잔소리를 이기지 못한다. 흡연, 사랑도 식을 때가 있게 마련이니 어떤 이유로 이별은 오겠지.

사랑해

새벽 2시 58분에 문자가 온다. 언뜻 든 잠을 쫓아낸다. 몸을 일으켜 어둠 속에서 휴대전화기를 찾아 문자를 확인한다. "아내에게 잘해. 사랑해"라는 메시지가 찍혀 있다. 마흔 넘은 사내가 새벽녘에 사랑의 고백을 받고, 괜한 설렘과 웃음에 잠이 달아난다. 아내가 문자를 봤으면 내연 관계에 있는 여자가 죄책감과 사랑 사이에서 밤새 고민하다 보내는 고뇌의 글귀 같다고 오해를 살 만하다.

사전에서 사랑이라는 단어를 찾아보니 첫째, 이성의 상대에게 끌려 열렬히 좋아하는 마음. 그 마음의 상태. 둘째, 부모나 스승, 또는 신이나 윗사람이 자식이나 제자, 또는 인간이나 아랫사람을 아끼고 소중히 여기는 마음. 셋째, 남을 돕고 이해하려는 마음으로 정의를 내리고 있다.

내가 받은 문자는 이 중에서 두 번째에 속한다. 자주 문자를 주고받으며 안부를 묻지만, 내가 받는 편이 훨씬 더 많다. 안부를 묻거나 하루의 삶 속에서 느낀 짧은 단상을 공유하기 위해 자주 문자를 주고받는다. 느닷없이 날아든 "사랑해"라는 문구에 어색함을 느끼는 것은 평소에 내가 잘 쓰지 않는 말이기도 하지만, 사십 중반의 묵직한 형님에게 받은 말이라 더 어색하고 낯설어서 그런지 모른다.

아내에게도 들어본 적도 말해 본 적도 기억이 나질 않을 정도로 화석화된 '사랑해'라는 말을 동성에게 듣는 느낌은 완연히 다른 느낌이다. 그것은 마치 사랑의 열병으로 잠 못 이루다가 숱한 망설임 끝에 건네는 화끈거림과 끈적임이 묻어나 묘한 맛을 느끼게 한다.

가슴팍을 파고들며 가끔은 애교 부리듯 묻는 아내의 곤혹스러운 질문에 "사랑은 무슨 사랑? 이 나이면 그냥 정으로 사는 거지." 하며 퉁명스럽게 말끝을 흐리는 무뚝뚝한 내 모습이 떠오른다. 어찌 보면 잊고 지낸 세월이 길다. 흔해서 값나가지 않은 느낌이 들어 사용하기에 주저하는지도 모른다. 이름도 모르는 어린 연예인이 텔레비전에서 사랑한다고 외치고, 드라마 이곳저곳을 보아도 '사랑해'라는 말이 길거리 돌부리 채이듯 흔한 말이 되었다. 말은 세상을 덮고 넘치지만, 행복하지 않고 사랑하지 않는 사람들로 우리 사회가 어둡다.

감탄사처럼 흔해 버린 '사랑해'라는 말이 고귀함을 잃어버린 것이다. 늙으신 부모님 손을 잡아보며 마음으로 '사랑합니다'를 되뇌지만, 밖으로 끄집어내는 데는 익숙하지 않은 세대다. 어리고 젊은 사람들의 전유물로만 여겼던 말이라 더더욱 어색한지 모른다. 어린 시절에도 부모님께 사랑한다고 말해본 적이 없다. 물론 부모님께 들어본 적도 없다. 그러나 내 앞에 반찬을 밀어놓는 모습을 보고 알았고, 새벽녘에 두런두런 나누는 말씀을 엿들으며 자식을 걱정하는 속 깊은 정을 알았다.

이제 침묵도 사랑의 고백이 된다는 것을 아는 나이가 되었다. 이심전심以心傳心을 통해 느끼는 사랑이 더 큰 줄도 안다. 그러나 가끔은 말로써도 고백해야 상대가 좋아하고 즐거워하는 것도 안다. 사랑한다고 말하는 것도 용기가 필요하다. 어색함과 낯 간지럼을 감내할 용기가 있어야 할 수 있다. 항상 있음에 없음의 안타까움과 빈자리의 공허를 깨닫지 못한다. 한번쯤 가만히 안아 드리며 "사랑해요."라고 말할 기회가 다시 온다면 좋으련만…….

평소에 자주 연락하고 안부와 근황을 묻는 형님의 따사로움을 느낀다. 늦은 밤 누군가의 기억 속에 나를 앉혀 놓고 그리워하며 살뜰히 보듬는 말 한마디 건네는 사람이 있어 외롭지 않은 밤이다.

옆에서 잠든 아내와 아이들의 모습을 보며 이불을 다독이며 돌아선다. 잠결에 "왜, 아직 안 자?" 하며 묻는 아내에게 "사랑해! 어서 자." 하며 쑥스러운 얼굴을 하며 서재로 돌아 나온다.
형님, 나도 형님 많이 사랑합니다.

아버지, 그 이름으로 산다는 것

꽃샘추위에 몸을 움츠리고 발걸음을 재촉한다. 늦은 저녁상 물리기도 전에 걸려온 J의 전화에 괜한 궁금증이 든다. 술집의 문을 열고 이리저리 눈을 돌려 구석에 앉아 깊게 담배 연기를 들이켜는 J를 찾았다. 얼마 전에 만났을 때 파마머리를 하고 나타나 사람들로부터 잘 어울린다는 말을 들은 적이 있었다. 치렁한 머리에 고개를 떨어뜨린 자세를 고쳐 앉으며 악수한다.

"이 시간에 웬일이냐?"

묻는 물음에 그냥 술 한잔하고, 보고도 싶어 불렀다며 건조한 몇 마디를 던진다. 낯선 모습에 무슨 일이 있는 것 아니냐고 재차 물어도 그동안 술 한잔 못 사주고 해서 불렀다며 말을 돌리지만 얼굴엔 수심이 가득했다.

차림표를 건네며 먹고 싶은 것 아무거나 시키라며 거듭 재촉을 한다. 호기를 부리며 이것저것을 주문하는 그 모습은 예전에 보아 온 그의 모습이 아니었다. 망가지고 싶은 중년의 어두운 그림자가 스쳐 간다. 온화한 미소와 차분하고 사려 깊은 모습에 주어진 일도 열심히 하며 나름대로 기반을 잡은 사람이다. 대학 4학년 때 이른 결혼을 해서 아들 둘 두고 오순도순 살아가는 평범한 가장이다. 술에 취해도 큰 실수 하지 않고, 동갑내기 아내가 무서워 귀가를 서두르는 모습을 보고 짓궂게 농을 해도 허허 웃으며 넘어가는 넉넉한 사람이다.

서너 병의 소주병이 비껴가자 조심스럽게 입을 연다. 고등학교 2학년이 된 아들 녀석이 "아빠의 모든 것이 싫다."고 하며 가슴에 못 박는 말을 했다는 것이다. 고등학생 신분으로 술을 입에 대고, 여자를 가까이하는 것도 모자라 아버지에게 해서는 안 되는 말과 행동을 해서 J는 온몸에 힘이 빠져 축 처진 어깨로 이 낯선 술집에 앉아 있는 것이다.

학교 선생님이었던 아버지의 이중적인 모습이 싫어 절대 아버지를 닮지 않겠다고 맹세를 하고 좋은 아버지가 되기 위해 열심히 살았는데, 이제 머리 굵어가는 아들 녀석에게 그런 소리를 들어야 한다는 현실이 그를 자책하게 하고 있다. 눈물이 그렁한 얼굴에 대학교 졸업도 하기 전에 아들이 태어나 먹고 살기 위해 아파트 지하에서 밤을 새우며 기름보일러를 때고 삼 년의 시간을 보냈다며 처음 듣는 이야기를 한다. 가장의 짐을 짊어지고 온 힘을 다해 살아왔다며 그 옛날 주사酒邪 부리는 할아버지와 아버지가 감추고 살아왔던 낡은 삶을 술안주로 꺼내 놓는다. 폭설주의보가 내린 밤하늘은 어둑해지고, 조금은 쌀쌀한 바람이 문틈을 헤집는다. 연거푸 피워대는 연기에 시야가 흐려진다. 미지근하게 식은 어묵 국물을 떠먹으며 술잔을 잡는 그의 손이 위태롭다.

약주를 드시고 어머니한테 폭언을 쏟아내시던 아버지 생각이 난다. 비틀거리는 몸을 간신히 지탱하고, 취기 어린 눈에 실핏줄이 날카롭게 서서 어머니와 말다툼하는 아버지 모습이 너무 싫었다. 다정한 말 한마디 없이 툭툭 윽박지르는 그 모습이 보기 싫어 둥구나무 밑에 앉아 시간을 보내던 어린 내 모습도 보인다. 이젠 쩌렁쩌렁한 목소리는 힘을 잃고 기운이 빠져 작아진 아버지를 씻기며 그래도 가끔은 무섭게 혼내던 서릿발 같은 모습이 그리운 적도 있다.

어쭙잖은 위로에 고맙다며 술잔을 건넨다. 우리도 그러면서 성장하지 않았느냐고, 좀 더 크면 그 녀석도 이런 아버지 마음을 이해할 때가 올 거라고, 나도 경험해 보지 못한 말을 건넸다.
"글쎄, 그럴까? 그래, 그렇겠지."
가누기 어려운 몸을 비틀거리며 아파트 사이로 접어든다. 마중 나온 아내 손에 끌려 사라지는 J의 뒷모습에서 나를 끌어안고 삭히기 위해 몸에 술을 붓고 담 모퉁이 쓸어내리며 걸어가는 젊은 아버지의 모습을 본다.

조동주 선생 졸곡卒哭

회원봉사의 날, 가장 먼저 사무실 문을 열고 들어오는 분은 늘 조동주 선생이다. 자리에 앉자마자 어제 술 마신 이야기와 어디 어디 봉사를 다니고 있다고 묻지도 않은 이야기를 하신다. 처음 뵀을 때 50 중반이라고는 믿기 어려울 정도로 백발에 피부나 혈색 모두 일흔은 넘겼다고 생각했다. 그때 삶이 녹록지 않음을 알았다. 바늘로 찌르면 소주가 흐를 것처럼 늘 술에 찌든 모습이지만 봉사는 빠짐없이 나온다. 봉사하기보다는 봉사를 받아야 할 처지 아니냐는 수군거림에도 그분은 늘 군복 위에 노란 봉사단 조끼를 입고 나타났다. 그분과 함께 나오는 분 또한 중앙공원에서 술로 세월을 보내는 노인과 별반 다를 바가 없었다.

집수리, 쓰레기 청소, 독거노인 돕기 등 봉사를 한 번도 거르지 않고 참여했으며 늘 소매 걷어붙이고 앞장을 섰다. 새참으로 나오는 막걸리나 소주 또한 맛나게 드셨으며 가끔은 객쩍은 농담으로 좌중을 웃기곤 하였다. 어떻게 사셨는지 물으면 다 지나간 일처럼 삶의 행간을 한 토막 들려주었다. 인천에서 살았고 새우 잡이 배도 탔고, 한때는 중국 여자분과 살림도 차렸다고 했다.
"참, 그놈의 여자가 오래되었는데도 밥을 못하는 것 아녀? 그래서 얼마 있다 쫓아내고 말았지."
그때는 어머니를 모시고 살았다고 한다.

운천동 피난민촌 환경개선사업이 마무리될 무렵 지역 방송사가 취재를 왔는데 봉사단장이 함께 촬영하기를 저어했다는 이유로 술에 취해 전화를 했다.
"오 국장님, 봉사단장이 나만 빼고 촬영하고, 사람 무시하는 것 같아 회원 탈퇴하겠습니다."
그런 전화는 사무처 직원이면 한 번씩은 다 받아본 경험이 있다. 그러나 며칠 후면 아무 일도 없다는 듯 웃으며 나타났다.

그는 특별한 직업이 없이 월 40여만 원의 수급비로 생활하고 있는 것으로 알고 있다. 친분 있던 봉사단원의 말을 빌리면, 가끔 술에 취해 길에 쓰러져 있는 것을 경찰이 발견해서 데려가라고 연락이 오곤 했다고 한다. 얼마 전부터는 단체 사무실 지하에 있는 산림보호기관에 근무했다. 무보수지만 가끔 얻어먹는 막걸리에 관광까지 갈 수 있다고 좋아하는 모습을 본 적이 있다. 간혹 술에 취해 3층 사무실 올라와 '오국장님, 커피 한잔 먹으러 왔습니다.' 하며 앉아서 물어보지도 않은 이야기를 한참을 할 때도 있었다. 무엇보다도 열성 회원인 것만은 사실이다. 단체 행사만 있으면 만사를 제쳐 놓고 참여를 했다. 체육대회, 총회, 영화 보기, 자원봉사 등…….

그래도 없는 살림에 단체 후원의 밤 행사 때는 후원금으로 10만 원을 쾌척하곤 했다. 그 돈의 의미를 알기에 사무처에서는 이렇게 하지 않으셔도 된다고 해도 후원금의 크기는 줄지 않았다. 지난해 말 사직동 지역 '집수리와 연탄봉사'를 함께했다. 그때도 친구분과 같이 오셨다. 간혹가다 행사 때 보고 2월 중순쯤 통화를 한 기억도 있다. 술 좀 줄이라는 사무처의 핀잔에 넉살 좋게 웃음으로 대하던 그분이 올 2월 말에 돌아가셨다는 소식을 들었다. 갑작스러운 소식에 사무처 활동가들 모두 일이 손에 잡히지 않았다. 돌아가신 후 며칠 만에 발견되었다는 말에 마음이 더욱더 먹먹했다. 찾아 줄 사람도 없고, 찾아갈 사람도 별로 없는 삶, 늘 함께할 수 있는 충북참여연대의 봉사단이 그분에게는 따뜻한 곳이었나 보다.

 기억해 줄 사람도 없는 팍팍한 삶, 그래도 누군가를 위해 노란 봉사단 조끼를 입고 있으시던 그분을 우리마저 기억하지 않으면 누가 기억할 것인가.

소복 위로 날아온 하얀 슬픔

노곤한 다리의 피로를 풀 겸 추풍령 휴게소에서 커피 한 잔 마시며 굽이치는 산야를 본다. 물결처럼 출렁이는 자동차 사이로 추석의 향수와 현실로 복귀하는 바쁜 맘이 교차한다. 정체의 짜증을 뒤로하고 따사로운 햇볕에 몸을 씻긴다.

'k의 남편이 뇌출혈로 쓰러져 위급함'

추석날 문자로 날아든 비보에 가슴이 찡하다. 초등학교 동창이다.

모임을 만든 후 두 번 보았다. 뒤늦게 연락이 된 그녀의 존재를 찾는데 힘들었다. 그만큼 공유한 기억이 적었다. 그럴 수밖에 없었다. 삼십 년의 세월이 흘렀다. 찬찬히 생각해보니 떡방앗간 옆 작은 집에 살고 어렸을 때부터 새치가 많았고, 5학년 때 담임이 사우디 가신 아빠가 언제 오냐며 묻곤 했던 기억이 난다. 그녀의 아빠가 사우디에서 돌아왔다는 소식을 들은 기억은 없다. 그것이 내 기억 속에 남아 있는 그녀의 전부였다. 모임에서 두 번 보았지만, 눈인사로 대신할 정도로 서먹한 사이다. 모임 카페에 올라온 가족사진을 보니 남매와 선해 보이는 남편이 있었다.

　정확히 일주일 후 부고가 날아왔다. 갈등이 생겼다. 회칙상 여자 동창들은 모임에만 참석하고 상조의 의무는 없었다. 가까운 거리고 친분이 있으면 회칙을 떠나 문상을 할 수 있는데 거리도 멀고 해서 망설여진다. 아이들과 산행을 하는 토요일 오후 내내 심한 갈등이 괴롭다. 다음 모임에서 그녀를 봤을 때 떳떳하질 못할 것 같은 미안함과 현실의 괴리가 무겁다. 토요일 밤 열 시 가까이 되었을 때 청주에 사는 친구의 전화가 왔다. 나와 내내 같은 고민을 하다 지금 출발해서 목천 IC에 다 와 간다고.

　요금소를 빠져 기다리라고 해 놓고 차를 몰아 그곳으로 가 합류했다. 장례식장에 도착하니 열두 시가 넘은 시간에 몇 명의 초등학교 친구가 우리를 기다리고 있다. 하얀 상복을 입은 그녀와 고등학교 1학년이라는 아들이 손님을 맞는다. 향을 피우고 절 두 번 하고 상주와 인사를 한다. 눈물도 곡도 없는 제상 앞에 무거운 맘을 내려놓는다. 마흔다섯의 나이로 세상을 버린 사진 속의 남자는 인자한 모습이다.

　말이 줄 수 있는 위로의 한계를 절감하며 묵묵히 돌아섰다. 아버지를 잃은 어린 남매가 긴 시간 속에 겪어야 할 그리움과 생활고들이 눈앞에 그려진다. 마흔을 갓 넘어 홀로된 그녀의 표정은 담담했다. 의식 없이 보낸 일주일이라는 시간 속에 그녀의 생각을 넘나들었을 두려움과 안타까움, 그리고 슬픔이 담담하게 배어난다. 미지근한 육개장 국물에 밥을 말아 밀어 넣었다.

친구 사이에 배우자를 잃은 조문은 처음이다. 오기를 잘했다는 대견함과 집에 두고 온 어린 아들과 아내가 밟힌다. 술을 권하는 친구도 없다. 가까이 산다는 친구 한 녀석만 소주잔을 기울이며 서로의 안부를 물을 뿐이다. 그렇게 훌쩍 떠나기엔 너무나 많은 세상의 짐을 맡기고 가는 그분의 심정을 충분히 공감할 수 있는 나이가 되어버렸다. '산 사람은 다 산다'고 속으로 되뇌어 보지만 어찌 삶이 그렇게 녹록하기만 하겠는가?

남편 없이, 아버지 없이 살아갈 가녀린 가족들의 모습에 밖에 나와 애꿎은 담배만 피워 없앤다.
'내가 죽어 저렇게 우리 집사람이 소복을 입고 있다면, 철없는 두 아들이 나 없이 세상을 살아간다면…….'
부질없는 상념이 머릿속을 어지럽게 한다. 괜한 앞선 생각이 망측해 담배를 비벼 끄고 일어선다. 와줘 고맙다는 그녀의 인사를 뒤로하고 먼 길을 되돌아온다. 동행했던 친구나 함께 자리해 준 친구들 모두 다 나와 같은 생각을 하지 않았을까?

나이가 들면 불확실한 인생을 어느 정도 예측할 수 있다. 그것이 지혜요, 연륜이라 하지 않던가? 흰머리에 구부정한 허리 예전 같지 않은 건강의 적신호들, 그것이 서서히 죽음으로 가는 신호임을 알기에 몸이 적응하고 생각이 그 뒤를 따른다. 늙으면 죽어야지 하며 푸념하듯 내뱉는 노파의 한숨은 살고자 하는 의지와 더불어 불현듯 닥칠 수도 있는 죽음에 대한 나름대로의 적응과정이 아닐까?

어린 시절 할머니 생전에 가묘假墓를 만들어 놓고 당신 모시고 그곳을 찾아 갔던 기억이 난다. 가파른 산길을 올라 파란 잔디 움트는 봉분을 애틋하게 어루만지며 눈 지긋이 뗘 고향마을 내려다보시던 모습이 새롭다. 속내 모르는 나는 물었다.

"할머니, 기분이 나쁘지 않아? 아직도 할머니 살았는데 왜 미리 무덤을 만들었어?"

빙그레 웃으시며 할머니는 말씀이 없었다. 한동안 그렇게 앉아 계시다 그곳을 내려왔다.

얼마 전에는 막내작은아버지 가묘를 만들고 벌초를 했다. 당신 맘이 급하셨나 보다. 그렇게 회갑이 되면 질 좋은 안동포로 장녀가 수의를 만들어 놓고 가묘를 설치하는 까닭은 반어적으로 더 오래 건강하게 살길 바라는 맘과 더불어 급작스러운 일에 당황하지 않고자 하는 선인들의 속 깊은 생각을 엿 볼 수 있다. 몸이 늙고 마음이 여려져 생사의 폭이 좁아질 때 사뿐히 고개를 넘는 것도 죽는 이의 복이다. 이러저러한 사고로 인해 명을 달리하는 경우가 흔한 세상이니 누가 평범한 임종을 장담하겠는가?

우리네 무덤을 보면 봉긋하게 솟은 여자의 젖가슴을 연상시킨다. 부부가 나란히 누운 봉분은 더욱더 그러하다. 자손이 돌보지 않는 묵은 묘는 젖이 다 빨려 탱탱함이 사라진 할머니의 젖가슴처럼 납작하게 주저앉는다. 시간의 무게를 견디지 못한 까닭일 것이다. 무덤과 이웃한 산세와 너무나 닮아 있다. 완곡한 곡선과 주위에 늘어선 도래솔들을 보면 주의 경관에 모나지 않고 보기 좋게 순응하는 모양새다. 삶과 죽음의 경계가 그리 뚜렷하지 않다. 네 삭이 모가 난 정방형의 무덤은 주변의 모양과 어울리지 않고 공들여 쌓은 대리석은 훗날 흉물이 되어 보는 이의 모습을 편치 않게 한다.

  한창 젊은 날의 황망한 죽음은 담아온 숨과 기를 천천히 소진하며 자연에 돌려놓는 여유가 없어 남은 이들의 가슴에 한처럼 박혀 나오질 않는다. 무덤가에서 미리 만들어 놓은 자신의 유택을 돌보며 삶 속에 죽음을 버무리며 산 할머니의 애잔한 감동이 뜻깊다. 소복에 화장기 없이 맑은 그녀의 슬픔과 아직은 와 닿지 않을 아버지의 빈자리를 느끼며 인생의 고비에서 눈물 흘릴 어린 상주의 풋풋함이 눈물겹다.

  태어남과 돌아감의 선택이 어디 있겠는가? 그물처럼 얽힌 인연의 결과가 아니겠는가? 새벽에 돌아와 거실에 누워 잠을 자는 두 아들의 붉은 몸에 이불을 덮어주고 잠을 청해 본다. 몸에는 피곤함이 밀려오나 정신은 오히려 명료해진다. 눈을 감는다. 관을 쫓아가며 오열하는 그녀의 모습과 유골함을 가슴에 끌어안고 붉은 눈시울 적실 어린 상주가 어린다.

염쟁이 유씨

"전화 받아, 개새끼야! 전화 왔어, 씨발놈아!"
 연극 〈염쟁이 유씨〉는 공연 중 몰지각한 휴대전화기의 벨 소리를 없애기 위해 푸짐한 욕설로 출발한다. 얇게 깔린 눈이 우암산 자락을 풍경화로 그려내고 있다. 공연 전, 구슬픈 노래를 부르는 아낙네의 모습을 자세히 보니 얼마 전 들렀던 상당산성 카페에서 기타 치며 노래를 불러 내 눈시울을 적시던 그 여주인이었다. 가수 박은옥과 음색이 너무 닮았다.

 연극은 평생 송장을 씻기고 수의를 입혀 저승길로 보내는 염장이의 삶이 모노드라마 형식으로 진행된다. 중간마다 관객을 불러 진행의 활력을 불어넣고, 관객의 어설픈 몸짓을 통해 웃음을 유발한다. 간혹가다 나오는 맛깔스러운 욕에 어린 관객들은 재미있다고 손뼉을 친다. 지긋한 연배의 노인들이야 한두 번은 직접 보았을 낯익은 모습에 고개를 끄덕인다. 강당이 꽉 차 보조 의자를 놓을 정도로 만원이다. 청주박물관에서 연극을 한다는 말을 술좌석에서 우연히 들었다. 홍보가 덜 된 탓에 객석이 텅 비어 있으면 어쩌나 하는 걱정은 나만의 기우에 지나지 않아 다행이다. 초등학생부터 노인까지 연령대가 다양하다. 염이라는 낯선 소재를 설명하는 부모의 입은 바쁘기만 하다.

처음 본 시신은 돌아가신 할머니의 발가락이다. 중학교 1학년 때, 할머니를 염습할 때는 어리다고 어른들이 들어오지 못하게 했다. 열린 방문 틈으로 할머니의 발가락을 보았고, 대학교 2학년 때 외할아버지가 돌아가셔 탈관할 때 염습이 되어있는 시신 전체를 처음 보았다. 수의로 온몸을 감싼 시신이 네모 반듯한 흙 속에 묻힐 때, 사람이 죽으면 나무토막처럼 뻣뻣한 느낌밖에 없구나 하는 생각을 했다.

동네에 초상이 나면 메주 뜨는 냄새가 진동하는 작은 방에서 무용담처럼 염을 하는 과정을 설명하던 작은아버지의 모습이 떠오른다. 지금처럼 전문적인 교육을 받은 사람이 없으니 상주와 친분이 있는 사람이 염을 맡아 해주는 것이 상례였다. 어린 마음에 죽음에 대한 막연한 호기심과 시신에 대한 공포로 두 귀를 쫑긋거리며 듣던 생각이 난다. 허리가 굽은 노인은 허리를 꺾어야 관에 들어간다는 말에 구십도 휜 허리에 지팡이를 짚고 나서던 민 씨네 할아버지가 떠올랐다. 우두둑 소리를 상상하며 몸서리치던 유년의 한낮.

어머니가 돌아가셔서 염습하는 과정을 제대로 볼 수 있었다. 염습하는 모습에 놀랄지 몰라 어린 두 아들 녀석의 참관을 허락하지 않았다. 밖에서 울고불며 떼를 쓰며 한사코 보겠다고 난리를 치던 녀석의 나이가 고작 아홉 살, 여섯 살이었다. 막무가내로 매달리기에 허락을 할까 하는 맘도 있었으나 아내가 한사코 말렸다.
"할머니의 마지막 모습을 보는 데 무슨 문제가 있겠느냐?"

제법 논리 있게 말을 해봤지만 혹시나 하는 맘에 끝내 허락을 하지 않았다.

두 시간 동안 진행되는 염습 과정을 아버지는 꼿꼿하게 서서 보고 계셨다. 마지막으로 당신 아내의 몸에 수의가 입혀져 관에 들어가는 모습을 물끄러미 지켜보셨다. 삼십 대 초반으로 보이는 젊은 남자 둘이 야무진 솜씨로 어머니의 몸을 닦고 수의를 입혔다. 어머니 등과 엉덩이에 욕창으로 덧댔던 거즈 자국이 선명했다.

부음을 듣고 달려간 병실에는 의사 선생과 어머니만이 계셨다. 표정은 온화했고 몸엔 온기가 남아있었다. 기도에 뚫은 구멍은 막혀 있고 몸에 치렁치렁 달렸던 주삿바늘의 줄들이 제거되어 깔끔했다. 얼굴을 덮기 전 가족들이 나와 마지막 인사를 하라고 했다. 쓰다듬는 손길에 닿는 것은 냉기였다. 냉장고에서 갓 꺼낸 생선의 표면처럼 차가웠다. 마음은 뜨거웠고 울부짖는 목소리는 애달팠다.

〈염쟁이 유씨〉는 마지막 염습의 주인공을 자기 아들로 설정해 비장감을 더했다. 옆 좌석의 아내가 훌쩍이는 소리가 멈추질 않는다. 염습의 전 과정이 끝나고 공연도 막을 내렸다. 살아 있으므로 죽은 이에 대한 강한 그리움을 불러일으킨다. 죽은 자와 산 자의 구별은 없다. 죽은 자도 산 자처럼 생각해 극진함을 다했다. 입안에 불린 쌀을 넣고 노잣돈을 넣어 주는 것도 산 자의 관점에서 보는 것이다. 안내자 역할을 하는 저승사자를 대접하는 것도 동행 길의 안부를 걱정하는 것과 별반 차이가 없다. 죽음을 통해 살아 있음을 얘기한다. 염습은 다른 이의 모습을 빌려 내 모습을 보는 것과 같다. 슬프다고 하면 슬픈 일이지만 꼭 그렇지만은 않다. 가고 옴의 경계가 몸을 땅에 묻는 것으로 나눌 수 없는 이유이다. 죽음으로 말을 하고 누구도 본 적 없는 저승사자를 빌려 삶을 얘기하는 것은 죽은 이가 산 이에게 보내는 또 다른 말이다.

밖으로 나오니 제법 쌓인 눈에 바람 또한 매섭다. 감자탕을 샀다. 죽은 돼지의 살점과 골수를 빼 먹으며 죽음을 산 자의 즐거움으로 바꿀 것이다. 눈 내리는 저녁, 살아 있음을 확인하며 가만히 그대의 얼굴을 더듬는다.

제4부

그리움에 물들다

어머니의 병상 일기

설 쇠고 학원에서 수업하고 있는데 휴대전화가 울린다. 여동생의 다급한 목소리가 전화기에서 달려나온다.

"오빠! 엄마가 갑자기 쓰러져서 집으로 가고 있는데, 119가 먼저 도착해서 지금 충북대병원으로 가고 있어. 조금 있으면 도착할 테니 먼저 가 있어."

가슴이 덜컥 내려앉았다. 수업을 다른 선생에게 맡기고 황급히 차를 몰아 병원으로 달려갔다.

아버지께서 담석증으로 두 번 응급차를 타고 이 병원을 오신 적이 있었다. 어머니도 심장이 안 좋아 3주를 입원한 적이 있었다. 그것도 경험이라고, 당황스러운 중에도 침착함을 잃지는 않았다. 줄담배를 피우며 기다리는 시간에 별별 생각이 스쳐 지나간다. 맘 한구석에 움트는 불길한 생각을 애써 지우려 노력했다. 대충 가늠해보면 시골집에서 병원까지는 넉넉잡고 1시간이면 충분한 거리였다.

아내에게 전화해서 상황을 설명하고 무슨 일이 생기면 전화를 주겠다고 했지만 좀처럼 앞으로의 일을 가늠할 수 없었다. 이틀 전 설날에도 음식 장만 다 하셨기에 특별히 건강이 안 좋다는 말씀을 듣거나 그러한 징후를 발견하지도 못했다. 평소 천식이 심해 숨을 몰아쉬며 힘들어하시는 모습은 많이 봤지만, 그것은 어머니가 평생을 달고 사신 지병이라 크게 신경 쓰지는 않았다.

저 멀리 구급차 한 대가 들어오고 있었다. 뒷문이 열리고 간이침대에 누워 계시는 어머니가 구급대원들에 의해 차 밖으로 옮겨졌다. 급히 다가가 어머니의 손을 잡고 소리쳤다.
"엄마, 나야. 창근이 알아보겠어? 엄마!"
그러나 어머니는 눈을 감고 몸을 뒤척이며 내미는 내 손을 꼭 잡고 아무 말씀도 하지 않으셨다. 눈은 이미 초점을 잃고 허공을 향하고 있었다.

응급실에 들어서자 병원 의사들이 분주히 움직인다. 혈압을 재며 당시 상황을 물었다. 함께 오신 아버지의 설명에 의하면, 앞집에 사는 둘째작은집의 보일러가 터져 기술자들이 고치러 왔는데 어머니가 그 일을 봐주시다가 집에 들어오셔서 아무 말도 없이 쓰러지셨다고 한다. 아버지께서 영문을 몰라 흔들고 불러도 정신이 돌아오지 않아 옆집 아줌마를 불러 119에 신고를 하셨단다. 조금 있다 여동생 내외가 도착했다. 집에 들러 어머니 옷가지를 챙겨 들고 왔다.

병명은 뇌경색이었다. 뇌로 통하는 혈관이 막혀 마비가 온 상태라고 진단을 내렸다. 의사는 날 불러 몹시 위급한 상태이니 빨리 뇌수술을 해야 한다고 했다. 산소 호흡기를 달고 환자복으로 갈아입은 어머니는 의식 없이 신음을 뱉으며 계속해서 오른손으로 허공을 젓고 계셨다. 옆에 앉아 손을 잡고 수없이 엄마를 불러 보았지만 어떠한 반응도 없었다. 8남매라는 대가족이지만 다들 멀리 사는 관계로 나와 보은 사는 여동생만이 옆을 지키고 있었다.

수술 동의서에 사인했다. 만약에 올 수 있는 여러 부작용에 대해 의사는 친절하게 설명하지만, 보호자에겐 협박처럼 들렸다. 쓰러지고 병원까지 도착하는 시간이 1시간 이내라 수술할 수 있었다. 얼마 후 창원에 사는 형님과 누님들이 도착했다.

을씨년스런 바람이 부는 병원 벤치에 앉아 쏟아지는 눈물을 주체할 수가 없었다. 어머니께서 살아온 삶을 난 알고 있다. 6남매를 둔 집에 들어오셔 사신 삶은 눈물이요, 가시밭길이었다. 나와 여동생을 밑으로 두시고 힘겨운 농사일로 손마디가 굽은 어머니 삶을 난 다 알고 있었다. 자식 편애한다는 말을 들을까봐 노심초사하시고 꾸중하고 혼낼 일 있으면 나와 내 동생에게 더 모질게 대할 수밖에 없었던 어머니의 삶을 머리 굵어지는 사춘기 시절부터 느끼고 보아 알고 있었다. 우리 남매까지 모두 여의고 이젠 죽어도 여한이 없다는 말을 수없이 되뇌신 그 맘을 가슴 시리도록 서럽게 느꼈던 때가 엊그제 같은데 어머니가 쓰러지신 것이다.

마침내 어머니가 수술실로 들어가셨다. 수술이 잘못되면 마지막 모습을 보는 것이 될 것이라는 의사의 말에 서럽게 울었다. 모두 초조한 맘으로 서너 시간의 수술을 기다렸다.

한 달 전 우리 집에서 3주간 머무르시며 치질 수술을 받으셨다. 농사일로 평생을 고생하신 그 병을 고치기 위해 어머니는 큰맘 먹고 수술을 선택하셨다.

"수술비 걱정하지 마라. 내가 모아 둔 돈이 있으니 내가 내마."

자식에게 폐가 될까 걱정하는 말씀이 못난 자식의 맘을 아프게 했다. 직장 다니는 며느리를 위해 저녁 해 놓으시고 기다리신 적도 있었다.

"엄마 그냥 드세요! 집사람 오면 알아서 다 챙겨 먹어요."

"그래도 밖에서 일하고 오는 데 두 늙은이 앉아서 밥만 축내는 게 좀 그렇다."

어떻게 우리끼리만 먹을 수 있냐며 한사코 손사래를 치시며 장 봐온 고기는 손을 안 대셨다.

믿기지 않는 현실 앞에 지나온 시간은 한이 되어 가슴을 후벼 파고 있다. 한참 후 수술을 끝낸 어머니가 병실로 오셨다. 축 늘어진 삭신에 수많은 주삿바늘과 병들이 몸에 달라붙어 있다. 수술을 맡은 의사에게 물어보았다. 나보다 한참 어려 보이는 앳된 여의사는 혈관을 뚫는 수술을 했는데 한쪽은 너무 심하게 막혀 있어서 하지 못했다고 했다. 그리고 뇌가 심하게 부을 텐데 그렇게 되면 뇌수술을 다시 해야 한다고 했다. 이틀이 고비라며 1인실 병실로 옮길 것을 권했다. 회복 가망성을 묻는 말에는 낙관적이지 않다며 와서 볼 가족들은 모두 연락하라는 억장 무너지는 소리를 한다.

나머지 가족들은 가까운 우리 집에 모두 가고 형님과 내가 곁을 지켰다. 하루 이틀이 지나도 별다른 차도가 없었다. 생계 때문에 모두 가고 내가 병실을 지켰다. 대소변을 받아내고 가래를 뽑았다. 결국, 의식불명의 식물인간이 되어 병석에 누워 계신다. 명절날에는 따뜻한 4월에 가족 모두 제주도 가자고 약속했고, 당신이 손수 빚은 만두와 떡첨이 냉장고 안에 가득한데, 그것을 빚은 어머니 손길은 무감각한 모습이 되어 의식 없이 호흡하며 하루의 삶을 연명하고 계신다.

얼마 후 의사가 날 찾았다. 뇌부종이 생겨 수술해야 한다고 한다. 뇌가 팽창해서 뇌를 열어야 한다는 것이다. 시간이 많지 않으니 어서 결정하라고 한다. 이러지도 저러지도 못하고 해서 형님과 누님들에게 전화했지만, 누구 하나 선뜻 어떻게 하자고 결정을 내리지 못한다. 수술한다고 해서 회복될 가능성도 낮고, 그 과정에 더 많은 위험 요소들이 있어 쉽게 결단을 내릴 상황이 아니었다. 의사를 찾아가 내가 물었다.
"선생님, 환자가 아닌 선생님의 상황이라면 어떻게 하시겠습니까?"
한참을 망설이던 의사는 말했다.
"제 어머니라면 수술하지 않을 겁니다."

난 수술을 포기했다. 더 이상의 고통을 주는 것보다는 이렇게 가시게 하는 것이 낫다고 판단했다. 3주의 시간이 흘렀지만 의식불명 상태는 계속되었다. 병원에서 더 이상의 치료가 필요 없으니 가까운 요양 병원으로 옮기라는 말을 한다. 청주의 여러 병원을 둘러보다 우리 집과 가까운 거리에 있는 청주 병원에 모셨다.

명절날 염색한 검은 머리는 관리하기 쉽게 깎아야 한다는 간병인의 말에 입대를 앞둔 장병의 머리처럼 깎아 내 가슴을 아프게 하고, 욕창이 생겨 덧댄 거즈와 흘러내리는 대소변을 받기 위해 채운 기저귀를 보며 못난 자식의 눈물은 한없이 흘렀다. 코 줄로 식사를 하고 시도 때도 없이 생기는 가래를 뽑아내며 힘겨운 사투를 하는 어머니 앞에 지나간 모든 시간은 후회와 연민, 그리고 눈물뿐이다. 언어를 잃어버리고 모든 신체가 마비되어 힘겹게 내뱉는 숨소리가 살아 있다는 것을 증명하는 마지막 순간들.

　눈 감으면 재생되는 과거의 일면들이 오늘의 나를 부끄럽게 한다. 한마디 말, 그저 너무나 단순한 한 마디 음성조차 들을 수 없는 것이 현실이 되고 보니 꿈속에서 본 모습에도 말씀을 아니 하시기에 가슴이 아려 온다. 병원과 학원을 오가며 지내는 이 시간, 아직은 살아계심을 감사하며 육신의 고달픔을 참아 본다. 어머니 옆에 자리하고 계신 치매 환자, 의식 없이 누워 있는 어머니와 같은 뇌경색 환자, 핏기없는 육신에 숨소리만 병실에 가득하지만, 그들 삶 하나하나는 치열하게 한세상을 살아온 개인의 역사이다.

　어머니로 아내로, 그리고 누군가에 기억되는 어떤 모습으로 한평생을 살았지만, 이제는 소독약 냄새에 살아온 자취마저 희석되어 버린 그런 모습으로 오늘 하루 걱정과 근심에 삶을 녹인다. 오늘은 힘들고 맘이 아프지만, 이보다 더 먼 시간이 흐른 어느 날 그래도 찾아가 만지고 비빌 수 있는 따뜻한 체온을 가진 어머니가 있기에 행복했다고 기억되는 날이기에 오늘 하루를 감사한다. 엄마라는 말을 계속 되뇌어도 공허한 내 마음을 채울 수 없었고, 오히려 참을 수 없는 한으로 마음이 저려 오는 날이 계속되고 있다.

아침에 일어나 아이들 학교 보내고 병원을 찾는다. 6명의 환자가 있지만, 어머니가 가장 중증 환자다. 간병인이 있어 알아서 잘하겠지만 그래도 내 어머니 몸에 남이 손대는 것이 달갑지 않다. 가자마자 기저귀 갈고 욕창에 거즈 바꿔 달고 가래를 뽑는다. 신음 하나 없이 누워만 계신다. 어머니 손을 잡고 많은 말을 한다. 이 순간 어머니가 가장 걱정할 것이 무엇인가 생각을 해보니 혼자되실 아버지와 항상 맘에 가시처럼 품고 살았던 내가 가장 큰 걱정일 것이다.

"엄마! 힘들면 편히 가. 그리고 아버지 걱정하지 마. 내가 잘 모실게. 내 걱정도 하지 마. 나 잘 살 거야. 그러니까 고통스럽고 힘들면 좋은 데 가, 엄마!"

어느 날 병원을 향하던 차 안에서 몸과 맘이 지쳐가던 때 문득 생각이 났다. '석 달 동안 병원에 계시는 어머니가 나에게 무슨 말씀을 하고 계실까? 석 달이라는 시간이 없이 그냥 가시면 이 못난 자식이 얼마나 한이 될까? 그래서 어머니가 나에게 시간을 주고 있구나!'

기뻐서 눈물이 났다. 부모는 자식에게 숨이 끊어지는 그 순간까지도 주고 가시는구나! 내가 언제 어머니와 이렇게 많은 시간을 함께해 보았는가? 속 깊은 얘기를 터놓으며 지냈던 시간이 없었다. 자식 키우는 아비가 되어도 자질구레한 얘기 하며 어머니께 속을 드러내 보인 적이 없었다. 그리고 언제 아들이 어머니의 대소변을 받아 보겠는가? 어머니는 마지막으로 내게 모든 시간을 주고 계시는구나 하는 생각에 어머니 곁에 앉아 있는 시간이 너무나 행복했다. 다시는 함께하지 못할 시간을 나 혼자에게 온전히 주고 계시고 있다.

매섭던 추위가 사라지고 병원 가는 길엔 벚꽃이 활짝 피었다. 벌써 석 달이 다 되어간다. 세월이 어떻게 흘러가는지 모른다. 그 안에 두 번의 고비가 있었다. 임종이 임박했다는 의사의 말에 동생과 둘이 어머니 곁에서 밤을 새웠다.

"죽더라도 곱게 죽어야 하는데, 나중에 똥오줌 싸고 그러면 너희들 고생 시킬 텐데. 며칠만 앓고 죽으면 좋으련만, 그게 맘대로 될까?"
언제가 하신 말씀이 기억이 난다. 그때 나는 큰소리를 쳤다.
"엄마 걱정하지 마! 그렇게 되면 내가 똥오줌 다 받아 낼 테니까. 엄마 살아온 길을 아는데 무슨 걱정을 해!"
나중에 어머니가 그 얘기를 한 적이 있다. 그때 내 말에 감동했었다고…….

일요일 아침 병원에 도착해서 저녁 10시에 일어났다. 철제 의자에 앉아 졸고 있는 간병인 아줌마한테 미안하다. 내가 없으면 일찍 좀 쉬련만 항상 와 있는 내가 말은 안 해도 좀 부담스러울 것이다. 똑같은 말을 한다.
"혹시 밤이라도 무슨 일이 있으면 연락해주세요. 금방 달려올 테니까."
오래 사실 수 없다는 걸 안다. 이젠 임종이라도 꼭 지키고 싶은 맘에 곁을 떠나기가 두렵다. 자식 없이 외롭게 보낼 수는 없다. 집에 와서 자고 있는데 휴대전화가 울린다. 불길한 예감이 엄습한다. 병원 당직자의 목소리.
"김설매 님 보호자 되세요?"
"예, 무슨 일인데요?"
"할머니께서 새벽 5시 반에 돌아가셨는데 빨리 오세요."

전화벨이 울리는 그 순간 모든 것을 예견했지만 당황스러웠다. 베란다에 나가 담배부터 피워 물었다. 눈물이 솟구쳐 올랐다. 임종을 지키지 못한 죄가 사무친다. 동생과 형님께 전화하고 아내와 병원으로 급히 갔다. 어머니를 옮겨 놓은 병실에 의사가 창밖을 보며 서 있었다. 그곳에 어머니가 계셨다. 너무나 평온하게 계셨다. 부둥켜안으며 오열을 했다. 체온이 아직 남아 있었다. 외롭게 보낸 죄스러움이 너무 컸다.

장례를 치르고 얼마 후 꿈에 어머니가 나타났다. 꿈이지만 물었다.
"엄마! 병원에 누워 계실 때 내가 한 말 다 들었어?"
"처음에는 다 들렸는데 나중에는 안 들렸어."
어머니는 온화한 미소를 지으셨고, 나는 꿈에서도 많이 울었다.

매주 혼자 계신 아버지를 뵈러 아이들과 시골집에 간다. 갈 때마다 어머니 산소를 간다. 애써 키운 잔디가 푸르다. 많은 말을 하고 돌아선다. 아직도 음성 하나 듣지 못하고 보내신 것 안타깝다. 하고 싶은 말도 많았을 텐데, 그냥 그렇게 담고 가셨다.

잔디 사이로 난 풀을 뽑으며 어머니를 맘에 담는다. 자식을 위해 헌신하신 넋이 말없이 날 지켜보고 있을 거라고, 그리고 내 안에 깊게 모시고 살며 그 희생은 잊지 않겠다고 다짐한다. 오고 감에 누가 예외가 있을 수 있을까마는 맘 편하게 쏟아내지 못하고 한으로만 삭힌 긴 세월을 알기에 더욱 애달프다.

김장하셨나요?

지난달 하순, 오송 근처 널따랗게 펼쳐진 배추밭을 보며 한숨을 자아냈다. 청주의 모 식품회사에서 1200평 배추밭의 배추를 뽑아주면 그 배추로 김치를 담가 1톤가량을 지원해주겠다고 했다. 솔깃한 제안이 아닐 수 없다. 1톤 정도의 김장을 단체에서 받아 어려운 이웃을 도울 수 있다면 한번 해볼 만한 일이라고 판단했다. 자원봉사자 열대여섯 명을 모아 현장에 도착하니 머릿속에서 가늠한 면적과는 달라도 너무 달랐다. 부지런히 배추를 뽑아도 이 인원 가지고는 하루에 끝낼 수 있는 일이 아니었다. 아무튼 수고를 감내하더라도 어려운 이웃의 밥상에 오를 김장을 생각하며 참가자 모두 열심히 배추를 뽑았다. 약속한 배추의 반의반도 못 뽑았지만, 회사에서는 흔쾌히 1톤의 김장을 희사하겠다고 약속했다.

어린 시절 겨울을 나기 위한 준비의 절반이 김장이었다. 점심은 고구마에 김치를 곁들여 먹거나 때론 칼국수에 김치를 풀어 얼큰한 맛에 자주 먹었다. 찬을 가릴 형편이 아니니 김치 없는 밥상은 상상조차 어려웠다. 흔하니 귀한 줄 몰랐다. 도시락 반찬은 늘 김치 볶음이었고, 교과서 테두리는 늘 김칫국물로 뻘겋게 물들어 있었다. 자취할 때는 양손 가득 김치 통을 쥐어 주는 바람에 버스에서 국물이 흘러 난감했던 기억이 새롭다. 결혼해서는 조금씩 갖다 먹어도 된다고 해도 어머니는 한사코 차 트렁크에 가득 실어 주며 말씀하셨다.

"냉장고에 넣고 두고 천천히 먹어! 떨어지면 전화해."

어머니 돌아가신 후 달라진 김치 맛에 한동안 고민을 하다 어머니 손맛을 가장 닮은 여동생네와 함께 김장한다. 절인 배추를 구매해 여동생 가족과 모여 함께 버무리고, 원하는 만큼의 김장을 나눠 가진다. 겉절이에 수육을 얹어 막걸리 한잔하는 재미도 빠질 수 없다. 어린 녀석들 노란 고갱이에 김칫소를 버무려 굴 한 점 얹어 두 볼이 터지라 입 안에 넣어 주면 좋다고 한다. 그 옛날 어머니가 내게 그랬던 것처럼. 그나마 어머니의 손맛을 닮은 동생이 있어 부족한 허기를 채울 수 있어 다행이다.

세상에서 제일 맛있는 음식의 가지 수는 이 세상에 존재하는 어머니 수와 같다고 한다. 음식의 재료가 좋고 나쁨을 떠나 길들여진 탓이다. 간사한 것이 입맛이라고, 그전에는 그렇게 싫던 삭힌 고추나 고들빼기 같은 반찬에 손이 간다. 그전 음식이 맛이 없었다기보다는 흔했던 까닭이고, 고기나 생선이 밥상에 오르는 일이 많지 않았기 때문이다. 김장에는 다양함이 존재한다. 배추는 통일된 재료지만 양념의 배합이 다르고, 지역마다 굴, 생태, 갈치 등을 넣어 그 맛을 달리한다. 모두 모여 함께 김장하고 각자의 삶으로 달려가지만, 그 속에는 한 지역의 전통과 역사도 함께한다. 모자람 없이 넉넉하게 채운 통을 들고 가는 무수한 사람도 훗날 그 맛을 그리며 살지도 모른다.

부모가 바리바리 음식을 싸 와도 달가워하지 않는 시대에 살고 있다. 시누이 몫까지 해야 하는 며느리의 푸념과 재지 못한 며느리의 손놀림에 대한 시어머니의 불만도 김장철에 흔히 볼 수 있는 풍경이다. 먹거리가 산재해 있는 세상에 푸짐하게 김장해야 한다는 시어머니의 욕심 또한 갈등을 부를 수밖에 없다. 나 또한 결혼 후 어머니가 싸주신 반찬 보자기를 풀어헤치며 마냥 달가워만 하진 않았다. 그러면서도 어머니가 싸주신 음식을 냉동실에 묵히는 아내를 보며 괜한 화를 낸 적도 있다.

이젠 그 모든 것이 그리워지는 나이가 되었다. 어머니 곁에 살갑게 달라붙어 앉아 어머니가 배춧잎 둘둘 말아 한입 가득 넣어 주는 상상만 해도 눈시울 붉어지는 그런 나이. 아파트 주차장에서 고향에서 만든 김장을 나르는 모습만 봐도 가슴이 먹먹한 것은, 음식은 맛이 아닌 추억으로 기억된다는 것을 알기 때문이다.

제사는 끝나지 않았다

조율이시棗栗梨柿, 홍동백서紅東白西, 제사상이 차려진다. 음식 받아들고 놓는 위치를 몰라 머뭇거린다. 숱하게 본 세월이 많음에도 항상 작은아버지께 묻는 것이 죄스럽다. 한낮의 수고로움이 음식이 되어 신주 앞에 내려진다. 뿌리내린 곳은 다르지만, 충청도의 예법에 따라 음식이 진설되는 것이 사람은 어느 곳에 살아도 그 집안의 전통은 시공을 초월한다는 생각이 든다.

연로하신 아버지께서 힘겹게 절을 하신다. 무릎을 굽히고 두 손을 포개 가지런히 하며 얼마 남지 않은 장자의 몫을 하신다. 위태롭게 느껴지는 움직임에 작은 떨림이 보인다. 애써 무릎에 힘을 주시고 일어서는 모습이 불안하다. 그 뒤를 이어 일흔이 넘으신 작은아버지가 공손히 받은 술잔을 신주 앞에 내려놓으신다.

공무원으로 퇴직하신 작은아버지는 문중 일에 관여하신 경력이 말해 주듯 온 집안 제사를 주관하신다. 제상 진설과 예법을 설명하시며 박물관 유물처럼 장롱 깊숙한 곳에 잠든 족보를 깨워 오래간만에 모인 자손에게 풀어내신다. 똑같은 말을 반복해서 들어도 늘 귓등으로 흘려보내는 조카와 손자의 무관심이 근심으로 남는다.

 향내 가득한 거실에 적막이 흐르고 잠에 겨운 어린 조카들은 하품을 손으로 막고 있다. 신을 맞이하기 위해 열어 놓은 대문과 현관문으로 큰바람이 소리를 내고 지나간다. 형님이 나서 종헌終獻을 하고 절을 한다. 무릎 꿇고 납작 엎드린 어깨가 듬직하다. 족보의 무게가 넓은 어깨를 누른다.

 아파트를 팔고 주택을 장만하던 날, 맨 먼저 현관문 위에 소코뚜레를 걸어 놓는 모습을 보고 '장손은 다르다'는 생각을 한 적이 있다. 액을 막아주고 조상신을 모셔온다는 말을 들은 형님은 이사하면 맨 먼저 코뚜레를 거는 일로 시작한다. 집안 대소사에 품을 팔고 살아온 시간이 만든 습속이다.

 첨작과 삽시정저, 그리고 합문을 하고 현관으로 모두 나간다. 아직도 겨울비는 추적추적 내리고 있다. 대문 앞 등불이 홀연히 빛난다. 멀리서 오시는 할아버지가 낯선 타향에서 길을 잃을까 밝히는 등대와 같다. 옆에선 조카들은 이제 삼촌 키를 훌쩍 넘어서고 있다. 비를 피해 옹기종기 모여 있는 현관 앞 좁은 공간에 삼대가 모여 있다.

 헌다를 끝내고 철상한 후 음복을 한다. 제삿밥 기다리며 졸음을 이겨낸 배고팠던 시절의 이야기가 오늘도 어김없이 아버지 말씀으로 되살아난다. 탕국에 쌀밥을 말아먹으며 한때를 행복하게 보냈을 그 가난한 과거의 추억이 스멀스멀 기어 나온다.

 음식을 권하는 할아버지와 밤늦게 먹으면 살이 찐다고 방으로 들어가는 손자들의 엇박자가 오늘도 계속된다. 철철 넘치게 따른 정종 잔을 기울이며 "문중에 사람이 없어. 나 죽으면 시향은 누가 돌보느냐?"라며 걱정하는 작은아버지와 이제는 제사를 모시는 마음보다 사람이 여럿 모여 흐뭇하신 아버지의 외로움이 묘한 대조를 이룬다.

 관절염에 다리를 절룩거리며 음식 장만하신 형수님 손길에 아내가 함께 와 거들지 못한 미안함이 담긴다. 따끈한 탕국 안주 삼아 술잔을 기울이며 사람을 본다. 군 제대해 복학한 의젓한 장조카와 두 시간 넘게 달려온 사촌형님 내외를 본다. 멀리 살고 각자의 일이 바빠 시간 내기가 쉽지 않다. 작은아버지가 돌아가시면 사촌들도 볼 일이 점점 줄어든다. 한 할아버지의 자손이 많이 퍼져 이제는 멀어져가고, 안으로 새로운 가족들이 모여 가정을 이루게 된다.

 경건하게 무릎 꿇고 이마를 조아리는 이 시간은 정지된 삶이 아니다. 면면히 내려와 끊어지지 않는 핏줄로 우릴 동여맨다. 모시고 살아온 시간과 이어져 가야 할 시간의 정점에 있는 고요함이다. 침묵으로 스미는 숨결이 내 삶을 이루고 어린 손자들 가슴에 아련함으로 기억되는 축제이자 끊이지 않는 미래의 삶이다.

 시아버지 제사에 함께 오셨을 어머니 치맛자락 서늘한 기운이 마음 스치며 겨울비 속으로 황망히 사라진다.

눈밭에 그리움이 뒹굴고

　빗줄기가 진눈깨비로 바뀌더니 이내 함박눈이 되어 내린다. 설을 앞둔 설렘보다 차례 지내러 가는 귀향길이 걱정이다. 도심에 내린 눈은 금방 녹아 빗물이 되어 흐른다. 자동차를 타고 시골집으로 향한다. 명절을 앞두고 성묘를 미리 다녀올 생각이다. 시내를 빠져나가자 산 위에 하얀 눈이 소복이 쌓여 있다. 비가 온 뒤라 눅눅해진 나뭇가지 위에 소담스럽게 쌓여 설국雪國의 자태를 뽐낸다.

　산 밑에 주차하고 발목까지 쌓인 눈길을 걷는다. 인적도 없는 오솔길, 뒤돌아보면 내 발자국만 뒤를 따르고 모든 것이 눈을 뒤집어쓰고 있다. 비탈진 산길을 올라 어머니 산소 앞에 선다. 작년 여름에 사다 심은 향나무가 눈 모자를 쓰고, 무거움을 견디지 못해 부러진 얇은 소나무가 길을 막고 있다. 봉분 위의 눈을 털어내며 언제나 그렇듯 흐느껴 운다.

　"엄마, 춥지는 않아? 내일 설 쇠러 창원 내려갈 거야. 엄마도 와서 제삿밥 먹어야지!"

　담배 한 개 피 피워 물고 저만치 보이는 고향마을과 손이 갈라지고 무릎이 닳도록 오르내린 논을 내려다본다. 천식에 숨을 헐떡이며 아까시나무를 낫으로 치고 나뭇단을 만들어 머리에 이고 다니시던 나지막한 언덕도 보인다. 남들 다 있는 경운기 한 대 없이 머리에 이고 위태롭게 걸어가시던 모습이 눈물 속에 어린다. 하늘 가신 지 2년의 세월이 흘러간다. 아직도 생각만 하면 왜 이리 눈물이 흐르는지…….

　숨소리 낮춰가며 살아온 세월을 알기에 더욱 애절하고 안타깝다. 돌 지난 누나와 네 살 된 형님, 그리고 위로 네 명의 누나들이 있고, 시부모와 겨우 밥만 먹고 사는 가난한 시골에 시집오셔 손마디가 휘도록 일하시고, 늦게 낳은 나와 여동생, 자식 차별한다는 말 들을까 봐 큰소리 한 번 내지 못하고 속을 끓이며 사신 그 가엾은 삶을 알기에 더욱 마음 쓰리다.

　머리 굵은 누나들 퉁명스럽게 내뱉는 말 한마디가 비수가 되어 마음을 찔러도 참고 견디며 농사일에 몸이 부서지라 일하시고, 잔정 없이 엄격만 하신 아버지 비위 맞춰 가며 그렇게 한세월을 사셨다. 상소리 한 번 입 밖에 내신 적 없고 수많은 집안 대소사에 손님들 대접해 가며 사시다가 유언 한 마디 남기지 못하고 허망하게 가시고 말았다.

　"나 죽어도 형제간에 우애 변하면 안 된다. 형에게 잘해라!"
　가끔 집안일을 돕기 위해 찾은 내게 늘 하시던 말씀이다. 식사할 때 젓가락질을 잘못하는 것을 보고 이유를 여쭤본 적이 있다.
"옛날에는 며느리가 시아버지, 시어머니 앞에서 젓가락질하는 것이 큰 흉이 되었다. 그래서 아직도 젓가락질이 서툴다."
 그리고는 손으로 김치를 찢어 드시던 모습이 생각난다. 평생 아버지 식사 때문에 오붓한 친정 나들이 한번 편하게 하지 못하고 쫓기듯 살아온 그 노고를 어찌 잊을 수 있겠는가?

 벌초 때 굳이 이 높은 산까지 오시지 않아도 되련만 낫 들고 풀을 깎고, 옆에 뽀얗게 올라오는 고사리 꺾어 주머니에 넣으시던, 숱하게 보아온 이 풍경을 이젠 누워서 맞이한다. 천성이 부지런하시어 바쁜 농사일이 끝나면 나무 하시고, 여름이면 칡넝쿨 삶아 갈 옷 만드는데 가서 일하시고, 봄에는 누에 치시고……, 그렇게 우리 어머니의 삶이 슬프다.

 배 아파 낳은 자식이나 키운 자식이나 층하 두지 않으시려고 조심스럽게만 사셔, 여느 어머니처럼 딸년들 모아 놓고 하소연도 못 하시고. 큰소리로 역정 한 번 내지 못하고 속으로만 삭이며 사셨다고, 그 굴곡 많은 인생을 내가 장가 들어 애 낳고 사는 걸 보시고서야 가끔 말씀하셨다.
"엄마는 어느 계절이 가장 좋아?"
 어머니는 사계절 중에 가을이 가장 좋다고 말씀하셨다. 노랗게 익은 벼만 봐도 배가 부르고, 수확할 참깨, 고추, 콩 등을 마당에 실어 나르시며 고단함에 허리 펴시며 보내는 가을이 좋다고…….

 하염없이 눈이 내린다. 종종걸음으로 다니시던 논둑길도 하얗고, 한세월

보내신 우리 집 지붕에도 하얗게 눈이 쌓인다. 다녀간 사람 없어 겹겹이 쌓인 눈 위로 걸음을 뗀다.
"네가 오늘 웬일이냐?"
아직도 어머니가 방문을 열고 나오실 것만 같다.

비 오면 김치전이 먹고 싶다

방충망에 뭉개져 나오는 바람 소리가 사납다. 우산이 무색하게 바람과 비가 몰아친다. 어린 자식 놈들 홀딱 비를 맞을까 걱정이다. 저녁이 되어 김치냉장고에서 곰삭은 묵은지를 꺼내 김치전을 해 먹고 싶다. 묵은지 길게 썰어내고 풋고추 잘게 다져 넣고 가장자리 바싹하게 익혀 막걸리 한잔 곁들이면 좋겠다.

노는 놈이 먹고 싶은 것도 참 많다. 비가 오면 그리워진다. 이것도 작은 습관이라 시기와 조건이 맞으면 발현되듯 이렇게 청승맞게 비가 오고 누군가 그리워지면 김치전이 생각난다. 그 옛날 비가 오면 뒤란 구석에 자라는 부추 한 움큼 뜯어다가 석유 냄새 진동하는 풍로에서 전을 부쳐 내오시던 어머니가 그립다.

난 유독 김치전을 좋아했다. 주위 분들은 여름날 시원한 막걸리에 파전을 안주 삼아 한잔하며 낭만을 얘기하지만, 솔직히 파전은 돈이 아깝다. 지나치게 두툼하고 파만 잔뜩 있는 것이 불쾌하기도 했다. 김치전이야 밀가루에 김치만 넣어도 간이 되고 아삭하게 씹히는 질감 또한 좋다. 옛날에 지금쯤이면 김장김치는 없고 열무김치밖에 없었다. 있다고 해봤자 흰 곰팡이 슨 묵은지가 전부였다.

김치 냉장고 덕분에 지금이야 사시사철 김장김치를 먹을 수 있지만, 옛날에야 어찌 그럴 수 있었나! 그것도 아까워 물에 헹궈서 전을 부쳐 먹곤 했는데 세상은 앞을 보고 나가는데 요놈의 입맛은 퇴행한다. 파스타, 피자 같은 것을 즐겨 먹는 아이들 틈바구니에서 내 입맛을 찾기가 쉽지 않다. 학생 때는 김과 삶은 달걀이 그렇게 먹고 싶고, 비싼 소시지는 엄두도 못 내던 시절도 있었다.

여름 밥상에서 항상 호박잎 삶아 된장찌개에 찍어 먹고, 고들빼기 무침과 김칫국이 터줏대감이었다. 겨울이면 뭇국, 봄이면 냉잇국, 가을이면 다슬깃국, 철 따라 등장했던 음식들을 난 참 싫어했다. 어느 책에서 이런 글을 본 적이 있다.

'난 시금치가 건강에 좋은 점을 수십 가지를 말할 수 있다. 그러나 지금도 시금치는 먹지 않는다.'

음식은 추억으로 먹는 것이다. 가난했던 시절 어디 건강 따지며 먹었던가? 가까이에서 구할 수 있고 돈 들어가지 않으면 되지 않았나? 가난했지만 흔한 김치전을 부쳐 놓고 여러 형제 둘러앉아 게걸스럽게 먹고, 늙으신 아버지 탁주 한잔 드시기에 좋은 안주였기에 행복했던 것이 아닐까?

빗물에 씻긴 호박잎 가마솥에 밥과 함께 쪄내 없는 반찬 가짓수 늘리려는 어머니의 노고를 생각하면 호박잎이 먹고 싶다. 이렇게 비가 오는 날 김치전을 부쳐 주시던 그 손길이 더욱 그리워진다. 파가 들어간 음식이 있으면 골라내는 아들놈들에게 파가 뇌세포에 얼마나 좋은가 일장 연설을 한 적이 있다. 사실은 나도 파를 처음 먹은 것이 고등학교 2학년 때다. 언제가 이놈들도 음식은 추억으로 기억된다는 것을 아는 나이가 오겠지!

　결국, 난 김치전을 만들어 먹지 않기로 한다. 아니 할 수가 없다. 입에 들어가는 즐거움보다는 가슴 한구석의 아련함이 날 울릴 것 같아서, 그래서 체할 것 같아서 오늘은 김치전을 포기해야겠다.

아들 얼굴에서 아버지를 만나다

햇살에 등이 간지러운 오후. 좁은 아파트에서 징역살이하듯 지내시는 아버지를 깨끗이 씻겨 청주동물원을 산책한다. 짙은 녹음에 가려 무더운 한낮을 살았던 빨강, 노랑의 색소가 빠져나와 곱디고운 채색을 한다. 손 닿으면 묻어날 것 같은 고운 빛깔이 눈부시다. 푸른 소나무와 나지막하게 자란 단풍나무의 울긋불긋한 모습이 조화를 이룬다. 햇볕 받으며 추위를 달래는 사자, 그리고 거대한 몸집의 시베리아 호랑이를 보시고 연방 감탄을 하신다.

86년 세월의 무게가 지팡이를 누른다. 한 걸음 옮길 때마다 숨을 고르신다. 어머니 떠난 빈자리가 가을낙엽 뒹구는 황량함으로 다가선다. 왜소해진 몸집에 받는 햇살도 적다.

노란 옷에 앙증맞은 명찰을 단 아이들이 짝꿍 손을 잡고 올라온다. 고놈들 얼굴은 언제나 따사로운 봄이다. 자맥질하는 물범을 보며 소리를 지른다. 마음 급한 어머니들이 두 손으로 높이 안아 들고 좀 더 자세히 보라고 성화다. 동물 이름을 몇 번씩 되풀며 애들 머리에 각인시키려 애쓴다. 병아리 무리 속에 내 아버지가 있다. 시간이 혼재되어 있다.

학교에서 전화가 왔다. 1학년 아들놈 담임이다. 열이 나고 어지러워한다고 병원을 가란다. 컨테이너 상자에 마스크 쓰고 앉아 부모 맘 녹이는 어린 생명이 줄을 잇는다. '신종플루' 의심이라는 진단을 받아들고 돌아왔다. 침대에 눕히고 물수건 이마에 대주고 돌아서니 문 앞에 아버지가 서 계신다. 전염의 염려가 있어 안방을 내주고 거실 출입을 막았다. 어린 손자 걱정에 동동거리는 아버지 맘이 눈에 보인다. 연로한 아버지와 어린 자식의 문지방 앞에 내가 서 있다.

살과 기가 빠져 푸르뎅뎅한 거죽만 앙상한 뼈를 덮고 있다. 아버지의 몸을 보며 고열로 신음하는 어린 자식의 얼굴을 만져본다. 가진 것 모두를 자식에게 내주고 세월 앞에 야위어 가는 아버지의 시간을 대하며 나 또한 아버지가 되어 심장 한쪽 내주어도 서운치 않을 외눈박이 사랑을 한다.

아버지의 몸에는 당신의 살을 깎아 자식의 몸이 되게 한 아픈 상처가 있다. 날카로운 산길 나무 한 짐 짊어지고 내려온 지게 끈의 푸른 멍과 볍씨 낟알들이 밥이 되게 하신 뭉툭한 손마디에 굳은살로 맺힌 고단한 눈물이 있다. 그리고 자식들 앞길 살피는 노심초사에 이젠 예리함을 잃어 침침하고 물기 어린 눈이 있다.

애처로운 자식 놈의 신음에 물끄러미 앉아 머리맡을 지키는 아직은 젊은 아버지는, 그 옛날 머리에 손을 얹어 체온을 재던 조금은 거칠었던 아버지의 촉감을 되살린다. 몸의 부산함과 말이 주는 근심 대신 넓은 어깨와 굽은 등으로 사랑을 보이신 아버지의 넉넉함이 문지방 밖에서 전해온다. 뉴스에 나오는 횡횡한 소식들을 알기에 근심이 한가득 거실을 채운다.

어린 자식의 몸을 어루만지며 찬찬히 들여다본다. 논둑길 팔랑거리며 쟁기질하는 아버지의 새참 막걸리 주전자를 들고 뛰어가는 내가 보인다. 피사리에 굳어진 허리를 펴 하늘을 보는 아버지의 뻐근한 통증이 내 몸에 되살아나 아픔이 된다. 달구지 사러 읍내 가신 아버지를 기다리던 언덕길 양 옆에 하늘 높이 솟은 미루나무가 보인다. 흙장난하던 손 바지에 털고 저 멀리 오시는 아버지를 발견하고 가슴 뛰던 내 어린 모습이 아들 얼굴에 어린다. 이제는 아스라이 사라져 흔적조차 희미해진 길이라 믿었는데 앓아누운 아들의 푸른 실핏줄 사이로 조금씩 드러난다.

아버지가 준 헌신의 삶이 지문처럼 박혀 내 삶을 이룬다. 옮을 수 있다는 상식과 대신 아파할 수 없다는 안타까움이 얽힌다. 이부자리 깔고 옆에 누워 쌔근거리며 팔딱이는 숨소리와 문지방 앞에 서성이는 발걸음 소리를 듣는다.

죽 사 들고 와 현관문을 여니 아버지가 황급히 아들 방 문지방을 넘어 나오신다.

냉장고 앞에서 울다

 짧아진 추석 연휴 덕에 귀성의 몸살을 앓고 돌아와 형수님이 봉송해준 짐을 푼다. 부침개와 송편, 과일 등을 냉장고 앞에 늘어놓는다. 장을 보는 수고를 덜었다. 어머니가 싸주시던 음식을 형수님이 대신한다. 신 김치를 많이 썰어 놓고 삭힌 고추를 다져 넣은 김치전을 좋아하는데 음식 만드는 주인이 바뀌니 다 과거지사가 되어버렸다.

 냉장고를 열어 음식을 정리한다. 냉동실을 열어보니 돌덩이처럼 말라붙은 떡첨이 눈에 띈다. 작년 설에 어머니가 싸 주신 것이다. 어머니의 손길을 느낄 수 있는 마지막 유물이다. 아이들 간식으로 주라고 길게 자른 가래떡도 눈에 들어온다. 몇 번을 만져보다 냉동실 문을 닫고 돌아선다. 뿌옇게 나오는 한기에 코끝이 시리다.

 버스에 짐을 싣고 객지에 사는 아들을 위해 한 보따리 반찬을 장만해 오시던 어머니의 모습이 아련하게 머릿속을 파고든다. 고들빼기, 깻잎무침, 멸치

조림, 밑반찬 한가득 늘어놓으며 말씀하셨다.

"밥 굶지 마라! 제때 챙겨 먹지 않으면 사람이 곯는다."

결혼 후에도 인사를 마치고 출발하려면 어김없이 불러 세운다.

"아 참, 내가 고추장은 챙겼니? 좀만 기다려봐라!"

장독대로 달려가서 이것저것을 살뜰히 담아 자동차에 실어 넣는다. 괜찮다는 며느리 말에 당치않다며 조그만 몸에 종종걸음이시다.

"없으면 다 사서 먹어야 하니 괜한 돈 들이지 말고 가져가거라."

사실 집에서 만든 고추장보다 사서 먹는 고추장이 내 입에 더 맞았다. 냉장고 공간만 차지할 뿐이다. 아이들도 좋아하지 않는 걸, 제상에 올렸던 과자들을 가다 먹으라고 봉지에 담아주셔야 편하신 맘을 알기에 묵묵히 들고 일어섰다.

형수님이 담아주신 음식은 단출하다. 즐겨 먹을 수 있는 음식만 있다. 부산함이 보이질 않는다. 옆구리에 힘겹게 밀어 넣은 군더더기가 없다. 검은 봉지를 일일이 다 열어봐야만 내용물을 알 수 있는 어머니 살림과는 많은 차이가 있다. 깔끔하고 편리하다. 그러나 가슴 한구석이 아리다. 주렁주렁 담아 주시던 손길이 그리워 이제는 마른 것 같은 눈에 또 눈물이 고인다.

돈만 주면 다 살 수 있다. 위생적이고 더 다양한 음식이 잘 진열되어 있어 언제나 값만 치르면 밥상에 오를 수 있는 편리함에 익숙해져 있다. 머리에 이고 양손에 들고 버스를 갈아타는 수고를 하지 않아도 되는 시대에 살고 있다. 음식의 상표도 어머니 손맛, 시골, 고향 같은 말로 진한 향수를 자극한다. 그러나 투박하게 보였던 어머니의 음식을 다시는 맛볼 수 없다는 사실 하나만으로 고향을 잃은 '실향민'이 되고 만 것이다.

　세상에 가장 맛있는 음식의 종류는 세상의 어머니 수와 같다는 말이 새삼 가슴을 울린다. 가난했던 시절 푸성귀 하나도 어머니의 손끝을 거치면 손맛으로 거듭나곤 했다. 김치부터 밑반찬 하나까지 집마다 다 그 맛이 달랐다. 어쩌면 다른 음식을 접할 기회가 적어 어머니 손맛에 길들었다는 말이 더 어울릴지 모른다. 식당에서 사 먹는 음식에 익숙해져 있고 마트에 가 사 오는 재료와 양념들이 비슷해 요즘 아이들이 자기 어머니의 손맛을 뚜렷이 기억할 수 있을지 의문이 든다.

　작년 설 쇠고 다음 날 쓰러져 석 달을 의식불명으로 계시다 돌아가신 어머니의 마지막 손길이 묻어 있는 떡첨이 몇 년을 저 냉장고에 있을 줄 모른다. 큰며느리로 명절 때마다 모든 음식을 장만하시든 부지런함이 형수님 손으로 옮겨 왔다. 당신의 손끝에서 만들어지던 음식이 이제는 어머니 지방紙榜 앞에 놓인다. 살아생전 먼저 간 막내 동서 제사까지 챙기던 속 깊은 어머니는 이제 며느리가 만든 음식을 받고 계신다. 명절 때 오지도 않는 손아랫동서를 위해 전과 송편을 싸서 작은아버지 손에 들려주시던 내 어머니가 제사상의 주인이 되어 우리를 보고 계신다.

　어머니가 계시지 않아도 차려진 음식은 전과 다르지 않다. 인간이 만든 문화 중에서 변화가 가장 덜한 것이 상례와 제례 의식이다. 전통이라는 명목 아래 변화의 폭을 더디 하고 있다. 새로운 과일이 넘쳐나도 조율이시와 탕국, 전이라는 기본 틀은 변하질 않는다. 집안마다 다소 차이가 있을 순 있으나 한 번에 큰 틀이 바뀌질 않는다. 대물림하는 것이다.

 명절 쇠고 돌아오면 그렇게 한 보따리 가득 싸 주시고도 깜빡 잊고 못 보낸 것이 있다고 안타까운 말씀을 하시던 어머니의 부재는 큰 빈자리로 자식의 맘을 아프게 한다. 참기름이 떨어졌다고, 김치전이 좋다고 말할 수 없는 명절이 되었다. 무엇이 필요하다는 말이 어머니에게는 당신의 존재를 각인시키는 일처럼 주섬주섬 챙겨 넣으며 상하기 전에 꼭 해 먹고 이것은 냉장고에 저것은 냉동실에 넣으라고 주문하시는 잔소리가 그리워진다.

 펼쳐진 음식들을 정리하는 아내의 손이 바쁘다. 냉장고를 청소하며 오래된 음식을 버리던 아내도 어머니의 손길이 묻은 떡 첨을 들고 한참을 생각하다 다시 제자리에 놓는다. 먹을 순 없지만 버려서도 안 된다는 생각에 갈등한 탓이다. 돌처럼 굳은 떡첨 위에 하얗게 서리가 내려앉아 있다. 그것을 녹여낼 자신이 없어 목이 멘 못난 아들의 가슴에 그렇게 어머니는 또 다른 모습으로 다가선다.

아버지 몸을 씻으며

아이들과 시골에 계신 아버지를 뵈러 갔다. 언제나 그렇듯 가슴 한구석이 시린 만남이다. 절을 올리고 안부를 묻고 근황을 물었다. 입고 있는 옷이 닳아 보기에 안쓰럽다. 어머니 계실 적엔 빳빳하게 풀을 먹인 모시 적삼을 입고 여름을 나던 아버지가 반소매 기성복을 입고 계신다. 보일러를 틀고 목욕을 시켜 드렸다. 옷을 하나하나 벗기고 목욕탕에서 흔히 볼 수 있는 조그마한 의자에 앉히고 때를 민다.

산처럼 느꼈던 아버지가 어린아이가 되어 내 손길을 기다리고 있다. 머리를 감기고 몸 이곳저곳을 닦아 드렸다. 젊어서 장사 소리를 들었다는 아버지의 다리는 앙상한 뼈만 남았고, 오래전 위 천공穿孔으로 생긴 커다란 수술 자국은 배의 절반을 차지한다. 뭉클한 맘에 눈이 시큰해진다. 아버지의 살과 뼈가 시간으로 녹아 나와 내 아들들에게 스며들었으리라. 수건으로 닦고 급하게 읍내 가서 사 온 새 옷으로 입혀 들였다. 화려한 옷에 마땅치 않은 모습이지만 연세가 드실수록 고운 색깔을 입어야 한다는 아내의 애교에 웃으시며 그래 맞다 하신다. 옷장을 열고 무엇을 찾고 계시던 아버지가 조그마한 옷감을 내려놓으신다. 색 바랜 모시옷이다.

"네 엄마가 있으면 항상 풀을 먹여 여름내 이것을 입곤 했는데, 이제 번거로워서 누가 이것을 하겠니? 이제 다 입었지 뭐."

사실 풀을 어떻게 먹이는지도 난 잘 모른다. 때가 잘 타고 손이 많이 가는 옷을 자식들이 신경 써서 관리하기도 부담스럽다. 봄에 편한 옷이라고 여동생이 개량한복을 두 벌 사다 드렸다. 그때도 옷장에 한복이 많은데 왜 사 왔느냐고 지청구를 들었다. 외출하실 때 두루마기 입고 중절모를 쓰는 것이 외출복이라고 생각하시는 아버지 품성을 잘 안다. 누가 동정을 달아 드리고 일일이 빨래며 풀 먹임을 수 있으랴. 편하다는 생각에 쉽게 입을 수 있는 여러 옷을 사다 드렸다.

말갛게 씻은 아버지와 마주 앉아 막걸리를 기울인다. 어머니 돌아가시고 장롱 곳곳에 있던 입지 않는 옷을 누나들이 정리해서 버릴 것은 버리고 태울 것은 태웠다. 그것이 못내 서운하신지 오늘도 말씀하신다. 어머니가 살아계실 때처럼 그대로 두었으면 하는 눈치시다. 하나씩 사라지는 어머니의 흔적이 아쉬워 그리 말씀하시는 것을 왜 모르겠는가.

좁아진 어깨에 왜소하게 앉아 계시던 벌거벗은 아버지의 잔상이 떠나질 않는다. 쟁기질에 소를 몰며 "이랴! 어저저!" 카랑카랑하던 목청으로 앞산을 울리던 그 기백은 어딜 가고, 이젠 보살핌이 필요한 삭은 아기가 되어 내 앞에 계신 것이 슬프다. 오늘도 지팡이 짚고 둥구나무 아래에서 어머니 산소가 흘금 보이는 먼 산을 보고 계시겠지.

아버지와 카네이션

지난 일요일 시골에 계신 아버지를 뵈러 갔다. 늘 그렇듯 마트에 들러 과일과 고기, 막걸리 몇 병을 사 들고 갔다. 현관문 여는 소리에 몸을 일으키는 아버지를 만나면 아버지는 똑같은 말씀을 하신다.

"바쁜 데 뭐 하러 와?"

그러면서 눈은 어린 손자 녀석을 찾고 있다. 나란히 서서 큰절하고 나면 막내손자를 안으며 반색을 하신다.

"그래, 별일 없었냐? 공부는 잘하고 있지!"

아들 두 녀석은 "예, 할아버지." 하고는 마당으로 나가 놀기 바쁘고, 아내는 장을 봐온 물건을 꺼내 반찬 준비에 여념이 없다. 일주일 드실 반찬을 만들어야 하니 부산하다. 난 텔레비전을 켠다. 수십 개 채널이 있지만, 리모컨 사용법을 모르는 아버지는 늘 KBS만 보신다. 작년에 아들 녀석들이 저희 좋아하는 방송을 보다가 깜빡 잊고 그냥 와서 결국 동네 사람 중 퇴임한 교감 선생을 찾아가 KBS 채널을 맞춰 달라고 했다는 이야기를 들었다. 이리저리 채널을 돌리는 내게 아버지는 좀 있으면 전국노래자랑 할 때가 되었다며 무언의 압력을 넣는다.

"이따 틀어 드릴게요."

담배를 입에 문 아버지는 청주 작은아버지 소식은 좀 아느냐고 물으신다. 저번 주에도 똑같이 물으셔서 말씀드렸다. 집안 족보를 새로 만드는 일 때문에 몇 번 통화했다고. 아버지의 시간은 정지돼 있다. 느릿한 일상, 변화가 없는 단조로움 그 자체다. 반찬 준비로 달그락거리는 소리와 텔레비전 소리.

"아버지, 일어나세요. 목욕하고 옷 갈아입으세요."

"됐다. 목욕은 무슨, 씻은 지 얼마 되지도 않았는데."

보일러를 켜고 옷을 벗기고 목에 수건을 두르고 머리를 감긴다. 한사코 목욕을 거부하셔서 머리만 감기는 것으로 대신한다.

어머니가 돌아가신 지 4년째. 여든아홉의 아버지는 한사코 텅 빈 시골집에 계시길 고집한다. 그나마 겨울이 되면 형님댁에 머물다가 봄이 되면 다시 이곳을 찾으신다. 설날 찾아간 날 앉혀 놓고 시골집에 데려가 달라고 청해 난 한참을 달래야 했다.

"아버지. 겨울 지나면 꼭 모시러 올게요. 시골집은 추워서 안 돼요. 식사는 어떻게 하시려고 그래요? 날 풀리면 꼭 모시러 올게요."

4년 동안 되풀이하는 일이다. 8남매를 두었지만 아버지 곁을 지킬 사람이 없다. 아니 아버지 고집을 꺾을 사람이 없다. 결국, 타협점이 겨울 한 철은 형님댁에서 나고 나머지는 서로 날짜를 맞춰 일주일에 세 번 시골집을 방문해 보살펴 드리기로 했다.

엊그제 PC방에 가느라 학원을 빼먹은 막내 놈을 혼냈다. 버릇을 고치기 위해 모진 말도 했다. 눈물을 흘리며 제 방으로 들어가는 모습을 보니 맘이 편치 않다. 아침에 일어나 방문을 여니 녀석이 편지를 주고 휑하니 돌아선다. 봉투 겉면에 종이로 만든 카네이션이 붙어 있고, 제 잘못을 반성한다는 말과 이다음에 돈을 많이 벌면 우리 부부 세계여행을 시켜준다고 쓰여 있다. 웃고 말았다.

아버지와 아들 중간에 내가 있다. 웃음기 없는 중년의 아들과 편지 한 장에 화가 사그라지는 또 다른 내가 있다. 어버이날엔 갈 수가 없어 미리 읍내에 나가 점심 한 끼 대접한 것으로 어버이날을 대신했다는 미안함이 밀려왔다. 길가에 놓고 파는 카네이션 보기가 부끄러워 긴 하루를 보낸 날이었다.

눈을 감으니 소달구지 뒤에 날 태우고 마을 고샅을 돌아가는 젊은 아버지의 탱탱한 종아리와 "이랴! 어저저!" 산비탈 쟁기질 소리가 쩡쩡하게 골짜기를 울린다. 새참에 주전자에 막걸리를 담아 논두렁길을 내닫는 막내 녀석 나이쯤 된 어린 나도 보인다. 사는 것이 참 맹랑하다. 내 늙는 줄 모르고 자식만 보는 아둔함에 밤새워 뒤척인다.

어머니, 오늘이 제 생일이래요

과음 탓에 찌뿌듯한 몸을 세워 아침을 맞는다. 주섬주섬 챙겨 입은 옷 사이로 안개가 스민다. 눈이 되어 쌓여도 좋은 날. 물기 젖은 땅을 밟으며 차에 시동을 건다.

"형아! 케이크는 언제 살 거야?"

뜬금없는 대화에 오늘이 무슨 날인데 케이크를 사느냐고 물었다.

"오늘이 아빠 생일이잖아."

"그래……?"

나만 모르고 있었다.

집에 돌아와 냄비를 열어보니 미역국이 담겨 있다. 해장 삼아 국물을 가득 부어 마셨다. 그래도 숙취는 쉽게 가시질 않는다. 음력으로 생일을 지내니 늘 날짜 계산하기가 고역이다. 아니 그보단 관심이 없다. 결혼기념일도 며칠 지나고 안 적이 많다. 급하게 아침 먹고 나간 흔적을 옮기며 무감각하게 사는 일상에 웃음이 나온다.

탯줄 자르고 기쁨으로 날 안아 준 고향과 어머니가 그리워 시골집을 향한다. 아버지께서 형님댁으로 가시고 빈집엔 서리 맞아 시든 고춧대가 을씨년스럽다. 찬바람과 눈보라 맞아 얼어붙은 서너 개의 감은 슬픈 표정이다. 옆집 감나무도 마찬가지다. 저 높은 가지에 달린 감을 딸 만한 젊은이가 우리 동네엔 없다. 한기가 느껴지는 거실과 안방 문을 열어본다. 전기담요 위에 금방 일어난 사람의 흔적이 느껴진다. 아버지의 자취다. 한 줌의 온기도 없어 보이는 처연함이 싫어 고개를 돌리고 나온다.

어머니가 계시는 산을 향에 발걸음을 옮긴다. 상여 내려놓고 노제 지내던 넓은 공터에 누군가가 몰래 버린 냉장고가 일 년 넘게 방치되어 있다. 굳은 양심 한 덩이 보는 것 같아 씁쓸하다. 문상객 맞던 도라지밭은 쑥대가 말라비틀어져 있고, 굵게 파인 경운기 바퀴 자국이 선명하다. 어머니 산소 앞에 선다. 봉분에는 아직도 푸릇한 잔디가 보인다. 열 달 배에 품고, 사십 년을 마음에 담아 사신 어머니의 사랑이 겨워 절을 한다. 감사하고 너무 미안하고 죄송하다고 허리를 굽혀 어머니를 본다.

"엄마, 오늘이 내 생일이래."

말을 하고 보니 목이 멘다.

석 달간 의식 없이 누워 계실 때, 어머니의 손을 만지다 손가락 하나가 휜 것을 알았다. 아담하고 작지만, 옹이처럼 단단하고 거친 손이다. 힘든 농사일과 자식들 뒷바라지를 위해 휘어진 손마디가 산처럼 크다. 장례가 끝나고 장롱 깊숙이 넣어 둔 통장을 보고 낭신 아프면 자식들 돈 걱정 할까 봐 푼돈 모아 온 마음을 읽고 부끄러워 울던 기억이 새롭다. 주머니에서 용돈을 만지작

거리며 액수를 가늠하던 자식에게 어머니는 다 주고도 더 못 준 것만 기억하고 안타까워하셨다. 내 몸과 마음에 모신 지 두 해가 가까워져 온다. 곱게 깔린 잔디의 시간만큼 이별의 슬픔도 크다. 붉은 몸 받아들고 기뻐하셨을 어머니께 드린 것이 너무 없다. 염치없이 산 삶을 뒤늦게 깨닫고 찾아가도 반길 리 없는 산길을 오르내리며 지낸 시간이 길다. 날 보듬고 사는 것이 어머니와 함께 사는 것인 줄 알기에 마음을 동여맨다.

작은 잔디 조각 하나, 떨어진 낙엽 하나도 눈에 익다. 잦은 발걸음 탓이다. 담배 연기로 가려진 슬픔이 오늘 유난히 짙다.
"장환 어미가 미역국은 끓여놓고 갔니?"
생일 맞는 아침 전화로 확인하며 금쪽같은 아들 생일 무심코 지나칠까 염려로 속을 끓이던 어머니 음성이 그립다. 고질병인 천식에 쇳소리 내시며 머리에 나뭇짐을 이고 오르내린 이 산길에 자식은 시간을 묻고 어머니를 묻고 돌아선다.
"엄마, 장환 어미가 끓여준 미역국 먹었어요. 저녁에는 애들이 케이크도 사 온대요."

아버지의 임종, 난 울지 않았다

 충북도의회를 방문해 사람을 만나고 있는데 보은 사는 여동생의 전화가 왔다. 아버지가 편찮아서 읍내 병원에 입원했다고 한다.
 "그래, 알았어. 퇴근하면 애 엄마하고 내려갈게."
 크게 염두에 두지 않았다. 점심을 먹고 인권단체가 주관하는 토론회에 참석했다. 그때 여동생에게서 전화가 왔다.
 "오빠, 내 생각에는 아버지가 오빠를 기다리고 있는 것 같아. 지금 와 보면 좋을 것 같은데."
 전화를 끊고 곧바로 보은으로 향했다. 아내에게는 지금 보은에 가니 상황 보고 전화하겠다는 말을 남겼다.

 아버지는 아흔다섯으로 1925년생이다. 어머니 돌아가시고 12년을 더 사신 셈이다. 어머니가 돌아가시고 아버지는 보은 시골집에 거주하셨다. 그때가 여든셋, 그때까지만 해도 근력이 어지간하셨다. 매 끼니가 걱정되어 주말에는 내가, 주중에는 여동생과 대전 사는 넷째누님이, 그리고 가끔 다른 형제가 찾아 뵈었다. 아버지는 자식 걱정은 염두에 두지 않고 사셨다. 식사는 거르시기가 일쑤였다. 집에 가보면 밥과 반찬은 줄지 않았고 막걸리 병만 늘어갔다. 그땐 그런 아버지가 참 야속했다. 아버지 말씀은 정해져 있었다.

"너흰 다 잘 있니? 장환이와 동현이도 학교 잘 다니지?"

그리고 끝이었다. 돌아간다고 하면 정해 놓은 답안지처럼 같은 말씀만 하셨다.

"그래, 길 막힐 텐데 조심해 가고, 내 걱정은 하지 마라."

어느 봄, 아내와 주말에 가니 아버지가 식사를 거의 못 하셨는지 얼굴에 퀭하셨다. 걱정되어 아버지를 모시고 청주에 왔다. 출근 전에 아내가 점심을 차려 놓고 가지만 안심이 안 돼 점심시간을 맞춰 내가 집에 오면 아버지는 점심 대신 막걸리를 기울이고 계셨다. 야속한 마음에 화도 내 보았다.

"아버지, 이렇게 식사를 안 하시면 어떡해요? 직장 다니는 우리도 생각해 주셔야죠? 어디 불안해서 제대로 일을 하겠어요?"

"내 걱정하지 마라. 이제 살 만큼 살았다."

그때마다 아버지는 귀담아듣지 않으셨다. 얼마 후 보은 여동생이 아무래도 전업주부인 제가 시간도 있고 더 편할 거라면서 모셔갔다. 다음 주에 만난 여동생은 하소연을 한참 했다. 겨우 걸음마 띤 막내가 있는데도 거실에서 담배를 피우시고, 사정사정해야 몇 숟가락 뜨시는 아버지 때문에 힘들다고.

아버지는 다시 시골집으로 가셨고, 얼마 후 창원에 계시는 형님이 모셔갔다. 예전 같으면 한사코 고향 뜨길 싫어하시는 아버지가 그때는 순순히 따라나셨다. 할아버지, 할머니, 어머니 산소가 있는 선산을 올려다보며 살아서 다시 볼 수 있을지 모른다는 말씀을 남기고 그렇게 가셨다. 명절 때 뵌 아버지는 다시 고향으로 가고 싶다고 하셨지만, 근력이 예전 같지 못하고, 거동도 불편하셔 그곳에 줄곧 머물러 계셨다. 다행인 것은 형님 근처에 여섯째누나도 있어 자주 찾아와 막걸리를 기울인다는 것이다.

보은병원에 도착하니 아버지는 2층 병실에 누워 계셨다. 동생과 조카가 자리를 지키고 있었다. 아버지는 산소 호흡기를 달고 누워 날 바라보셨다.
"아버지, 작은오빠 왔어! 알아보겠어?"
여동생은 목청을 돋우었고, 아버지는 눈빛으로 내가 왔음을 알았다는 신호를 보냈다.
"아버지, 오빠 왔는데 담배 하나 드릴까?"
여동생이 농 삼아 말을 건네자 아버지는 말없이 고개를 끄덕이셨다. 아버지는 매주 날 기다렸다. 아니 나보다 막걸리 한잔과 담배 한 개비를 더 그리워하셨는지도 모른다.

담당 의사를 만나 대화를 나눠보니 오늘이 고비라고 했다. 가능하다면 형제들에게 연락하는 것이 좋다고 말씀했다. 창원 형님께 자초지종을 말씀드렸다. 형님은 우선 본인이 올라가서 상황을 살펴보고 연락하는 것이 낫다며 급히 올라온다고 하셨다. 다시 아버지 곁에서 아버지를 물끄러미 바라보았다. 며칠 전 토요일에 뵙던 모습 그대로다. 사실 난 알고 있었다. 아버지가 올해를 못 넘기신다는 것을. 아버지 몸에서 기운이 빠져나가고 있었다. 휠체어에 의지해 주말에 잠깐 산책하는 것도 부담스러워하시고, 그저 밖에서 연거푸 두 개비 담배 태우시는 것으로 당신이 살아 있음을 증명했다. 얼마 남지 않은 삶,

마음 편하게 하고 싶어 막걸리와 담배를 드렸다. 건강을 이유로 그것마저 끊기에는 아버지는 아흔다섯이고, 삶은 막바지로 치닫고 있었다.

창원 형님 댁에서 아버지는 몇 해를 보냈다. 어느 날 형님과 형수님이 우리 집을 방문하셨다. 아버지의 건강이 여의치 않고, 이제 대소변도 실수하시니 요양원에 모셨으면 하는 바람을 언뜻 비치셨다. 난 아무 말도 할 수 없었다. 요양원에 가는 것을 자식에게 버림받았다고 생각하시는 아버지를 설득할 자신도 없었고, 형님을 대신해 내가 모실 여건도 안 되었다. 나중에 들으니 형님과 창원사는 누님과 언쟁이 있었고, 결국 누님이 아버지를 모셔 갔다고 했다. 몇 년을 모신 형님과 형수님은 누님들에게 공공의 적이 되어있었다. 한순간이었다. 그간 모신 보람도 없이 팔 남매는 제각각 다른 소리를 내었다.

아내와 시간을 내 창원을 방문했다. 먼저 아버지가 계시는 누님 댁에 들렀다. 승강기가 없는 아파트 3층이었다. 아버지는 창가 조그만 방에 누워 계셨고, 손 닿는 곳에는 어김없이 막걸리와 담배, 몇 가지 술안주가 놓여 있었다. 그리고 침대 밑에는 소변 통이 있었다. 아버지가 움직일 일이 없었다. 누님과 조카들이 올 때까지 아버지는 종일 이렇게 누워계시다가 시장하시면 막걸리를 드셨다. 창문 너머는 회색빛 아파트, 눈길 줄 만한 곳이 없었다. 평소 아들 집 두고 딸네 집에서 자는 것조차 무척 싫어하신 아버지가 모든 것을 내려놓고 계셨다. 저녁에 누님과 이야기를 했다. 아버지를 모시려는 누나의 마음은 충분히 고맙고 이해한다. 그러나 모두 일터로 나간 뒤 누워만 계시는 아버지 모습은 보기가 안 좋다고, 그러니 고향 근처 요양 병원에 모셔야 한다고 설득했다. 누나는 형님 내외에 대한 서운함을 한가득 쏟아냈지만, 결론은 동생이 알아서 잘하라고 했다.

　형님 내외를 만나 창원보다는 고향 바로 근처에 있는 요양병원에 모시자고 했다. 막내여동생이 가까이 살고, 청주도 그리 멀지 않으니 주말에는 우리가 찾아뵙겠다고 했다. 아버지가 보은 장에 가시면 배웅하러 나가 기다리던 길, 아버지 젊어서 숱하게 보고 사신 낯익은 곳에 계시는 것이 낫다고 판단했다. 더욱이 창원은 사투리가 있어 가뜩이나 말귀가 어두우신 아버지가 알아듣지도 못할뿐더러 고향 집하고 병원이 차로 10분 거리도 안 되니 주말이면 내가 자주 모시고 고향 집도 보고, 동네 분도 만나고 하는 것이 낫다고 설득했다.

　얼마 지나지 않아 아버지는 고향 근처 요양병원에 오셨다. 첫날 이것저것 챙기는 날 보고 아버지가 날 붙잡았다.
　"창근아! 나 너희 집에 가면 안 되겠니?"
　억장이 무너졌다. 아들들이 당신을 요양병원에 버렸다는 생각에 아버지는 큰 상처를 받으셨다. 전에 우리 집 근처 주간보호센터를 몇 군데 알아봤다. 우리가 출근하면 그곳에 잠깐 계셨다가 저녁에 모셔오는 방법을 연구했지만 그러기에 아버지는 거동도 불편하고, 흡연과 음주, 그리고 현관문조차 열 줄 모르시는 아버지를 그곳에 모시기는 적합지 않다고 생각했다. 청주로 돌아오는 길 아내도 울고 나도 울었다, 며칠 두고 보다가 정 안 되면 우리가 모시자고 했지만, 현실적으로 쉽지 않음을 알았다.

　아버지는 차차 병원 생활에 적응하셨다. 다행인 것은 식사 후 막걸리와 흡연이 허용되었다. 신신당부했다. 어디 딱히 편찮으신 데가 있는 것이 아니라 기력이 없을 뿐이니 평소 좋아하시는 것을 허락해 달라고 부탁했다. 남에게 피해가 되지 않는 선에서 막걸리 한 잔과 휠체어에 의지해 하루 세 번 밖에서 담배를 태우셨다. 그 후 팔 남매는 최소 한 주에 세 번 이상 아버지를 찾았다. 그 병원에서 가족 면회 횟수가 가장 많았다. 그 덕에 아버지는 적응했고, 뵈러 가면 누가 누가 다녀갔다는 말도 전했다.

1년 6개월, 앙상한 뼈만 있고, 식사도 제대로 못 하시는 아버지를 보며 천천히 새로운 삶으로 들어가고 있음을 알았다. 지금 당장 가셔도 그리 이상한 일이 아닐 정도로 아버지 몸에서 삶의 기운이 빠지고 있었다. 올겨울 12월을 넘기지 못하시겠다는 것을 난 알았다.

형님과 통화하고, 아버지 곁에 앉아 아버지를 바라보았다. 내가 온 지 20분 남짓, 아버지 곁에 있던 계기판 같은 숫자가 아래로 급격히 떨어지고 있었다. 그때 알았다. 아버지는 날 기다리고 계셨던 것을, 여동생과 조카는 아버지를 붙잡고 울었다. 아버지는 숨소리 하나 흐트러지지 않고 너무나 고요히 숨이 잦아들고 있었다. 얼굴은 평온했다. 난 아버지 손을 잡고 중얼거렸다.
"아버지, 이제 가세요. 저희 걱정하지 마시고, 엄마 곁으로 가세요."
그 말과 동시에 아버지는 숨이 멎었다.

난 울지 않았다. 아니 눈물이 나지 않았다. 어머니 때와는 너무 다르게 그저 담담하게 장례 치를 준비를 했다. 오래전부터 이런 날이 올 줄 알았고, 이후 내가 어떻게 해야 하는지 알기에 너무나 침착하게 사망진단서를 떼고 여기저기 전화해 부고를 전했다. 12월 13일, 결국 아버지는 겨울을 나지 못하셨다.

제5부

고양이와 놀다

내 안에 귀 기울이기

세상으로부터 쏟아지는 질문에 대해 귀와 눈을 감고 마음을 열어 조심스럽게 답을 찾아보아야 한다. 옳고 그름의 판단을 남에게 의지해서 내릴 필요는 없다. 무엇에 가치를 둘 것인가도 내면의 울림을 통해 답을 얻을 수 있다. 모든 것의 대답은 질문 이전에 내가 이미 알고 있는 까닭이다. 그러나 우리는 주저할 때가 잦다. 아직도 나의 확신을 남에게 증명받고 싶어 하는 나약함을 가지고 있다. 말을 한다는 것은 한계가 있다. 타인에게 구해 내 것으로 삼는 것도 한계가 있다. 은밀히 속을 들여다보고 내 양심이 말하는 것에 귀를 기울이다 보면 걸어가야 할 길과 해야 할 행동이 떠오른다.

우리에게 부족한 것은 좋은 친구도 가까운 이웃도 피를 나눈 형제도 아니다. 그것은 자신의 다른 모습을 보이는 거울일 뿐이다. 거울에 비치는 모습을 보고 나라는 착각에 사로잡혀 문제를 인식하는 것은 그림자를 보고 사물의 정밀함을 측정하려는 어리석음에 불과하다. 그래서 감성과 이성의 도움을 받아 문제를 해결하는 방법은 지극히 잘못이다. 감성은 한쪽으로 치우쳐 자신을 합리화하는 못된 습관이 있다. 이미 굳어진 사고의 틀에 갇혀 더 이상의 심오한 가치를 끄집어내는 데 결정적 한계가 있다.

선경험은 문제해결을 위한 유연한 사고에 방해가 된다. 감정을 배제한 이성적 사고라는 것은 존재하지 않는다. 이성의 심연에는 감정의 잔재들이 뒤엉켜 있어 불순물을 걸러내듯 이성이라는 순수가치만을 가지고 세상을 본다는 것은 애당초 불가능하다. 감정과 이성을 분리해서 생각하는 것 자체에 모순이 있기 때문이다.

'그러함'에 대해 생각해 본다. 먹고 입히지 않아도 창공을 나는 새와 철 따라 피었다 지는 풀꽃들의 삶을 생각한다. 그들 몸에 자연스럽게 각인된 섭리가 외부환경의 변화에 맞춰 순리를 따라 생육하고 성장하고 소멸한다. 그것이 자유로움이며 내재화된 삶의 방식이다. 그런데 인간의 삶은 어떠한가. 외부환경을 인위적으로 변화시켜 우리네 조건에 맞는 방식으로 바꾸려고 한다. 거기에는 반드시 무리가 따른다. '진화'라는 것은 바로 외부환경에 인간을 맞춰온 시간이다. 몇 억 년에서 수만 년까지의 긴 시간은 인간이 자연과 뜻을 같이하려는 몸부림이었다. 그렇게 살아온 인류가 짧은 시기에 급격한 물질의 풍요를 얻고 과학발달로 단기간에 변화를 가져올 만한 지식을 축적했다고 하지만, 우리의 삶은 몸에 인식된 지문처럼 우리를 둘러싼 환경에 적응하며 살도록 설계되어 있다. 절대자가 그러함을 만든 것이 아니라 시간이 우리에게 부여한 자연적 순리라는 것이다. 그것은 생명을 이어나가는 우리의 자연스러운 방식이다.

가만히 내면을 들여다보며 이 세상에 생명이 출현해 현재에 이르기까지 살아온 무수한 흔적이 고스란히 담겨 있음을 깨달아야 한다. 말하지 않아도 들리는 그 소리를 담아내고 우리의 삶에 적용할 때가 된 것이다. 생명과 존중, 도덕과 윤리, 그리고 사람 사이의 관계에 대해 내면에 귀를 기울이고 답을 갈구할 때 우리의 삶이 나가야 할 길이 선명해진다. 가만히 자신을 들여다본다는 것은 또 다른 '놓음의 문제'이다. 억지로 내려놓는 것이 아니라 내면을 보려고 하는 노력이 자신을 내려놓고 그러함의 경지로 우리를 안내할 것이다. 자연환경을 극복한다는 생각의 시작은 오만함이다. 세상이 주는 지식과 학문의 결과로 내 삶을 재단하고 가치를 부여하는 것은 무지다. 내면 안에 그 모든 것을 담고 있기 때문이다. 가만히, 그리고 아주 조용히 내면의 속삭임에 귀를 기울이고 답을 찾아야 한다.

침묵

북아메리카 원주민 — 흔히 인디언이라 불린다 — 들은 낯선 사람을 만나면 십여 분 동안은 침묵하며 그 사람의 영혼에서 울리는 소리와 느낌을 음미하는 시간을 갖는다고 한다. 그 사람이 살아온 여정과 행적을 고요한 침묵 속에 응시하며 영혼의 울림에 관심을 표명하는 것이다. 이렇게 관조하는 습관은 대자연을 살아 있는 어머니 품으로 보는 우주관에서 출발했다고 한다. 자연과 인간이 교감할 수 있다는 사고에서 시작된 직관의 능력은 끊임없이 자연과 교류하며 자신을 자연의 일부로 여기고 경외한 그들의 사고방식을 잘 보여준다.

사람을 만나면 서로의 정체를 파악하기 위해 입이 가벼워지고, 별 관심도 없는 삶의 이력을 들추어내는 데 익숙한 우리네 삶을 돌아본다. 침묵은 많은 함의를 담고 있다. 침묵은 표현이 응집된 또 다른 대화법이다. 넉넉한 맘으로 상대를 바라다보는 따뜻한 시선만으로도 타인을 더욱 깊이 이해할 수 있다. 표면에 드러난 모습을 보고 섣부른 판단을 하고, 때론 삶의 이력을 설명하는 것으로 포장하고 미화하는 경험을 종종 하게 된다. 존재하는 자체가 대화이며 있는 그대로의 모습으로 볼 줄 아는 것 또한 교류의 방법이 될 수 있다.

아침저녁 서늘한 바람에서, 홑이불 끝자락의 까칠까칠한 촉감에서 성큼 다가선 가을을 느낀다. 불볕더위에 난리 치던 사람들의 입방아가 새삼 무색하게 느껴진다. 올 때 오고, 갈 때 가는 자연의 순환에 호들갑을 떨던 미안함이 있다. 불현듯 다가온 것이 아닌데 자연 스스로 변화하고 있었음을 우리가 알지 못할 뿐이다. 솜털에 이는 작은 바람결에 가을은 묻어나고 있다.

침묵으로 말하는 자연의 대화법이 칭얼대던 입을 부끄럽게 한다. 안으로 쌓여 밖으로 넘치는 물처럼 깊이 담지 못한 생각이 쏟아져 타인에게 상처를 주지 않았나 하는 생각을 해 본다. 절집 사람처럼 묵언 수행을 통해서, 쏟아내는 말보다 안으로 주어 삼키는 연습을 해도 좋을 듯싶다. 안으로 쌓인 웅혼한 기상을 내면 가득 담고 산다면 바른 눈을 가지고 세상을 볼 수 있지 않을까?

생각해보면 가슴을 훑고 지나가는 먼지바람 같은 것에 너무나 많은 생각을 소진하고 살지 않았나 싶다. 침묵은 말을 하지 않는 것이 아니라 말을 담아 두는 것이다. 하고 싶은 말이 목구멍을 간지럽게 해도 꾹꾹 눌러 담아 단단해지고 농익을 때까지 참는 것이다. 그러다 보면 불가마에 달궈진 황토가 비취색을 띠고, 속으로 익어 안을 빨갛게 채운 수박처럼 결실을 볼 수 있다. 그것은 기다림의 미학이다. 겉으로 드러난 결과가 아니라 기다림의 시간 속에 배어나는 자연스러움이다.

말이 내 안을 헐어내어 벽이 얇아지고 구멍이 생기는 것을 느낄 때 참을 수 없는 회한이 찾아든다. 두서없는 말과 쭉정이 같은 말이 돌아다니며 날카로운 비수가 되어 타인의 약한 부분을 도려내는 것 또한 슬픈 일이다. 뿌리박고 천 년을 사는 느티나무의 그늘에서 세월을 덧입고 살아온 긴 침묵을 본다. 장구한 자연의 시간 앞에 가끔은 소리 없는 사람이 되어 묵언의 참뜻을 한 줄 배워도 좋을 듯하다.

이렇게 세찬 소낙비가 내리는 날, 먼 산의 풍경을 바라보며 생각마저 빗소리에 잠겨 침묵하는 날이 많았으면 좋겠다. 말을 잃은 사내가 바랑 짊어지고 산모퉁이를 돌아가는 모습을 생각하며 황홀한 빗물 소리에 목이 잠겨 온다. 침묵의 시간이 길어지는 만큼 속으로 자란 생각이 오월의 볍씨처럼 탱탱한 생명을 품고 있음을 알기에.

통증에 대한 단상

밥을 먹을 때마다 통증이 찾아온다. 몇 년간 방치한 치아가 한계점을 드러내고 있다. 물에 밥을 말아 먹어도 약간의 통증을 느끼니 딱딱한 음식을 씹는다는 것은 애당초 기대할 수조차 없다. 흔들리고 시린 고통이 찾아와야 치과를 찾는 미련함에 스스로 화가 난다. 이런 상태로 어떻게 살았느냐는 의사의 놀라움에 얼굴이 확 달아오른다. 임플란트도 안 된다니 부분 틀니를 하고 살아야 한다. 목돈이 드는 것도 쓰리지만, 좀 괜찮을 때 잘 관리할 걸 하는 후회가 든다.

여태 살면서 몸을 심하게 다쳐 본 기억이 없다. 초등학교 시절, 팔을 삔 것이 내 몸에서 가장 큰 상처로 기억된다. 생각해보면 사십 평생을 무사하게 살아온 셈이다. 치아가 안 좋은 것은, 아프면 가서 치료받고 그래도 문제가 되면 이를 뽑았으니 크게 기억될 것이 없다.

〈보왕삼매론〉 내용 가운데 "몸에 병이 없기를 바라지 마라. 몸에 병이 없으면 탐욕이 생기기 쉽나니, 그래서 부처님께서 말씀하시되 병고로써 양약으로 삼아라."라는 말씀이 생각이 난다. 아마도 대학 시절 2년간 신세를 졌던 작은 아버님댁 안방에 걸려 있던 족자에서 본 것 같다.

앞으로 들어갈 목돈도 걱정되고, 식사 때마다 즐거움보다는 통증에 짜증이 나는 심사를 가만히 들여다본다. 아프다는 것은 겉으로 드러나는 하나의 현상이다. 오래 쓰고 관리를 잘하지 못한 게으름도 있지만, 건강을 자만해서 병을 키운 나의 오만도 한몫을 한다. 몸을 쓰며 감사하지 못한 마음과 돌아보지 않은 무심함이 부른 결과일 뿐이다. 인과에 따른 것이니 딱히 책망할 일만도 아니다. 아프므로 내면을 돌아보고 만족함에 겨워 결핍을 외면한 무지를 가만히 들여다본다면 그 또한 작은 이익이 될 것이다. 몸을 편안히 가꾸어야 생각도 가지런하고 넉넉함도 솟아나지만, 때론 작은 몸의 불편을 통해 생각의 궁극을 되짚어 보는 깨달음도 있다. 아프다는 것이 몸뿐이겠는가. 마음이 불편한 것이 더 큰 고통으로 인식되는 경우도 많다. 사람과의 관계로 인해 죽음을 불사하고 온갖 저주와 원망을 쏟아내는 것도 알고 보면 내 안이 충실치 못해 생기는 변고이다. 아프면 아픈 대로 고통을 느끼며 보듬지 못한 미안함을 돌이켜보고, 사람이 주는 아픔이 크면 큰 대로 철저하리만큼 고통의 내면을 들여다보면 결국은 생각이 분리되어 고통은 고통대로의 현상으로 자각하게 된다. 한 발자국 떨어져 사물을 보면 생길 때 생기고 일어날 때 일어난 일일 뿐이라는 생각을 하게 된다.

성경의 〈고린도후서〉를 보면 당대의 뛰어난 학자이며 전도가인 사도바울은 평생을 쫓아다닌 '육체의 가시'에 대해 이야기하는 부분이 나온다. 안질이라고 하는데, 하나님께 이것을 고쳐 달라고 세 번을 간구했다는 부분이 나온다. 예수 사후 가장 왕성한 활동을 하며 하나님의 왕국을 설파한 그였지만, 결국은 체념하며 신의 깊은 뜻을 이해하고 고백하는 장면이 있다.

"여러 계시를 받은 것이 지극히 크므로 너무 자만하지 않게 하시려고 내 육체에 가시, 곧 사탄의 사자를 주셨으니 이는 나를 쳐서 너무 자만하지 않게 하려 하심이라"

사람의 병은 평생을 짊어지고 가야 하는 부채負債와 같다. 병의 종류와 크기가 다를 뿐 다른 이에게 전가할 수 없는 삶의 몫이다. 사람의 수명이 다한다는 것이 짊어진 부채가 내 몸을 빚으로 가져가는 것이다. 잘 쓰다가 미생물의 먹이로 자연 앞에 내놓는 과정이다. 누구나 피해 갈 수 없는 일인데 부질없는 상념에 우울할 필요가 없음을 깨닫는다.

파도에 시간을 묻다

 여행을 간다는 사실 하나만으로 잠을 설친다. 일기예보에 예민한 촉각을 세우는 것은 어른이 돼도 변함이 없다. 바람 짙어지고 홀연히 떠나는 여행의 묘미도 있지만, 오징어 질겅질겅 씹으며 뒷좌석에서 조잘거리는 아이들의 소란을 듣는 가족여행도 나름의 재미가 있다. 한 해가 다 지나가면서 아쉬움보단 새해의 밝음과 희망이 기다려진다. 그만큼 올 한 해의 삶이 평탄하지만은 않은 까닭이다.

 푸른 바다가 갉아먹어 바위에 지문을 만들고 그래도 모자란 듯 넘실대는 바다의 욕심에서 또 다른 삶을 만난다. 비릿한 냄새가 해풍에 실려 옷자락에 묻어나고 충만해서 두려운 저 바다를 보면서 찌든 가난의 자투리를 벗어 던진다.

 처음 바다를 본 것은 중학교 2학년 수학여행 때였다. 해운대 바닷가에 도착해서 하얗게 펼쳐진 백사장을 달음질쳐 처음으로 바다를 향해 섰다. 그것은 두려움이었다. 끝없이 보이는 푸른 바다가 신기하다는 느낌보다 왜 두려움으로 각인되었을까. 웅숭깊은 검푸름이 원초적 생명을 품고 길러낸 태고의 두려움이 탯줄을 따라 이어진 것이다. 손으로 물을 떠 혀끝을 대보며 바닷물이 짜다는 수업내용을 확인하는 촌스러움도 있었다.

여행하며 보는 각양각색의 풍물을 구경하는 즐거움도 크다. 좀처럼 바다를 볼 수 없는 내륙의 한복판에서 자란 촌뜨기에게 활어가 가득 담긴 수족관이며 이름도 모르지만 커다란 물고기를 좌판에 수북이 쌓아 놓은 모습들은 시건을 끌기에 충분하다. 회 맛을 알고서 접시에 갓 잡아 올린 신선한 회를 총총히 썰어 안주 삼아 소주를 마시며 취해보는 느낌은 낯선 곳을 여행하는 또 다른 즐거움이다.

바다를 안고 사는 작은 포구, 화톳불에 손을 녹이고 그물을 싣고 출항하는 거친 어부의 삶과 만선의 기쁨을 갈매기와 나누며 입항하는 분주한 선창의 활기찬 모습은 들에서 농사짓는 농부의 삶과는 전혀 다른 긴장감이 있어 새롭다. 돌담 너머로 보이는 노란 유자와 아직도 짙푸른 잎사귀의 동백나무와 측백나무 가로수가 낯선 타향의 모습으로 다가온다.

낭만과 죽음의 공포를 동시에 가진 파도가 벽을 때리고 거품이 되어 사라진다. 백사장을 뛰어다니는 아이들 사이로 먼발치에서 팔짱을 끼고 호젓한 기분을 만끽하는 중년 부부가 지나간다. 조가비 주워들고 좋아하는 아이의 웃음과 막대기 집어 들고 이름과 이름 사이에 하트 그려 넣으며 사랑을 고백하는 남녀의 쑥스러운 고백은 입가에 미소를 짓게 한다. 집을 떠난 작은 일탈이 주는 행복이다.

 커피잔을 손에 들고 다가오는 아내의 모습에 행복이 어린다. 유독 바다를 좋아하는 사람이다. 전생에 자기는 분명히 인어였을 거라고 우기는 아내에게 산길 끝, 재 넘어 사라지는 오솔길에서 가슴만 설레는 나는 나무꾼이었을 거라며 바다를 본 기쁨을 그렇게 표현한다. 인어와 나무꾼, 어울리지 않는 조합이면 어떠랴. 그렇게 하루 동안이라도 좋아하는 바다가 위안이 된다면 그저 좋을 뿐.

 닻을 드리워 묶으려 해도 묶이지 않는 바다, 출렁이는 생명의 큰 숨이 들숨과 날숨이 되어 생명을 만들고 그 생명을 지켜낸다. 단단한 바위가 침식되어 모래알로 변하는 시간의 일렁임이 계속된다. 빨랫줄 같은 팽팽함이 수평선이 되고 선체부터 가라앉아 마지막 돛이 잠기는 둥근 바다의 뒤태를 본다. 커다랗게 써 놓은 이름이 파도에 씻기고 해맑은 웃음이 사라진 황량한 바다의 모래밭에서 서약의 반지를 찾듯 추억을 되새김하는 저 발자국들이 오늘의 바다를 기억한다.

 한 해의 끝자락에 매달린 십이월의 저 바다 끝에서 일출을 본다. 합장하고 붉게 바다를 태우며 사라지는 해넘이를 보며 아쉬움을 달래는 사람들의 모습에서 파도에 시간을 태우는 자연의 역사와 변화를 돌아본다. 마냥 푸른 날을 꿈꾸며 사는 찰나의 삶이 고달픈 이유도 돌아보는 바다다.

팔랑개비는 바람을 먹고 산다

팔랑개비는 바람을 먹고 산다. 바람이 불지 않으면 손에 쥔 사람이 빨리 뛰어야 팔랑개비는 돌아간다. 바람이 멈춰 선 자리에 팔랑개비는 그저 어쭙잖은 몸짓에 지나지 않는다. 길 양옆으로 길게 늘어선 팔랑개비가 바람을 맞아 빠르게 돌아간다. 연어가 태어난 고향을 찾아오듯 마음에 빚을 진 사람들이 새해를 맞아 봉화마을로 모여든다. 주민의 환호 속에 귀향 보고를 하며 지금 이 순간이 가장 행복하다고 세상을 향에 외치던 마을 어귀에는 참배객들의 발걸음으로 분주하다. 어여쁜 손녀 자전거 뒤에 태우고 달리던 논두렁길은 황량한 겨울바람을 맞으며 부엉이바위를 올려다보는 서글픈 눈동자들이 물려 있다. 박석薄石이 바닥에 빼곡히 깔려 있어 걸음을 더디게 한다. 미안함과 그리움, 그리고 숭고한 뜻을 잊지 않겠다는 각오가 적힌 글귀가 마음을 붙잡는다.

떠나가면 사랑이 시작된다는 바보 같은 진리를 자유롭게 하는 텅 빈 공간이 마냥 서글프다. 들녘에서 부는 바람이 팔랑개비를 얼심히 돌린다. 엉민하지 못해 바보라 불리던 그 사람을 바보가 아니라는 것을 증명해야 하는 무거운 책임이 이곳을 찾는 우리에게 있음을 안다. 얼마 전 오물이 뿌려진 터럭바위 사진을 보았다. 부관참시도 마다하지 않는 무도함과 아직도 팽팽히 날이 선 이념의 갈등을 보는 것 같아 침울하다. '민주주의의 최후의 보루는 깨어 있는 조직된 시민의 힘이다.'라는 글귀에 등골이 서늘하다. 강경일변도로 치닫는 대북정책과 물 만난 고기처럼 연일 군사적 대결과 타격이라는 용어를 써가며 신이 난 보수언론의 작태가 광풍처럼 이 나라를 휩쓸고 있다. 10년간 공을 들인 평화정책은 이미 철저하게 난도질당해 걸레 조각이 되었다.

검찰 조사를 받고 버스에서 내려 지지자들에게 미안하다며 인사를 하고 돌아선 곳이 지금 내가 서 있는 이쯤 될 것이다. 언론에 공개된 마지막 모습이다. 새해 첫 신문에 강력한 대선 후보로 지목된 여성 정치인은 '참 나쁜 대통령이다.'라는 말을 했다. 어찌 보면 맞는 말인지도 모른다. 이분의 재임 시절은 참 시끄러웠다. 경박한 말투라고 분노한 근엄한 식자들의 비판부터 각종 정책에 대한 첨예한 대립 등이 끊이지 않았다. 지금은 애국가 시청률밖에 나오지 않은 토론회가 그때는 즐겁고 재미있었다. 논객들의 정책 토론과 이념 논쟁 등을 통해 정치가 무엇이고 왜 우리가 관심을 둬야 하는지를 알았다. 헌정사상 최초의 대통령 탄핵과 그에 반대하는 촛불 집회와 이라크 파병 문제, 그리고 한미 FTA의 문제로 언제나 이 나라는 시끄러웠다. 민심은 요동쳤고 저마다의 자리에서 한마디씩 하는 데 주저하지 않았다. 논쟁과 토론 그 소란스러움이 우리가 잊고 살았던 민주국가의 주인으로 우리 소리를 내는 것에 익숙지 않은 촌스러움이라면 그 말이 맞는다.

파스칼 말 중에 '당신의 말에 한마디도 동의하지 않습니다. 그러나 그런 말을 할 수 있는 자유를 위해선 내 목숨도 바치겠습니다.'라는 말처럼 정책에 대한 동의 여부를 떠나 주권을 가진 국민으로서 목소리가 다소 투박하더라도 다양한 가치와 의견이 개진되는 최소한의 자유는 누리고 살았다. 검찰과 국세청에 대해 정치적 외압을 행사하지 않는 도덕성은 가지고 있었다. 미국과 다소 껄끄러운 관계를 유지하더라도 우리의 자주권을 회복하기 위해 노력했다. 남북 정상회담을 통한 경제협력으로 군사적 갈등은 피할 수 있었다. 배고픈 자에게 기다리라는 것은 죽으라는 말과 같다. 북한에 대해 일방적인 퍼 주기라고 그렇게 매도해서 지금 우리가 얻은 것은 무엇인가.

'따뜻한 바람이 불면 그때 당신이 오신 줄 알겠습니다.' 노란 나비가 줄마다 달라붙어 따뜻한 봄을 기다린다. 부활을 꿈꾸는 팔랑개비가 바람을 기다리고 있다. 투박했지만 따스했던 사람, 노회老獪한 정치가의 음흉한 언변보다 진솔함으로 사람의 마음을 열었던 사람, 세상에 뻔뻔하게 사는 사람이 얼마나 많은데 가랑잎만 한 무게를 견디지 못하고 몸을 던져 사람을 깨운 사람, 그가 사는 이곳에 바람이 불어 팔랑개비가 돌았으면 좋겠다.

흰 국화꽃 한 송이를 쥐고 고개를 숙이는 사람과 어린 자식들 데리고 노란 팔랑개비 손에 쥐여 주고 눈가에 눈물짓는 사람이 바람이 된다. 팔랑개비는 바람을 먹고 다시 돌아간다.

흐르는 물, 그곳에 사람이 산다

　보도블록에 갇혀 적은 빗물을 받아먹고 꽃으로 삶을 증명하는 나무를 본다. 발길 닿는 곳이면 시멘트나 아스팔트로 포장하고 사는 도시적인 깔끔함이 때론 식물에게 미안하기도 하다. 사람이 아닌 자동차가 주인이 되어 강변에 터를 잡고 살아가는 갈대와 쑥과 냉이와 같은 잡초들의 삶을 빼앗아 버렸다.

　자동차 타이어 조각의 푹신푹신한 쿠션이 있는 곳이면 어김없이 자전거 도로와 빠르게 걷는 사람들을 볼 수 있다. 서너 개의 운동기구가 준비되어 있고, 가볍게 몸을 푸는 사람들이 있는 강변의 모습은 이제 익숙한 문화가 되었다. 아침에 출근해서 집으로 돌아오는 길을 살펴보면 흙을 밟고 다닌 기억이 없다. 포장된 도로와 하이힐이 부딪쳐 내는 소리가 귀에 거슬리지만 피할 수 없다.

　나무 밑동에 인위적으로 만들어 놓은 정사각형의 공간이 가로수가 빗물을 받아먹고 숨 쉴 수 있는 유일한 공간이다. 우람한 덩치에 땅속 깊이 뿌리를 내려 수분을 섭취할 최소한의 공간에서 철 따라 꽃을 내밀고 그늘을 키우는 생존의 몸부림을 다한다.

갑작스러운 폭우는 땅에 스미지 못한다. 빗물은 콘크리트 도로와 아스팔트 길을 따라 하수도로 모여 순식간에 강의 수위가 높아져 범람의 위험을 안고 있다. 여름철 된더위로 데워진 도로에 소나기가 오면 아무런 여과 과정 없이 강이나 도랑에 유입되고 수온이 높아져 물고기가 살기 어렵다.

과거 독일에서는 교통난을 해결하기 위해 하상도로를 만들어 사용했다. 쓸모없는 땅처럼 인식된 강변을 포장해 도로와 주차장을 만들어 도시민들의 편리를 도모했지만, 오랜 시간이 지난 지금 그들은 콘크리트를 걷어내고 원래의 모습으로 복원시키기에 안간힘을 쓰고 있다. 넓게 펼쳐진 강변은 각종 수풀이 자라 강으로 유입된 오염물질을 정화하는 작용이 있어 수중 생태계에 긍정적 효과가 있음을 알았다. 강둑은 '비오톱'과 같은 인공적인 자연환경을 만들어 아이들의 자연 체험학습 공간으로 활용하고 있다.

강줄기는 굽이굽이 흘러야 한다. 강줄기는 막히면 부딪치고, 깎이고 하는 시간이 만들어낸 자연의 길이다. 유속이 더디어야 주변에서 자라는 각종 식물로 인해 물이 정화되고 물고기가 살 수 있는 공간이 만들어진다. 어린 시절 시골의 '둠벙'이 그런 역할을 했다. 움푹 파인 웅덩이는 수심이 깊고 주위의 나무가 뿌리를 내려 여러 물고기가 층하를 두고 서식을 한다.

펴서 반듯하게 물길을 낸다는 것이 얼마나 어리석은 일인가. 서두르는 마음과 조그마한 편리를 위해 시멘트를 들이부어 물길을 만든다는 것은 잘못된 것이다. 더디 가는 흐름이 주변의 논밭을 고루 적시고, 버릴 것 버리고 채울 곳 채워가며 흐른다. 나름의 법칙과 순리가 밴 태고의 시간이자 생명의 길이다.

빠르면 모두 좋아 보이고, 반듯하면 명쾌해 보이는 발상은 도시를 만들어 가는 우리네의 못된 습관에서 나온 것이다. 물길에다 인간의 인위를 강요해선 안 된다. 눈에 보이는 물고기만 생명이 아닌 까닭이다. 물이 고이는 것은 단지 물고기만을 위함이 아니라 눈에 보이지 않지만, 그곳엔 분명히 살아 숨쉬는 온갖 생명이 녹아 있기 때문이다.

폭우로 강물이 범람해서 인간에게 피해를 준다고 하지만, 그 또한 자연의 순리일 뿐이다. 물이 운반한 퇴적물이 비옥한 농토가 되었던 사실 또한 간과해서는 안 된다. 치수治水는 물길을 막는 것이 아니라 흐르지 못하는 물을 자연스럽게 흐르게 하는 것이다. 선진국에서는 막대한 예산을 들여 예전에 깔아 놓은 콘크리트를 걷어내는데, 이제 우리는 시멘트를 부어 반듯한 물길을 만들고 주변에 하상도로와 유원지를 만들어 사람을 모은다는 발상을 어떻게 보아야 하는가.

삽날을 거두고 불도저의 기계음을 멈추고 그냥 그대로 두어야 한다. 그리고 그곳에 쏟아붓는 천문학적인 돈을 오염원이 강물에 유입되기 전에 정화하는 데 써야 한다. 저절로 넉넉한 물줄기의 욕심대로 흘러가게 두어야 한다. 그래야 물도 살고 사람도 살 수 있다.

아름다운 댓글

 글에도 가끔은 주렁주렁 열매가 달린다. 행간을 헤집는 날카로운 댓글에 등줄기에 땀이 솟기도 하고 부끄러움에 낯빛이 붉어지기도 한다. 그것은 두려움이다. 오장육부를 핀셋으로 헤집어 작은 좁쌀 같은 근종도 집어낸다. 문자의 조합이 만드는 생각의 덩어리에 제거하지 못한 군더더기는 결국 정형사의 날카로운 칼날을 비껴갈 순 없듯 낱낱이 드러난다.

 글을 옮겨 놓고 기다리는 시간은 감별사의 손에 생사가 결정되는 병아리의 숙명처럼 팽팽한 긴장감이 든다. 뜻하지 않은 칭찬이 오면 받아쓰기 백 점 맞아 시험지 들고 '엄마' 하며 현관문을 들어서는 초등생의 모습이 되고, 때론 뉘앙스가 주는 미묘함과 최소한의 배려처럼 던지는 예의 바른 모습에 절망적인 모습을 보이곤 한다.

 글을 쓴다는 것, 말을 한다는 것은 상대를 전제로 한 행동들이다. 모든 것이 오픈되어 광속의 빠름으로 치닫는 현실에서 내뱉는 말과 글은 곧 대중의 평가와 직면하고 '선플'과 '악플'이라는 천국과 지옥을 맛본다. 말과 글에 꼬리를 다는 대중의 식견이 양날의 칼이 되어 기쁨과 좌절이라는 두 가지 인생의 굴레를 씌운다. 그보다 무서운 것이 아무런 관심을 두지 않는 '무플'이라고 하는 사람도 있다.

글을 쓰는 사람은 밤새 쓰고 찢어버릴 연애편지가 아니라면 누군가의 읽힘을 생각지 않을 수 없다. 그런 두근거림이 좋아 글을 쓰는 줄도 모른다. 어찌 보면 금단현상이 두려운 중독일 수 있다. 아직은 날카로운 비수에 내 몸을 맡기기가 두렵다. 사고의 밑천을 드러내 발가벗겨진다는 느낌에 알몸을 드러내기가 쉽지 않다.

많은 글을 읽는다. 남이 쓴 글의 의미가 조금이나마 이해가 되고 공감이 되면 조심스레 칭찬의 글을 올린다. 그가 읽고 힘이 되는 까닭을 알기에 용기를 낼 뿐이다. 안으로 굵어 바깥을 키우는 것이 우리네 삶이 아니던가. 물이 고여 맑음을 이루고 난 연후에 타인의 갈증을 해소할 수 있다.

아름다운 댓글 달기 운동본부가 생겼다. 도를 넘어선 비방과 인격 모독이 만든 우리의 슬픈 자화상이다. 건전한 토론이 아닌 쌍욕이 난무하는 어지러운 현실의 반영이다. 비판과 비방은 다른 법이다. 틀리고 맞고의 문제가 아닌 다름과 차이의 문제인 것이다. 문명의 발달이 주는 편리를 불신과 모욕을 주는 흉기로 사용하는 어리석음이 두렵다. '악플러'라는 신조어가 생겨날 정도로 남을 헐뜯고 깎아내리는 데 무감각한 시대에 아름다운 댓글은 맑은 유리창 너머로 손을 흔들며 안부를 묻는 정겨운 이웃의 몸짓이다.

댓글의 미학은 속담이나 격언이 주는 맛과 확연히 다르다. 팽팽한 실처럼 늘어져 있는 긴장감을 한순간에 웃음으로 돌려놓을 수 있고, 장구한 논리를 한순간에 뒤집어 놓는 반전도 있다. 아름다운 댓글은 속 깊은 생각이다. 그래서 전체를 이해하고 허점을 발견하는 것은 맥락을 아우르는 식견 없이는 불가능한 것이다.

시댁에 첫인사 온 처자가 치맛단을 내려 무릎을 덮는 조심스러움처럼 댓글은 읽는 재미가 있다. 가벼운 눈인사도 있고, 눈 질끈 감고 건네는 덕담도 있다. 소통과 공감의 세계다. 사람의 만남이 시공간을 넘어서 만날 수 있는 시대에 살고 있다. 근황을 묻지 않아도 글을 통해서 짚어 이해할 수도 있고 생각의 무게도 짐짓 달아볼 수 있는 편리한 시대에 댓글은 현대인만의 또 다른 인사법이 된 것이다. 거기에 아름다움과 멋스러움이 더해진다면 훨씬 더 품격 있는 만남이 되지 않을는지.

강물에 몸을 띄우다

강물에 몸을 맡긴다. 흘러가다 보면 머물 곳이 생기고, 그러다 때가 되면 또 흘러가겠지 하는 생각을 한다. 때를 기다리는 은사도 아니고 불운한 시대에 몸을 낮추고 자학으로 생을 보내는 선비도 아닌 까닭에 가끔은 불현듯 솟구치는 두려움에 잠을 설치며 그저 그런 삶에 대한 피로감을 담담히 견뎌낸다. 저녁 무렵 지인이 만나자고 하면 만나고, 술을 먹자고 하면 대책 없이 마시며 겉으로나마 음풍농월을 즐기며 산다.

요즘은 마이클 샌델의 『정의란 무엇인가』라는 책을 사서 읽는다. 유려한 말솜씨와 고금을 넘나드는 철학적 사유의 대단함을 느끼며 달콤함에 젖는다. 좁은 방에 배 깔고 누워 명강의를 엿보니 임어당林語堂의 '청년의 독서는 문틈으로 달을 보는 것 같고, 중년의 독서는 뜰에서 달을 보는 것과 같다.'라고 한 말이 생각난다. 사십을 넘겼으니 난 분명히 뜰에 나와 달을 보고 있어야 한다. 그러나 문틈으로 달을 보나 뜰앞에 나와 달을 보나 달은 '그러함' 자체이다. 문틈이라고 해서 달이 조금만 보이는 것도 아니고, 뜰 앞이라고 해서 달이 더 크게 보이는 것도 아니다.

'문틈'은 사물이 앞을 가려 생각에 미혹함이 많고 식견이 좁음을 비유하는 말이지만, 진리를 궁구함에 큰 차이는 없을 듯하다. 늙어서 창공 아래 노대露臺에 서서 달을 보는 즐거움은 아직은 모르거니와 때론 옹졸하지만 날카로운 시선으로 자기 세계에 갇혀 세상을 보는 것도 나쁘지는 않겠다는 생각이 든다. 방안과 뜰, 노대의 공간이동이 생각의 진보를 말하는 것은 아니다. 또한, 나이 듦이 사고의 성숙을 가져오지도 않는다. 사물의 궁극적인 이치가 어디 달에만 있고 방안에는 없겠는가? 안을 들여다보면 마음의 우주가 있고 하늘을 올려다보면 물질의 우주가 늘 존재한다. 안과 밖의 구분이 없으니 굳이 바깥으로 나오고 노대에 오르는 수고도 부질없는 짓이다. 보는 눈이 맑지 않은 것은 맑음을 볼 수 있는 마음을 내가 잃었기 때문이다. 그러니 마음을 찾는데 고샅을 돌아다니는 것도 우스운 일이다.

같은 사물을 보고도 달리 생각하는 것이 사람이고 보면 제각각의 장소에서 느끼는 바가 충족되면 그 또한 나쁘지는 않다. 안으로 채워진 충만함이 밖으로 표출되는 것이 정상인데, 가끔은 안을 비우고 바깥 것을 무리하게 집어넣으려 하니 안팎의 조화가 깨져 극심한 혼란을 겪게 된다. 책을 읽는다는 것은 달을 보기 위한 다양한 방법의 하나다. 호수에 떠 있는 달을 볼 수도 있고, 바쁜 삶 가운데 공중에 떠 있는 달을 올려다보며 자신의 삶과 사고를 반추할 수도 있다. 그리고 달을 본다는 것은 이미 내 안에 달이 들어와 있는 것이니 방문을 닫고 가만히 살펴도 볼 수 있다. 세상에는 보름달을 담고 사는 사람이 많다. 나를 낮춰 상대의 속을 들여다본다면 온전한 달을 볼 기회가 많다. 생각에는 끝이 없다. 고귀함과 천함도 생각의 범주를 벗어나지 못한다.

 '정의란 무엇인가'라는 물음에 대해 필자는 답을 말해 주지 않는다. 정의를 토론하고 합의하는 방법론을 가르치고 있다. 서로 대립하는 가치관을 소개하고 이를 진지하게 성찰함으로써 스스로 답을 찾는 과정을 가르친다. 달은 보이는 피사체지만 그것을 진리로 가늠하는 종교인과 달과 지구 사이의 거리와 물리 법칙을 따지는 과학자의 시선이 다를 수밖에 없다. 물속에 비친 달이 아름다워 건지려 하다 빠져 죽었다는 시선詩仙 이태백의 낭만적인 전설과 타향에서 달을 보며 가족의 안부와 그리움에 눈물 적시는 사람의 마음은 다른 것이다. 하물며 좁은 방안에서 오그라진 심사를 부여잡고 사는 내가 보는 달은 또 어떤가?

 손이 자유로우니 쓸데없는 생각이 많아진다. 어린 녀석들 손에 화투패를 쥐여 주고 설거지 내기를 한다. 꼴찌 한 막내 녀석은 설거지하고, 2등 한 큰녀석은 쌀을 일어 밥을 한다. 몸종으로 전락했다는 두 녀석의 따가운 시선을 외면하며 책장을 넘기는 염치없는 아버지로 산다. 밥이 다 되었다는 큰 녀석의 말에 밥상을 차리기 위해 녀석들과 또 화투패를 쥐고 팽팽한 긴장감을 즐기니 또 하루가 간다.

술

 술 마시는 일이 잦다. 몇 년 동안 연락이 닿지 않았던 분이 전화해서 반가움에 술을 마시고, 자주 보던 분인데 한동안 만남이 격조했다고 만나서 또 술을 마신다. 단골로 가는 술집에서 너무 자주 오는 것 아니냐며 뜻하지 않게 손님의 건강을 걱정한다. 생각해보니 참 자주 갔다는 생각이 든다.

 사람을 만나다 보면 당연히 술좌석으로 이어지고 때론 몸을 가누지 못할 만큼 폭음을 하는 경우도 많다. 아침에 일어나 쓰린 속을 달래기보다 퍼즐 맞추듯이 기억의 조각을 맞춰도 찾을 수 없는 파편들로 재구성이 안 될 때는 난감함이 앞선다. 아무리 술에 취해도 상대에게 무례하게 굴거나 소란을 피우는 주사는 없지만, 반가움에 온갖 대화와 서로의 생각을 전했던 좋은 느낌조차 떠오르지 않을 때는 자신에게 무한한 화가 치민다.

 말술을 먹고 일어설만한 주량은 아니더라도 분위기를 맞출 정도의 주량은 갖고 있다. 술좌석에 먼저 일어나 온 적은 없으니 그만하면 대한민국 평균 주량은 된다고 믿고 살았다. 흉금을 터놓을 정도의 친분이 있고, 주고받는 대화가 달고 맛있으면 쉽게 만취하는 버릇이 있다. 일상의 넋두리보다 그간 품고 있던 여러 생각을 나누며 상대의 고매한 생각을 엿볼 수 있는 분위기라면 더더욱 그렇다. 아마도 긴장의 끈을 놓아버려서 그런가 보다.

아무리 술좌석이 길어도 마음을 내려놓을 분위기와 친분이 없으면 크게 취하는 법이 없다. 몸을 못 가누는 사람들 다 택시 태워 보내고 돌아서야 마음이 편하다. 같이 술에 취하면 서로를 탓할 바가 못 된다. 그런데 남보다 내가 먼저 취해 혀가 고부라지고 몸을 못 가누었던 게 아침에 생각이 나면 후회와 화가 치민다. 자제력을 잃어 혹시나 상대에게 실수나 하지 않았나 하는 생각에 뒷맛 또한 개운치 않다. 허물없는 사이야 무슨 그리 큰 흠이 되겠는가마는 조심스러운 자리였다면 나 스스로 용납하지 못할 만큼의 화로 인해 며칠을 괴롭게 보낸다.

술이 좋아 마시는 사람은 많지 않다. 반가운 사람과 만나 흥에 겨워 서로의 마음을 읽는 술잔도 있고, 세파에 찌든 삶이 버거워 위로 삼아 건네는 술잔도 있다. 작은 잔 속에 여러 이유와 사연이 있어 늘 작지만 크게 보이는 것이 술잔이기도 하다. 축배도 되고 위로주도 되는 것이 술잔에 담기는 사연이다. 양날의 검처럼 몸을 해치는 독이 되기도 하고 사람의 관계를 부드럽게 녹여내는 윤활유 역할도 한다. 때론 반가움에 마신 술이 아침에 속 쓰리고 후회로 점철되는 아픔이 되기도 한다.

마음 맞는 사람 만나면 취흥이 즐겁고 그렇지 못한 사람과의 술잔은 날카로운 비수를 숨긴 것처럼 경계를 늦추지 않는다. 최인호의 소설『상도商道』를 보면 '계영배戒盈杯'란 술잔이 나온다. 과음을 경계하기 위해 만든 잔으로, 절주배節酒杯라고도 한다. 잔의 70% 이상 술을 채우면 모두 밑으로 흘러내린다고 한다. 가끔은 그리도 술이 좋으냐는 아내의 핀잔을 듣는 처지고 보면 계영배라도 구매해서 자신을 살펴야 하는 것이 아닌가 하는 생각도 해본다. 인간의 끝없는 욕심을 경계하는 의미지만, 술도 결국 욕심의 발로가 아니겠는가?

　술 권하는 데 인색하지 않은 것이 우리 사회의 관습이다. 술잔을 비우면 남은 것을 냉큼 입으로 쓸어 담는 아들 녀석의 모습도 여느 집에서나 흔히 볼 수 있는 풍경이다. 술을 못 하는 사람과 만나면 긴 시간 대화가 어렵고 밋밋한 맛에 다음을 기약할 맘이 없다.

　천성이 사람과 술을 좋아하니 마실 일은 많다. 입은 조금 열고, 귀는 활짝 열어 상대의 마음을 담고 술은 적게 마셔야겠다. 사람을 좇다 보니 술이 따라오는 법이다. 좋은 벗과 꽃나무 그늘에서 봄볕을 희롱하며 한세월 나는 것도 그리 나쁘지는 않다. 다정多情도 병이라 꼭 탓할 만한 일도 아니지만, 마음을 잘 살펴 놓을 자리를 삼갈 뿐이다.

고대인과 현대인, 그 사이에 해가 뜬다

자꾸 다가온다. 산산조각으로 부서지기 위해. 하얗게 부서져 거품으로 사라진 파도가 일정한 시간이 되면 속을 게워내듯 머리를 쳐들고 또 그렇게 방파제에 부딪혀 머리를 깬다. 깨진 파도의 머리는 솟구쳐 오르며 하얀 속살을 드러낸다.

여명의 시간. 담요로 온몸을 감고 저 바다의 끝을 본다. 차 안에서 몸을 녹이며 새해의 장엄한 일출을 보기 위해 추운 밤 몸을 떨었을 각지의 사람이 몰려 해변에 선다. 출항하는 배가 물결 속에 잠겼다 다시 나오기를 반복하는 것을 보고 일렁이는 파고의 높이를 짐작한다. 입속에서 터져 나오는 한기가 김이 되어 사라진다.

구름을 붉게 태우고 쇳물이 쏟아져 나오듯 둥그런 해가 수평선을 박차고 나온다. 마음에 사진을 찍는다. 태양의 끄트머리가 바다를 빨갛게 적시며 마지막 뒷심으로 일어선다. 수만의 인파가 환호하며 기다림의 절정을 넘어선다. 간밤의 추위로 얼었던 몸이 기지개를 켜고 마음이 녹는다. 그러나 해풍의 날카로움은 여전하다. 짧은 기도를 한다. 가족들의 건강과 평화를 그리고 고마운 분들을 떠올리며 한 해의 행복을 기원한다.

원초적인 제의가 이루어진다. 모닥불 피워놓고 원을 그리며 부족의 안녕을 기원하는 원시의 피가 현대인의 몸속에도 흐른다. 저 태양은 인간의 문명이 출현한 이후부터 지금까지 사람의 소망과 발원을 먹고 자란 붉은 핏덩이다. 사냥으로 얻은 멧돼지의 선지피를 땅에 적시며 조상에게 감사하고, 어린 소녀의 심장을 꺼내 피라미드 제단에 올려놓고 민족의 평화를 갈망한 고대 문명의 그림자가 오늘 태양 사이로 얼핏 보인다.

속초시에서 준비한 행사가 시작된다. 폭죽이 바다 위에서 춤을 추고 둥둥 치는 북의 울림은 심장의 박동을 빠르게 한다. 그것은 신명의 노래다. 염원의 노래다. 희망의 노래다. 태양이 우리의 삶을 주관하고 길흉화복의 근원이라 믿었던 원시의 믿음이 되살아나고 있다.

두 손을 모으고 태양을 향에 합장하는 노파의 믿음을 먹고, 자식과 남편의 건강과 행복을 비는 아낙의 소망을 받고, 태양을 배경 삼아 영원한 사랑의 맹세를 사진에 담는 연인들의 미소를 격려하듯 태양이 떠오른다. 삼족오三足烏가 산다는 영원의 집이 동영상으로 찍히는 현실과 고대의 시간이 교차한다.

아침에 뜨고 저녁에 지는 태양이 지구의 자전 때문이라는 것을 모르는 사람은 없다. 그러나 여기 모인 수많은 인파의 긴절한 소망은 원시의 믿음을 산

직한 구석기인의 몸짓이다. 토굴과 움집에서 동물의 살을 발라 먹고 뼈를 장신구로 몸에 감던 조상의 모습이 되어 있다. 숱한 사연과 소망이 공간에 뿌려져 밝게 비추는 태양 빛 사이로 사라진다. 눅눅한 모래를 밟고 지나가는 어지러운 발자국들, 그들이 꿈꾸는 바람이 파도에 씻겨 사라지는 한때의 허망함이 되질 않게 나지막이 빌어본다.

핏줄 선 눈을 치켜뜨며 이글거리는 태양의 제단에 신명을 다하던 춤판은 어느덧 한 뼘을 자란 태양을 뒤로하고 각자의 길로 떠난다. 신화의 원형이 사라진 해변에 황량한 바람은 그대로이고 일렁이는 파도도 그대로이다. 꿈결같이 보낸 짧은 시간, 돌아가는 사람들 가슴마다 붉은 태양 하나씩 지워지지 않는 문신으로 물들여 일 년이 행복하다면 좋은 날이다.

떠오르는 태양을 바라보며 소망을 한가득 담고 일어서는 사람들을 본다. 그리고 빌어본다. 남의 것을 억지로 가져와 내 부를 일구게 하지 마시고, 남을 짓밟아 내 몸을 높이 세우는 어리석음을 경계하시고, 욕심이 눈과 귀를 가려 내 안을 채움에 소홀히 하는 게으름을 버리게 하소서. 사람이 중심이며 사랑이 근본이며 타인이 있어 내가 존재한다는 극명한 진실 앞에 부끄러움을 놓는 하루가 일 년이 되게 하소서.

보았는가, 저들의 무지를

아파트 주변의 경관을 그려놓은 아름다운 그림을 본다. 화보처럼 예쁜 화단과 잘 가꾸어진 조경 속의 나무숲, 그리고 주변을 산책하는 부부의 모습이 있다. 분수에 손을 담그는 아이의 미소엔 밝은 햇살이 보인다. 그림 속의 아파트에 살면 행복할 것 같은 마음도 든다. 우리는 그림 속의 아파트가 평당 천만 원을 훌쩍 넘는 고가의 집이라는 사실을 안다.

공원을 산책하다 보면 백발이 성성한 노부부가 두 손을 잡고 걸어가는 모습을 보며 '나도 나이 들면 저렇게 살아야지' 하며 미래의 부부상을 꿈꾸기도 한다. 그러나 우리가 모르는 게 있다. 인생에 있어서 완숙미를 풍기는 노부부의 모습은 다투고, 의심하고, 서로를 깎아 빈 곳을 채워 현재에 이르렀다는 사실이다. 그저 아름답고 정돈된 모습이 전부라는 생각에 변화가 필요하다.

요즘 카탈로그에 나오는 풍경을 만들겠다고 야단이다. 철마다 꽃이 피었다 지고, 비단잉어가 노니는 정원을 만들고, 옆길은 자전거 도로를 만들어 국민에게 행복을 만들어 주겠다고 열심히 공사하고 있다. 계절이 바뀌면 우린 산과 들로 나간다. 인공적으로 잘 가꾸어진 화단보다는 듬성듬성 자리 잡고 핀 진달래가 아름답고, 한파를 이겨낸 냉이와 달래의 생명을 보기 위해 그곳을 찾는다. 집 앞에 놓인 조경을 자연이라 보지 않는다.

굽이굽이 감돌다 고이고, 다시 흐르는 강줄기와 백사장을 보고 성긴 듯 무리 진 수풀을 보기 위해 물가를 찾는다. 자연은 시간의 역사다. 시간이 빚고 다듬어 조악해 보이지만, 그곳엔 생명이 살아 있다. 단양의 쑥부쟁이는 그곳에 살기 위해 긴 시간을 싸워 그들만의 터전을 마련하고 정착한 것이다. 옮겨서 심어놓는다면 문제가 없다는 사고에 실소를 금할 수가 없다.

노부부의 다정한 모습은 삶의 긴 여정이다. 시간을 박제시켜 누구나 그렇게 살 수 있다고 부추기면 안 된다. 그들이 겪어야 했던 위기와 고민을 극복한 과정이 우리에겐 더 필요하다. 강물이 썩으면 살려야 한다. 맑은 물을 흐르게 한다는데 반대할 사람은 없을 것이다. 그러나 강바닥을 파내고 시멘트로 보를 만들고, 강변을 아파트 화단 만들 듯한다는 발상은 동의할 수 없다. 물이 왜 오염이 되었을까? 우리가 그렇게 만들지 않았을까? 가축의 분뇨가 흘러들고 공장의 폐수가 정화되지 않고 흘러 그렇게 됐다. 우리가 먹을 가축이었고, 우리의 편의를 위한 공장이었다. 그래도 나름의 자정작용을 하며 숨을 헐떡이듯 살아온 자연을 바닥을 긁고 썩은 흙을 퍼내어 농가의 객토를 쓰려고 한다면 그곳에서 자라는 곡식은 안심할 수 있을까?

최대한 자연 그대로를 유지하며 강으로 유입되는 오염원을 줄이고 홍수로 인한 범람을 막기 위한 최소한의 조치만 하면 된다. 치수라는 사고에서 접근해서는 안 된다. 물길은 정치 논리로 보면 안 된다. 문명이 발달하지 못한 조상이 가뭄과 홍수의 피해를 줄이기 위해 생각해 낸 관념이 오늘날 그대로 적용돼서는 안 된다. 물길을 다스린다는 발상은 자연의 역사와 어긋나는 것이다.

　수초를 집으로 삼아 모여든 물고기와 그를 먹기 위해 찾아드는 새들의 삶을 우리는 지켜 주어야 한다. 의식의 성숙이란 물질문명이 이룬 편리를 추구하는 것이 아니라 자연의 삶을 존중해주고 그들 속에 내가 있음을 깨닫는 과정이다. 그것이 선진국을 지향하는 국민의 마땅한 도리다. 독일이 부러운 것은 일 인당 개인소득이 높은 것이 아니라 숲으로 둘러싸인 도시와 철저하게 지킨 개발제한구역이다. 현재의 선진국은 조경으로 만든 인공 숲이 아니라 자연 그대를 두고 보며 가꾸는 아름다운 마음씨다. 청계천을 복원한 것이 잘한 것이 아니라 개천을 덮어 도로를 만든 우리의 무지가 더 부끄럽다는 것이다.

　자연에는 경계가 없다. 빛 한 줄기, 바람 한 점 허허롭게 지나가는 곳이다. 울타리와 높다란 벽이 없어 아름다운 것 또한 산과 들이다. 나름의 이유와 생존을 위한 치열함이 무심한 논두렁에도 살아 있음을 알아야 한다. 고층 건물은 인간의 욕심만큼 높아져 간다. 자연을 옮겨 놓은 화단에 깊은 생명의 흐름은 없다. 땅값을 높이려는 무한한 욕심만이 자리 잡고 있다. 우리의 강줄기가 그렇게 되어서는 안 된다. 벌겋게 속살을 드러내고도 감출 줄 모르는 자연 앞에 얼굴이 부끄럽게 달아오른다.

새벽으로 치닫는 시간, 거친 기계음에 달아나는 새와 물고기 작은 곤충들의 가엾은 모습에 잠이 오질 않는다. 우리가 멈추게 해야 한다. 우린 그들의 터전을 빼앗을 권리가 없다. 이제 자연 앞에 우린 부끄러워해야 한다. 오랜 세월 무던히도 참아온 자연 앞에 참회해야 한다. 인간의 몸을 갖고 사는 것이 몹시 부끄러운 날이다.

나비야, 나비야

맑은 가을날, 인적 없는 산속에 호젓한 오솔길이 눈에 들어온다. 풀 섶에 바스락거리는 소리에 놀라 고개 돌리면 어김없이 다람쥐 한 마리 제 몫 챙기느라 바쁜 몸짓이다. 나무 밑동 흔들며 욕심 채우는 사람들 모습에 조금은 다람쥐한테 미안한 생각이 든다. '들판 곡식이 흉년이 들면 도토리는 풍년'이라는 말이 있다. 묵을 만들어 임금님 수라상에도 올려서 상수리나무라는 말이 붙었다는 말도 있다. 배고픔에 묵을 쑤던 과거와는 달리 열량이 적어 건강에 이롭다는 생각에 너도나도 주워 간다. 별미가 된 것이다.

저만치 무언가가 움직이고 있다. 자세히 보니 고양이 한 마리가 나를 피해 달아나다 멈춰서 빤히 쳐다본다. 걸음 멈추고 눈을 맞춰 나비야! 나비야! 불러본다. 예민한 감각이 드러난다. 휙 돌아서 내달다가 다시 멈추고 돌아본다. 잘 안다. 그것이 고양이의 습성이라는 것을.

사람의 기억 중에서 첫정만큼 오래 기억되는 깃이 있을까? 어린 시절 옆집

살던 친구 할머니가 새끼 고양이 한 마리를 주셨다. 지금에야 애완용으로 키우곤 하지만 그때는 어디 가나 쥐가 많았다. 고양이는 곡식 낟알을 지키는 일꾼으로 취급되던 때였다. 젖을 뗀 지 얼마 되지 않은 짙은 회색빛의 작은 고양이다. 겁이 많던 나는 고양이의 물렁거리는 촉감이 싫어 만지기조차 두려워했다. 아기처럼 징징거리며 어미를 찾는 외침이 안타까웠지만, 선뜻 정을 줄 수 없었다.

언젠가 보니 옆집의 어미가 와서 목덜미를 물고 담을 넘어가고 있었다. 극진한 모정이다. 다시 데려오면 또 데려가서 젖을 먹인다. 그러다 새끼 몸집이 커져 그것도 힘이 드니 이젠 주기적으로 찾아와 젖을 물린다. 가족들도 밥만 챙겨 줄 뿐 애정을 주진 않는다. 가끔 쓰다듬어주고 무릎에 앉고 보니 좋았다. 까칠까칠한 혓바닥으로 손등을 핥아 주는 느낌도 싫진 않았다. 그렇게 점점 그 녀석과 친구가 되어 갔다.

식사 때는 밥상 밑에서 앵앵거리는 녀석을 위해 어른들 몰래 반찬을 던져 주고, 잠잘 때는 항상 내 팔을 베고 재웠다. 고양이의 특성은 유독 따뜻한 곳을 좋아한다. 자리를 잡아도 온기가 있는 아랫목이나 부엌의 아궁이 옆을 좋아한다. 나와 잘 때는 옆구리 밑이나 사타구니 밑에서 잠자기를 좋아한다. 어떨 때는 내 아랫배에 자리를 잡고 잠을 잔다. 이 녀석은 기분이 좋으면 꾸르륵거리는 소리를 배에서 낸다. 호기심이 유독 많아 뜨개질하는 어머니의 실타래가 움직이면 몸을 움츠리고 있다가 달려와 물고 뒹군다. 그래서 혼도 많이 났지만.

학교 갔다 돌아와서 '나비야!' 하고 부르면 냉큼 달려와 발목에 얼굴을 비비며 반가움을 표한다. 옛날 집이 다 그렇듯 방문의 아귀가 맞지 않아 이 녀석이 저녁만 되면 발톱으로 문을 열고 들어온다. 할머니와 동생, 누나가 한방을 썼던 때라 다들 고양이가 들어오면 기겁했다. 몰래 들어온 녀석은 항상 내 얼굴을 핥고 내 옆에서 잠을 청했다. 아침에 일찍 일어난 누나는 옆에 있는 이 녀석을 보고 자지러지게 놀라 소리를 지르곤 했다.

그 녀석에 대한 나의 사랑은 깊었다. 술 드시고 역정 내시는 아버지 모습이 싫어 혼자 방에 앉아 눈물 흘릴 때도 이 녀석은 항상 내 옆에 있었다. 어느 순간에 난 이 녀석이 내 말을 알아듣는다고 생각했다. 참 많은 말을 했다. 초등학교 5학년. 첫사랑 얘기도 했고 속상하고 힘든 것도 다 말했다. 이 녀석은 내가 뭐라고 말을 하면 마치 응대를 하듯 저도 뭐라고 얘기를 한다.

밤늦게 심부름으로 조금 멀리 떨어진 가게를 가다 보면 논두렁 사이로 이 놈이 쫓아오는 것이다. 고양이는 개와 달라 사람과 함께 길을 걷지 않는다. 나와 거리를 두고 계속 쫓아오는 것이다. 한번은 자고 일어나 머리맡을 보니 쥐를 잡아다 놓았다. 난 알고 있었다. 이 녀석이 자랑하려고 했다는 것을. 꽃뱀의 허리를 끊어 물고 온 적도 있었다.

소죽을 끓이려고 아궁이에 불 때고 있으면 어김없이 달려와 내 무릎에 앉아 꾸벅꾸벅 존다. 좁은 집에 손님이 오거나 명절이 되면 이 녀석과 난 이별의 고통을 맛봐야 했다. 고양이가 밤중에 몰래 들어와 옆에 자고 있는 걸 보면 손님이 기겁을 한다. 이땐 냉정하게 혼을 내어 쫓아내야만 했다. 그것이 미안해

붙잡고 사정 얘기도 많이 했었는데. 고양이는 깔끔한 동물이다. 발에 침을 묻혀 세수도 하고 대소변도 사람이 보지 않는 곳에 가서 보고 꼭 흙으로 묻고 온다. 쥐를 잡아 오는 것만 빼면 우린 좋은 친구였다.

시간이 지나자 밤마실 가는 시간이 점점 길어진다. 몸집도 커졌고 친구도 생긴 것 같다. 집마다 고양이 한 마리는 다 키우고 있었다. 거기다가 도둑고양이도 많았다. 밤마다 영역 다툼하는 고양이의 앙칼진 소리가 깊은 어둠을 가르곤 했다. 언젠가 울음소리가 예전과 달라졌다. 할머니는 이놈이 발정이 나서 그렇다고 일러 주셨다. 그래도 잠을 잘 때는 어김없이 내 옆을 지켰다.

어느 날 이 녀석이 돌아오지 않았다. 며칠 밤을 기다렸지만 돌아오지 않았다. 내가 속상해하는 모습에 가족들도 다들 걱정하는 눈치였다. 유독 나를 잘 따르고 내가 그 녀석과 특별한 관계인 것을 안 가족들이 고양이 울음만 들려오면 나비야! 나비야! 부르며 찾았다. 밤마다 동네 고샅을 누비며 애타게 찾아다녔다. 보름이 넘어가자 다들 한 소리씩 하신다.
"괘씸한 놈, 그렇게 정을 주고 했는데 매정하게 집을 나가다니."
그러면서 다른 고양이 얻어 올 테니 걱정하지 말라며 나를 위로한다.

준 정이 너무 많아 다른 고양이를 키운다는 생각은 하지 않았다. 한 번만이라도 봤으면 좋겠다는 생각에 마음에 상처를 많이 받았다. 집 나간 고양이가 다시 돌아오는 경우는 많지 않다고, 마침내 도둑고양이가 되거나 쥐약 먹은 쥐를 먹어 산에서 죽는 경우가 많다며 체념하라고 타이른다. 다시 못 본다는 생각과 함께했던 많은 추억이 떠올라 어린 맘에 이별의 고통은 컸다.

어느덧 한 달이 가까워져 올 무렵 이부자리를 펴고 누웠는데 조용히 방문을 열고 그 녀석이 들어오고 있었다. 누워있는 내 얼굴을 비비며 한참을 울어대고 있었다. 얼굴을 핥고 또 핥고 마치 미안함을 표현하듯 오랜 시간을 그러고 있었다. 방 안에 불이 켜지고 사랑방에서 주무시던 아버지, 어머니도 다 건너오셨다. 다들 반가워하며 한 달 만에 돌아온 놈을 기특하게 여겼다. 그 후로 내 곁을 떠나지 않고 늘 붙어 다녔다. 학교 갔다 돌아올 때면 양지바른 볏짚에서 자고 있다가 달려와 내 어깨에 올라가 내려올 생각을 하지 않는다.

달라진 것이 있다면 잠이 많아지고 몸이 둔해졌다. 임신한 것이다. 어머니 몰래 멸치를 한 줌 꺼내 녀석 밥 위에 올려준다. 방에 들어와 아랫목에 배 깔고 누워 있는 녀석한테 평소에 까칠하게 대하던 누나도 눈감아 준다. 생명을 품고 사는 녀석에 대한 가족의 배려다. 어머니께서 건넌방에 푸근한 담요를 깔아 놓고 그곳에서 출산하라고 데려다 놓는다. 사람 눈을 피해 산이나 들에 가서 낳을까 염려를 했다.

얼마 지나지 않아 새끼를 낳았다. 다들 웃고 말았다. 불룩한 배를 보면 서너 마리는 낳을 줄 알았는데 겨우 암놈 한 마리만 낳은 것이다. 보통 고양이는 서너 마리에서 많게는 대여섯 마리까지 새끼를 낳는다. 눈도 못 뜨는 새끼를 핥아 주고 있었다. 조용히 다가가 새끼를 만져보았다. 순순히 허락한다.

푸근한 봄날 녀석 뒤를 새끼가 종종거리며 쫓아다닌다. 어미 꼬리 가지고 장난치는 놈을 저도 대견한 듯 바라본다. 장난삼아 새끼를 마당에 갖다 놓으면 날 보고 애처롭게 운다. 다시 갖다 놓으라고. 못 들은 체하면 조바심을 내

다가 그 옛날 이 녀석의 어미가 그랬듯 목덜미를 물고 옮기려다 떨어뜨리기를 반복한다. 내가 들어다가 도로 집안에 넣으면 빤히 쳐다본다. 그랬다. 우린 서로의 맘을 알고 있었다. 유독 감상적인 성격을 가진 난 이렇게 말 못하지만 맘이 통하는 좋은 친구를 두고 있었다.

그렇게 태어난 첫배 새끼가 다 자라 아리따운 처녀가 되어갈 무렵, 이 녀석이 또 임신했다. 요번엔 집을 나가진 않았지만, 밤마다 잘생긴 도둑고양이하고 어울리는 것을 몇 번 보았다. 임신하고 나자 첫 새끼는 곁에 얼씬도 하지 못하게 한다. 정을 떼려 한다는 것을 안다. 눈만 마주쳐도 허리를 활처럼 휘며 꼬리털을 바싹 세운다. 고양이를 오래 키우다 보니 누구 못지않게 그들의 습성을 잘 알게 됐다. 화났을 때, 배고플 때, 기쁠 때, 경계할 때의 표정들이 각각 다르다. 배를 만져주고 목 밑을 긁어주면 좋아한다. 가끔 발톱을 세우고 이빨로 손을 물지만 절대 좋아하는 사람에게 상처를 입히지 않는다.

이 무렵 첫배 새끼도 임신을 했다. 이제 이 녀석은 할머니가 되는 것이다. 녀석은 이번에는 세 마리를 낳았다. 젖을 먹기 위해 파고드는 놈들이 귀찮은지 때론 매정하게 떼 놓고 외출하는 모습도 종종 봤다. 얼마 후 첫배 새끼도 출산을 했다. 제 어미가 그랬던 것처럼 이놈도 달랑 한 마리를 낳았다. 마당에 어린 새끼들이 뛰어노는 모습이 재밌다. 하늘거리는 강아지풀을 보고 사냥하듯 달려들고 저희끼리 물고 싸우며 잘 큰다. 밖에서 친구들과 놀고 있는데 동생이 다급하게 부른다.
"오빠, 빨리 와봐! 고양이가 이상해!"
급히 달려가 보니 사랑방 뜰에서 고통스러운지 누워서 뱅글뱅글 돌고 있었다. 울부짖는 소리도 보아 여간 괴로워하는 것이 아니다.

쥐약 먹은 쥐를 먹은 것이다. 속이 타들어 가는 고통에 바닥을 뒹굴며 참아내고 있었다. 당황스럽다. 어떻게 할 수 있는 방법이 없었다. 선뜻 손을 내밀기도 무서웠다. 발만 동동 구르다 용기를 내어 덥석 안았다. 이대로 보낼 수는 없었다. 뜻밖에 그렇게 몸부림치던 녀석이 안자마자 조용해졌다. 숨을 거둔 것이다. 그렇게 내 품에서…….

그리고 눈을 감겼다. 내 첫정을 준 그 녀석이 이렇게 내 곁을 떠났다. 함께 했던 긴 시간이 어떻게 치유될까? 쇠꼴을 베어 담아오던 광주리에 녀석을 눕히고 뒷동산에 올랐다. 이리저리 살피다 커다란 참나무 옆 볕 잘 드는 곳을 골라 땅을 파고 녀석을 눕혔다. 울음을 참아내며 누군가 준 도금된 흰 십자가를 녀석의 목에 걸고 조용히 흙을 채웠다. 큰 아픔이었다.

오솔길에서 빤히 날 쳐다보고 조심스럽게 몸을 돌려 산을 향하는 낯선 조우가 사십 넘은 사내의 첫사랑을 끄집어 올린다. 인생이 힘들다고 숨을 헐떡이며 산다. 여린 맘은 무뎌져 더 이상의 순수함이 배어나지 않을 것처럼 굳어버린 줄 알았는데 투명하며 날카로워 보이는 녀석의 눈빛이 굳은살 속에 감춰진 유년의 순수를 살포시 뽑아 올린다. 잊고 산 지 오래되었다. 웬만한 일로 감동하고 눈물 흘리는 데 주저하는 나이가 되었다. 나도 한때 가슴 저린 사랑을 했나 하는 생각에 눈을 돌려 녀석의 뒤를 쫓아보지만 저만치 시선을 비껴간다.

그리고 불러 본다.

"나비야! 나비야!"

회색빛 짙은 고양이는 정말 나비가 되어 내 어깨에 앉아 방까지 들어온다.

"나비야! 어디 있었니?"

화분을 옮기며

 여동생이 마흔둘에 늦둥이 딸을 낳았다. 아기 울음소리 들어본 지 오래되어 집안 전체가 술렁인다. 그런데 뽀얗게 새살이 돋아 통통한 고 녀석을 보기 위해 줄을 서야 할 판이다. 고등학생 오빠가 손에서 제 동생을 놓지 않는 까닭이다. 아기를 중심으로 일상이 돌아간다. 집안의 꽃이 아기라는 말이 맞는가 보다. 그러다가 무심코 베란다를 보았다. 화분이 베란다 끝에 정돈되어 있어 안에서 보니 화단처럼 보였다. 짧은 순간이었다.
 '왜 이 생각을 못 했을까?'
 우리 집에도 전 주인이 두고 간 화분이 30여 개나 된다. 물을 주고 때론 맘에 드는 작은 화분을 몇 개 보태 이리저리 움직이며 자리를 갖춰가는 재미가 쏠쏠했다. 화분 크기 순서대로 배열해 햇볕을 잘 받도록 해 놓고, 물을 주고 나서도 위치를 기억해 제자리에 놓곤 하였다. 그런데 그것은 밖에서 안을 본다는 관점에서 혹은 햇볕에 잘 노출되도록 하는 데 초점이 맞춰 있었다. 그런데 여동생 집의 화분은 밖이 아닌 안에서 사람들이 잘 볼 수 있도록 정돈되어 있었다.

별것도 아닌 일일 수도 있지만 '그걸 왜 몰랐을까?' 하는 탄식이 나왔다. 집에 와서 화분을 옮겨 거실에서 잘 볼 수 있는 위치로 옮겼다. 끙끙거리며 화분을 옮기는 모습을 보며 아내는 그냥 두어도 잘 보이는데 왜 사서 고생을 하느냐며 대수롭지 않은 반응이다. 아들 두 녀석도 그걸 왜 그렇게 옮겨 놓느냐며 아빠의 행동을 이상하게 생각한다. 한참을 걸려 거실에서 잘 보일 수 있도록 화분을 정리했다.

아내와 아들들 생각처럼 오지랖 넓게 일을 만드는 내 행동이 이해할 수 없을지도 모른다. 그런데 가만히 생각해보면 이것은 관점의 변화를 나타내는 중요한 깨달음이었다. 꽃과 나무가 보기 좋아 틈틈이 사다 놓은 화분은 늘 베란다 밖을 보게 배치해 놨다. 그러니 거실에서 보는 나무와 꽃의 모습은 늘 뒷모습뿐이었다. 완상玩賞의 재미를 놓치고 살았다. 저녁상을 물리고 거실에 앉아 베란다를 보니 화분이 거실 쪽을 보고 있어 아늑한 기분마저 든다. 자랑 삼아 일상에서의 관점과 생각의 변화가 중요한지를 일장 연설하지만 나를 제외한 가족의 반응은 여전히 시큰둥할 뿐이다.

가끔 남의 집에 갈 일이 있다. 거실에 앉아 차를 마시며 베란다를 보면 화분에 잘 가꾼 식물이 보인다. 주인의 손놀림과 섬세함을 가늠하기에 충분하다. 본다는 것 이상의 의미를 식물을 가꿀 때 느낀다. 바쁘다는 핑계로 물 안 주고 며칠 건너뛰면 풀죽은 아이처럼 무언의 항의를 한다. 급한 대로 분무기의 물이라도 뿌려 주면 언제 그랬냐는 듯 빳빳이 잎을 쳐들고 싱글벙글한다.

사랑과 정성을 쏟는 만큼 그들도 내게 주는 것이 많다. 그러나 생각해보면 물을 주고 햇볕이 잘 들도록 화분을 옮겨 주고, 때에 따라선 분갈이도 해주는 마음이 있으므로 식물의 작은 변화도 눈치챌 수 있다. 실상은 다 내 마음에 이미 있었던 것을 새삼 확인하는 사실에 지나지 않는다. 감동은 감동할 준비가 되어 있는 사람에게 온다. 아무튼 거실에서 잘 보이도록 화분을 정리해 놓고 베란다를 바라보는 재미가 쏠쏠한 것은 사실이다.

그렇게 보면 놓치고 사는 것이 많은 게 우리 삶인지도 모른다. 소파에 앉아 옷 갈아입는 아들 녀석을 보며 언제 저렇게 키가 컸지 하며 느낄 때도 있고, 밥상을 들고 일어서는 아내의 머리 위에 흘깃흘깃 보이는 흰 머리카락에 깜짝 놀랄 때도 있다. 문틈으로 스미는 찬바람에 얇은 홑이불을 덮으며 살갗을 파고드는 까칠함이 싫지 않아 가을 문턱을 넘었음을 실감하기도 한다. 이처럼 소소한 일상의 삶에서 챙겨야 하는 작은 행복을 놓치고 살 때가 많다. 그래서 '생각만큼 보인다'고 하지 않았던가? 대개 사람과의 상처와 다툼은 무심함에서 기인한다. 무관심처럼 냉랭한 게 없다. 애정은 관심에서 난다. 애정의 눈으로 보면 상대의 작은 행동에서도 살가움을 발견할 수 있다. 행복이라는 것이 그런 것이 아닐까? 일상에서 찾고 발견한 것들이 두 눈 도드라지게 새삼스럽게 보일 때 마음에 박히는 뭉클함.

화분을 옮기는 것은 결국 마음을 움직이는 것이요, 생각과 관점을 살짝 비틀어 신선함을 얻는 것이다. 망중한忙中閑처럼 바쁜 중에도 심호흡 한 번으로 휴식을 얻는 것, 그것이 행복을 찾는 한 방법이 아닐는지.

바른생활 다시 보기

　세상의 명리名利를 쫓아 사는 어른의 가슴 한구석에도 유년의 동화 같은 아름다운 꿈이 있다. 고양이 한 마리 키우며 온갖 정을 쏟고, 쳐다만 보아도 좋은 풋사랑 품고 세상을 보던 그때가 분명히 있었다. 때와 먼지가 쌓인 중년의 삶 속에서 지나온 길과 가야 할 길의 무게를 가늠하며 자신을 돌아본다.

　남의 눈치를 보며 말을 가리고 때론 진심을 교묘히 속일 줄 아는 능숙함이 몸에 배었다. 나이가 든다는 것은 솔직함을 잃어버리는 것이다. 자신이 힘들 것 같아 뱉어내지 못한 말을 삼켜 삭히는 것이 어른이 된다는 것이다. 염치와 절제, 그리고 예의를 말하고 가르치지만 솔직함이 주는 청량감과는 거리가 멀어지고 있다.

　세상을 살아가는 데 필요한 도덕의식은 일곱 살 유치원생이면 다 배웠다고 해도 과언이 아니다. 인사하는 법, 교통질서 지키는 법, 친구 괴롭히지 않는 것, 부모님 말씀 잘 듣는 것. 어른께 공손히 대하는 법, 어른이 된다는 것은 무언가를 배우는 것이 아니라 어렸을 적 배운 사람의 도리를 실천하는 것이다. 입으로만 알고 몸에선 지워버린 그 기억을 되살리는 것이 어른의 삶이다. 고맙습니다, 감사합니다, 미안합니다, 라는 말이 자존심과 인격에 상처를 주는 말이 되어 버린 지 오래되었다. 어려운 책도 읽고 다양한 지식이 머리를 채우지만, 사람이 사람답게 살 수 있는 고귀한 인사말을 우린 잃어가고 있다.

상대방을 쳐다보면 째려본다고 오해를 하고, 작은 규칙을 지키면 웃음거리가 되어 버린 세상, 고마워할 일도 미안할 일도 없는 세상이 되었다. 돈과 권력만 있으면 사소한 다툼은 법을 빌려 해결하고, 대단한 지식과 학벌은 자신의 행동을 합리화하는 데 이용하면 된다. 쇠털같이 많은 법을 만들어 인간의 행동을 규제해도 감옥의 죄인은 줄지 않는다. 법이 무죄판결을 내렸다고 해서, 갇혀 옥고를 치렀다고 죗값이 없어지는 게 아니다. 그리고 다른 사람이 모른다고 해서 자신이 지은 죄가 없어지는 것도 아니다. 깃털처럼 가벼운 것이라도 양심의 거울에 묻은 때에 대해 몸서리치며 냉혹한 반성과 참회를 할 줄 아는 사람이 많아야 한다. 어른이 된다는 것, 어찌 보면 밥상머리에서 어머니 치맛자락 잡고 듣던 그분들의 말씀을 되새기며 사는 것이 아닐까?

많이 배운 사람이 더 도덕적이고 청렴해야 옳은 것이 아닌가? 그래야 배우지 못한 사람의 잘못을 무지라는 핑계로 관용을 베풀 수 있지 않을까? 〈도덕〉을 〈국민윤리〉로 제목을 바꿔 철학자의 사상을 이해한다고 해서 사람 사이의 관계가 달라지고 작은 실천이 몸에 배는 것은 아니다. 떨어진 휴지를 줍고, 어른을 만났을 땐 최소한 담배를 뒤로 감출 줄 아는 태도가 사람의 관계를 편하게 하는 것이다. 지식이 행동을 정당회시기지는 않는다. 그것 또한 교묘한 자기 논리일 뿐이다. "잘못했습니다"라고 부모 앞에서 고개 떨어뜨리는 꼬마의 순수함이 지식으로 포장된 화려한 논리보다 낫다.

영국의 시인 윌리엄 워즈워스는 「무지개」라는 시에서 '어린이는 어른의 아버지'라고 말한다. 김현승 시인은 「아버지」라는 시에서 '바깥에서 손에 묻힌 핏물을 집에 돌아와 아이들의 얼굴에서 씻김을 받는다'라고 말한다. 잃어버리고, 잊어버린 그 무언가가 어린이들의 얼굴에 있다. 영악하다는 말을 듣는 어린이의 말과 행동에는 어른들의 숨기고 싶은 진실이 있는 그대로 표현되어 당황하는 어른들의 거울이다. 있는 그대로 흉내 내는 아이의 잘못이 아니라 그렇게 비친 어른의 잘못을 깨닫지 못한다. 학교폭력의 원인은 짓밟고 올라서기만 하면 과정은 개의치 않는 우리 사회의 자화상에 있다. 따돌림을 당해도 내 아이가 아니면 되고, 그럴 만한 이유가 있겠지 하며 가볍게 덮어버리는 모습은 어른들이 만든 이기적인 세상의 단면이다. 욕설이 난무하는 교실은 순화되지 못한 감정을 쏟아냈던 어른들의 가르침 덕분이다.

앙증맞은 원복 맞춰 입고 '참새 짹짹' 하며 맞춰 걷는 병아리 떼의 모습과 건널목에서 손을 귀밑까지 올리고 좌우를 살피는 녀석들의 모습에서 우리는 아이들이 가르치는 도덕의 삶을 다시 배워야 한다.

억울하지 않은 죽음은 없다

세상에 억울하지 않은 죽음은 없다. 청사靑史에 이름을 올려 영원한 명예를 얻는다고 해도 남은 가족에게는 죽음은 그저 슬픔으로 기억될 뿐이다. 어찌 보면 그 슬픔은 철저히 산 자의 몫일 수밖에 없다. 아내의 죽음에 항아리를 끼고 앉아 노래를 부른 장자莊子의 슬픔이나, 빼앗긴 새끼를 쫓아가다 창자가 갈가리 찢겨 애간장이 녹은 원숭이 어미의 슬픔도 다 한가지다. 하나님의 부름을 받고 떠났다는 소천召天이나, 죽음 자체를 슬퍼하지 않으며 깨달음의 완성으로 죽음을 고찰하는 불가의 원적圓寂도 떠난 자의 홀가분함보다 남은 자의 슬픔이 큰 법이다. 자궁을 빠져나와 울음으로 일성을 고하는 갓난아기의 몸짓과 발 동동 구르며 애달파하는 유족을 뒤로하고 홀연히 떠나는 범부凡夫의 삶도 눈물로 짓는 삶이다.

외사촌 결혼식에서 애달픈 죽음을 들었다. 이종사촌형이 유명을 달리했다는 것이다. 교사를 그만두고 10여 년 넘는 세월을 사법고시에 매달려 마흔의 나이에 힙격해 늦은 결혼을 했다. 미술을 전공했다는 신부의 모습을 본 것이 얼마 되지 않았다. 청주에서 변호사로 개업해서 사무실도 크게 확장한다는 소식을 들었다. 그런데 얼마 전 등산을 다녀온 후 쓰러져 다음 날 병원에서 생을 마감했다는 이야기도 놀랍지만, 그전에 이혼했다는 소식도 놀라웠다. 화장터에서 한 줌의 재로 허공에 뿌려진 가여운 삶이 애달파 한동안 마음을 떠나지 않는다. 얽힌 가정사로 인해 살갑게 얼굴을 대하거나 깊은 대화를 해본 적은 없다. 다만 세상이 말하는 성공의 문턱에서 살붙이 하나 남기지 못하고 허망하게 삶을 달리한 한 인간의 모습이 서러워 가슴을 친다. 죽은 자는 말이 없이 산 자의 가슴에 멍울처럼 남는다.

슬픔과 애도는 삶에 대한 깊은 애착이다. 삶을 전제로 우린 죽음과 슬픔을 대면한다. 가뭇없다고 말하는 삶도 바윗돌 같은 무게로 짓누른 듯한 삶의 흔적을 남긴다. 인생이 다 그렇지 하며 실타래처럼 얽힌 삶을 뭉뚱그려 표현해도, 실 하나하나에 담긴 사연 때문에 머리털로 미투리를 삼기도 하듯, 누군가에게는 커다란 의미로 다가선다. 그리고 각자의 불행에 목 놓아 우는 오열의 시간을 가진다.

죽은 자가 활자로, 사진으로 살아 있는 인터넷 세상에서 망자를 만난다. 명성 있는 대학의 동문회장으로, 법조인으로서의 짧은 삶이 곳곳에 배어 있다. 죽어도 죽지 못하는 가상현실에 그는 살아 있다. 무수한 사람이 영면하는 낯선 세상, 그곳엔 죽음을 걸러내지 못한 사람이 유령처럼 떠돌고 있다. 부재를 알리는 휴대전화기 통화음의 길이만큼 누구도 예견하지 못한 죽음의 세상이다. 소풍을 와서 잠시 노닐다 간다고 죽음을 표현한 시인이나 어머니 심부름으로 왔다가 다시 어머니 품으로 돌아간다고 죽음을 정의한 시인이나 떠남을 통해 강렬한 삶을 이야기한다. 슬픔과 즐거움이 동전의 양면처럼 공존하듯 삶은 늘 죽음의 한 그늘을 먹고 산다. 영원을 담보할 수 없기에 예술을 팔고, 불변의 가치를 임의로 창조해 자신을 귀속시켜 한때의 안위를 얻고자 한다.

몸은 생존을 위해 살고 영혼은 체험의 과정을 간직하려고 존재한다. 슬픔은 동시성을 상실해서 오는 몸의 부재에 대한 슬픔에 한정된다. 육체를 떠난 영혼이 포도 넝쿨 우거진 지중해의 창연한 들판에서 기나긴 휴식과 안락에 젖고, 아니면 죗값에 따라 윤회의 기회조차 박탈당한 무저갱에서 울부짖는다는 생각은 생에 대한 강한 반작용이 의식 속에서 만든 허울에 지나지 않는다. 실존하지 않는 육체를 죄의 삯으로 심판하는 것은 분명코 신의 뜻이 아니다.

세상에 억울하지 않은 죽음은 없다. 이념의 굴레에 죽어간 사람들, 채 피워보지도 못하고 욕정에 무참히 꺾여나가는 어린 목숨들, 무절제한 어른의 이기심에 가위질로 사라진 핏덩이들, 슬픔이 강을 이루고 원망이 산하를 뒤덮어도 역사는 늘 우리에게 도도하다. 죽음은 부활이다. 열반과 황금빛 열두 문을 지나는 천국이 아니라 죽음으로 삶을 기억하고 살아 있음에 아파할 수밖에 없는 원시의 자각이다. 죽음으로 삶을 깨우는 제사다. 아무리 그래도 세상에 슬프지 않은 죽음은 없다.

마음을 베이다

긴 팔다리로 은반 위를 우아하게 가로지르는 한 소녀의 화면이 연일 방영되고 있다. 보철을 낀 조금은 촌스러운 꼬마의 모습과 이젠 여왕이라는 수식어가 자연스럽게 입에 붙은 해설자의 경탄도 귀에 익다. 혹시나 하는 불안감에 속을 태우던 시간도 잠시, 세계신기록을 달성하며 당당히 경기를 끝내고 울음을 터뜨리는 그녀의 모습에 한동안 넋을 놓는다. 피겨 스케이팅에 문외한인 터라 넘어지는 실수만 하지 않으면 잘했다는 평가밖에 할 수 없는 처지지만 '다 이루었노라' 세상을 향에 일갈하듯 두 팔을 번쩍 쳐들고 관중에게 인사를 하는 모습을 보니 감동이 밀려온다. 그리고 그녀의 하염없는 눈물.

밴쿠버 동계 올림픽이 시작되기 전부터 각종 언론에서는 금메달 수상을 당연시했고, 그녀의 성장 과정을 반복해서 보여주며 피겨 스케이팅의 불모지에서 캐낸 보석 같은 존재로 사람들 머릿속에 각인시켰다. 다 차려진 밥상인 양 들며 있다 혹시 실수나 해서 금메달을 따지 못하면 어떻게 하나 내심 불안한 마음이 들었던 것이 사실이다. '아사다 마오'와의 경쟁자 관계를 수도 없이 들

믹이며 방송과 언론의 과열된 취재 경쟁과 한·일 관계라는 특수성을 교묘히 이용해 지면을 도배하다시피 한다.

작은 일화를 끄집어내어 기삿거리도 만들고, 일본 팬들이 분풀이로 한다는 댓글조차 소개할 정도로 그녀의 일거수일투족은 사람들의 눈길을 끄는 좋은 소재가 된다. 그러나 지나친 언론의 관심과 가십거리로 다루는 일부 기사들이 조금은 불안감을 느끼게 한다. 대한민국의 위상을 높였다는 뿌듯한 자신감도 좋지만, 아직도 갈 길이 먼 앳된 소녀의 삶이 놓여 있기 때문이다.

베이징 올림픽 수영에서 금메달을 딴 박태환 선수가 2009 로마 선수권대회에서 기대에 못 미치는 성적을 내자 언론은 싸늘했고, 각종 광고에 얼굴을 내밀었던 것을 두고 호사가들의 입방아에 오르내렸다. 모든 운동 경기에는 부침이 따를 수밖에 없다. 수영이나 피겨 스케이팅이나 우리나라에서는 메달을 기대할 수 없었던 황무지나 다름없었다. 좋은 선수가 나왔고, 훌륭한 코치를 만나 기대 이상의 결과를 만들어냈고 국민은 환호했다. "국내에서 치러지는 경기를 포기하고 싶었다."라고 말하는 그녀의 고백 속에서 그녀가 얼마나 심적 부담을 느끼는지 짐작할 수 있다.

IMF 외환위기를 겪을 당시 국민에게 힘과 용기를 준 박찬호 선수가 '먹튀'라는 오명을 쓰고 벤치에 있을 때 카메라는 또 다른 스포츠 스타를 쫓기 바빴다. 골프의 박세리 선수, 영국에서 활약하는 축구의 박지성 선수, 화려하고 국위를 선양하는 그들에게 초점이 맞춰지고 슬럼프를 겪는 선수는 쉽게 잊힌다. "나에 대한 차별이 조국을 차별하는 것 같아 참을 수 없었다."라며 한국을 알리기 위해 손톱 깎기에 쓰인 코리아라는 글귀를 보여주었다는 박찬호 선수의 말은 많은 생각을 하게 한다.

개인과 국가의 명예를 위해 묵묵히 운동하는 선수들이 많다. 평소엔 비인기 종목에는 관심조차 두지 않다가 그들이 메달을 따면 온갖 화려한 미사여구를 동원해 침이 마르도록 칭찬을 하고 연예인처럼 사소한 것까지도 들먹이며 그들의 지나온 삶을 조명한다.

이 세상에 갑자기 되는 것은 없다. 특히 흘린 땀방울만큼 결과를 얻는 것이 운동이다. 몇몇 종목의 선수들은 일반인이 상상할 수 없을 정도의 부와 명예를 이룰 수 있지만, 대다수의 선수는 졸업과 동시에 갈 곳을 잃어 백수로 전락하는 예도 많다.

일등만 기억하는 얄팍한 사회보다는 비인기 종목의 설움을 딛고 굵은 땀방울을 흘리는 선수들이 안정된 위치에서 운동에 전념할 수 있도록 국가적 지원이 선행되어야 한다. 달콤한 열매만 따 먹고 판매 부수와 시청률만 올리려는 우리 사회의 안일함이 개선되는 기회가 되었으면 좋겠다.

음치를 위한 항변

신은 인간에게 골고루 한 가지 정도의 재능을 주었다고 한다. 뛰어난 외모, 타고난 운동신경, 남을 웃기는 재기才氣 등등. 만약 신이 내게 원하는 재주 한 가지를 선택하라고 하면 난 주저 없이 노래를 잘하는 재주를 달라고 하고 싶다. 기쁨과 시름을 담아 목청껏 노래로 풀며 박수까지 받는 것이 노래 잘하는 사람에게 따라오는 덤이다. 주어진 업무, 특히 공적인 관계에서는 자신이 맡은 일만 잘하면 된다. 그런데 가끔 사람들끼리 모여 친목을 도모하거나 공적인 자리임에도 뒤풀이라는 명목으로 괜한 사람 어줍게 만드는 것이 장기자랑과 개인기다. 가끔 텔레비전을 보다가도 출연자에게 개인기를 시키고 좋다고 손뼉 치는 장면을 보노라면 은근히 화가 난다. 개인기 없는 사람은 발 디딜 틈조차 주지 않고 궁지에 몰아넣는 모습이 마냥 불편하다.

얼마 전 독서 모임에서 제천으로 1박 2일 여행을 다녀왔다. 답답한 일상을 벗어나 조금은 자유롭게 친목을 다지는 자리지만 속은 편치 않았다. 흔히 말하는 '2차'기 노래방이거나 라이브카페가 아닐까 하는 부담감이 가는 내내 날

짓눌렀다. 아니나 다를까, 가볍게 늦은 저녁을 먹고 숙소에서 5분 거리에 있는 라이브카페를 찾았다. 설상가상으로 우리를 맞은 주인은 우리 일행의 좌장과 오래전부터 친분이 있는 분이라며 호기롭게 밤새도록 놀아도 좋다고 아예 손님을 받지 않았다고 자랑삼아 이야기한다. 덜컥 심장이 내리 앉는 느낌이었다. 넓은 공간에 10명이 모여 놀다 보면 보나 마나 돌아가며 노래를 부르고, 여지없이 내게 마이크가 올 것은 불문가지였다. 다들 가수 뺨치게 노래를 잘하는 것은 둘째 치고, 팝송까지 소화하는 모습을 보며 밀려오는 부담감에 밖에 나가 여신 담배만 피워댔다.

내가 생각해도 난 참 노래를 못 해도 너무 못 한다. 어린 시절 소풍 가서 장기자랑이랍시고 돌아가며 노래를 시키면 죽기보다 싫었다. 중학교 2학년 때 반 대항 합창을 할 땐 입만 벙긋거리면 들키지 않아 좋았지만, 고등학교 졸업 때까지 늘 음악 실기는 최악의 점수를 면치 못했다. 대학에 들어와 군대를 갔다가 오니 딴 세상이 되어 있었다. 일본의 가라오케가 부산에 상륙해 노래방이라는 이름으로 성행을 하고 있었다. 모니터를 바라보며 가사와 멜로디를 겨우 따라 불렀지만 흥겨운 노래보다는 분위기 깨는 처진 노래만 불러 친구들의 미움도 많이 받았다. 직장을 다니며 음치를 탈출하고자 판소리 학원을 잠깐 다녔지만, 타고난 박치, 음치를 해결할 묘안도 아니고 필요로 못 느껴 잠시의 방랑으로 끝나고 말았다.

술을 마셔도 정신은 더욱더 또렷해졌다. 카랑카랑한 목소리로 높은 음을 소화하는 청량함, 묵직하면서도 편안한 음색으로 가사의 의미를 되새기게 하는 맛깔스러움, 통통 튀며 스스럼없이 어깨동무해도 분위기에 잘 어울리는 새

큼함……. 노래라는 것이 부르는 사람의 취향에 따라 고독한 가을 분위기를 물씬 풍기기도 하고, 때론 너와 내가 어깨동무하고 아주 오랜 옛날부터 알고 지냈던 친구처럼 막역함을 느끼게도 한다. 구석에 앉아 맥주잔을 홀짝이며 술을 비우지만, 마음은 부러움과 되똑하니 남아 섞이지 못하는 자신을 자책한다. 모두 흥겨운 분위기 속에 나만 이방인처럼 시계만 쳐다본다. 언제 끝나나…….

우리나라 사람은 내가 즐거우면 당연히 남도 즐거울 것이라는 착각을 한다. 술에 취한 사람은 잔을 말끔히 비우지 않고 엉거주춤 술잔을 빼는 사람을 질시하고, 책망하며 함께 취하길 강요한다. 마지못해 사양하면 대리운전 비도 대신 내준다며 넓은 아량을 베풀기도 한다. 자신이 취하면 온전한 정신을 가진 사람을 못 견뎌서 하는 것이 아닌가 의심이 들 정도이다. 노래 또한 마찬가지다. 신이 나면 신난 사람끼리 박수치고 장구 치며 함께 즐거워하면 될 텐데, 구석에 쪼그라져 있는 사람을 무대로 불러 세워 춤을 추라고 강요 아닌 강요를 한다. 노래 잘하는 사람이야 이런 기회에 갈고닦은 노래 실력을 비수처럼 들이대 훤한 대낮에 보았던 이미지와 전혀 다른 모습을 보여주며 반전을 기대한다고 하지만 노래 못하는 사람은 도살장에 끌려 온 소처럼 좌불안석이다.

노래는 희로애락이 담겨 있어 기쁘면 기쁜 대로, 슬프면 슬픈 대로, 사랑하는 사람에게 버림받은 슬픔이 있다면 그대로 노래에 실어 풀어내는 과정이다. 돌아가신 부모에 대해 애틋함에 사모곡을 목 놓아 불러도 좋다. 목이 악기이니 휴대도 편하고, 장소와 시간을 구애받지 않고 분위기만 잘 맞춘다면 이

만한 개인기도 없고 자기 홍보도 없다. 그런데 그게 안 되는 몹쓸 목청을 가진 사람은 평생이 서러울 수밖에 없다. 그러므로 음주 가무가 생활의 일부가 되어버린 땅에서 노래 못 하는 사람이 설 자리는 없다.

　사회를 보는 좌장과 눈을 맞추지 않기 위해 그렇게 부단히 애를 썼건만 내 이름이 호명되고 눈치 없는 일행이 박수치며 환호한다. 노래를 잘하면서 괜히 무게 잡고 겸손 떠는 것이 아닌데, 다들 거나한 취기에 노래 부르길 재촉하니 할 수 없이 마이크를 잡았다. 천만다행으로 오지랖 넓은 교수님이 옆에서 도와주신 덕에 난 립싱크로 대신하며 고역의 막을 내렸다. 남들은 알까, 이 속을. 그렇게 나 빼고 그들만 신난 여흥의 시간이 끝나고 숙소로 돌아오는 내내 왜 이리 속이 쓰릴까. 앞으로 얼마를 이 고생을 해야 하나, 생각할수록 가을밤 찬 공기에 몸이 시리다.

영원한 오빠

 가끔 보는 친구의 늘어난 새치와 눈가의 주름에서 나의 늙음을 본다. 마음은 아직도 청바지에 드러난 엉덩이의 탱탱함처럼 20대 그대로인데 가늘어진 손발과 비례해 도드라지게 나오는 뱃살에서 몸이 늙어감과 나이 들어감을 확인한다. 그것은 서글픔이다. 하지 말아야 할 말도, 행동도 늘어간다. 주책없는 행동이라 핀잔받기 일쑤다. '몸이 늙는 것이지 절대 마음이 늙는 것이 아니다'라는 말을 실감한다. 이 말에는 내가 젊었을 때 지금의 내 나이로 산, 지금은 곁에 없을 많은 사람의 이야기를 단순한 넋두리로 알고 살아왔음을 이제 사인정하지는 꼴이지만, 나이가 들어가며 좋은 점은 그나마 이해의 폭이 넓어진다는 것이다. 글로 배워 아는 것이 아니라 세월의 지혜로 알게 된다. 병원 진료실 앞에서 '아버님 이제 들어가세요.'라고 안내하는 간호사의 한마디에 화들짝 놀라 병원 밖을 나오는 내내 머리에 맴돌지만, 아가씨가 '아줌마'로 변하는 여인의 고통만 할까 하며 안위한다. 내색은 하지 않지만, 중년의 사내 또한 가시처럼 찌르는 호칭의 생경함에 고민한다고 말하고 싶다.

예순셋의 가왕歌王 조용필이 19번째 음반을 들고 세상을 향해 일갈했고, 그 반응은 실로 대단하다. 기저에는 예순셋의 나이 든 사람이 지금의 만화방창 생기발랄한 아이돌 가수나 부를 수 있는 경쾌한 리듬을 갖고 온 것에 대한 놀라움이다. 뒷방 늙은이처럼 방송에서 밀려나 미아리 카페에서 향수에 젖어 찾아온 팬들을 만나 '아름다웠던 과거'나 되새김질하는 처지로 전락한 것을 생각하면 경천동지의 변화이며, 나름 두 주먹 불끈 쥐며 권토중래의 꿈을 꾸게 하는 변수로 인식하기 때문이다.

대중스타와 팬은 같이 늙는다. 옛날의 스타가 〈아침마당〉에 출연해 활동을 중단한 이유를 털어놓거나, 혹은 화려함에 묻혀 상상도 못 했던 사기, 이혼, 불우한 어린 시절 등 구구절절 늘어놓을 때, 팬들은 스타의 모습을 보며 자신이 늙었다는 걸 확인한다. 삶이란 너와 내가 다르지 않고, 자기 몸무게만큼의 고통은 누구나 갖고 산다. 밉거나 실망하기보다 내심 공평한 세상사와 그런 말을 주저리주저리 해도 인간미를 느낄 때가 많다. 인기라는 것이 젊음처럼 반짝하다 진다는 것을 그도 나도 이심전심으로 아는 나이가 되어버렸기 때문이다.

노익장老益壯으로 취급하기에는 아직도 성성한 조용필.
"여보, 조용필이 예순셋이라는 데 학창 시절 싫든 좋든 동시대를 함께 산 이유만으로 더 나이 먹기 전에 그의 공연을 한번 보는 것이 도리가 아닐까? 그것도 가까운 대전에서 공연한다니까 한번 가보면 좋은 듯한데."
난생처럼 공연을 보러 간다는 설렘보다 말로만 듣던 가왕의 풍모와 밀린 숙제 혹은 빚을 던다는 마음으로 공연 표를 샀다.

한 시간 전에 도착한 대전월드컵 경기장, 빼곡하게 축구장에 놓인 의자와 다닥다닥 붙은 의자 수를 가늠하며 얼마의 사람이 모여야 이 공간을 메울 수 있을까 하는 괜한 노파심이 들었다. 그리고 보면 축구장도 처음 찾았다. 같이 온 여동생 내외와 오십 중반을 넘긴 누님도 내심 기대와 설레는 눈치였다. 어둠이 내리자 헬로, 헬로라는 외침과 함께 웅장한 공연이 시작됐다. 3층에 자리 잡아 먼 짐작으로 조용필의 윤곽을 쫓지만 화려한 조명과 의자까지 전해 오는 스피커 음향은 시대의 수준을 넘어선다. 수만 개의 야광봉이 꽃물결을 이루고, 중간중간 단말마처럼 터져 나오는 '오빠'라는 외침이 터져 나온다. 불쾌한 표정으로 방문을 쾅 닫고 나가는 사춘기 자녀를 둔 학부모도, 해준 것이 뭐가 있느냐며 키운 공을 원수로 갚는 자식 둔 부모도, 두근두근 첫사랑 생각을 하며 녹음기에서 나오는 노랫말을 적던 순수한 소녀의 모습에서 영영 안 보고 살 것처럼 악다구니로 싸우는 드센 아줌마로 변한 사람도, 늘어진 살처럼 곁을 채우는 늙은 남편의 아내로, 과거의 소녀들이 타임머신을 타고 80년대로 돌아간다.

닭살 돋는 '오빠'라는 말이 결혼 후 몇 번이나 친근하게 불리었을까? 햇살에 번득이는 은빛 물고기처럼 싱싱함은 그대로이다. 자기 이름은 잊힌 지 오래. 아이들 엄마로, 남편의 아내로, 누군가의 할머니가 된 사람들. 은행에서 가끔 듣는 자기 이름에 화들짝 놀랄 정도로 이름도 잊고 산 그녀들이 '단발머리' 소녀가 되고, 동네 어귀 둥구나무 밑에서 숨바꼭질 놀이에 술래가 되어 '못 찾겠다 꾀꼬리'를 외치는 중고등학교 여학생이 되어버렸다. 남들 다 하는 그 흔한 손님 없이 30여 곡의 노래를 거침없이 불러 젖히는 용필 오빠, 그는 늙음도 피해 가는 역사가 되고 있었다.

꽁꽁 여미며 세상과는 약간의 거리를 두며 산 사람들이 조용필이라는 '영원한 오빠'를 만나 괴성을 지르고 환호하며 하루 동안 아이돌을 쫓는 되바라진 여학생이 된 날이다. 그러면 좀 어떠랴? 막역한 초등학교 동창 만나 막말을 하고 욕설을 주고받아도 흠이 되지 않듯, 오늘 하루 철딱서니 없는 10대가 된들 누가 탓하랴? 장대한 시간이 끝나고 무대 뒤로 사라진 그를 '앙코르'로 다시 불러 세웠다. 연거푸 세 곡을 내리 부르고 사라진 그를 다시 부를 용기가 나지 않았다. 두 시간 넘게 온 힘을 다한 그에 대해 미안함, 나뿐 아니라 여기 모인 대다수가 그리 생각했으리라. 너울거리던 야화夜花도 점멸하고 어둠 속에 텅 빈 의자만 모였다 흩어진 사람 수를 짐작게 한다. 바쁘게 빠져나가는 사람들 채 흥분이 가시지 않는 듯 빠른 걸음만큼 많은 말을 한다. 화살처럼 빠른 세월과 변하지 않은 음악을 이야기하겠지!

태어나 처음 콘서트장을 찾았다. 그 자리가 조용필 콘서트라는 것도 대단한 의미다. 초등학교 때 듣던 음악을, TV를 통해 보던 그 사람을 봤다는 놀라움과 그래도 한 가닥 동시대의 추억을 공유한다는 은밀함이 뿌듯함이 된다. 지나가는 것에 연연하지 않으며 있는 그대로 보아 넘기는, 조금은 유연해진 나이. 한바탕 꿈이라도 좋다. 내 아내가 흥겨워하고 혼자 된 내 누이가 발 동동 구르며 한때를 즐겼다면 모두 좋다. 이 또한 추억이 되고, 먼 훗날 십 년, 이십 년 뒤 젊고 팔팔한 때로 오늘이 기억될 줄 안다. 그리고 그때, 음악이 되어 버린 조용필을 기억할 것이다. 그것이 세월이며 삶이 아니던가?

까미, 꼬비와의 동거

고양이를 샀다. 그것도 두 마리나! 아파트에서 단독주택으로 이사하고 가족을 집요하게 설득했다. 고양이를 키워보자고. 이런 제안에 둘째 녀석은 적극 찬성을, 큰아들은 아빠가 사고 싶으면 사라고 약간은 미온적인 태도를 보였다. 관건은 아내였다.

"생각만 해도 징그럽고 털도 많이 날린다는데 똥오줌은 어떻게 할 거냐고."

30여 년 전, 고양이를 키워 본 경험 있음을 강조하며 '고양이는 성품이 깔끔해 대소변도 스스로 가리며, 밥만 챙겨 주면 며칠 정도를 혼자 두어도 괜찮고, 털은 봄철에 조금 날릴 뿐이다, 대소변 못 가리는 애완견보다 훨씬 손이 덜 간다는 말로 설득을 했다. 그리고 무엇보다도 중요한 것은 동물을 키우면 공감 능력이 생겨 아이들 정서에도 좋다며 가끔 산책할 때 애견센터에 들러 고양이를 구경시켜 주기도 했다. 애견센터에서 귀여운 고양이 새끼를 볼 때 아내의 눈이 살짝 흔들리는 것을 보았다. 앙증맞은 새끼 고양이가 철창 안에서 응석 부리듯 아옹거리며 코를 내미니 아내는 손으로 코끝을 만지며 기여

워했다. 거기까지였다. 예쁘고 귀엽지만 키우는 데는 엄두가 나질 않는다는 이유다.

열 번 찍어 안 넘어가는 나무 없다고 산책길에 애견센터 방문은 당연한 코스가 되었고 아내의 마음의 문도 조금은 열려 갔다. 토요일 아내와 둘째 녀석을 데리고 육거리시장엘 갔다. 외국 종보다는 토종 한국 고양이, 그중에서 시장에 팔려 나온 '길냥이'를 사는 편이 낫다고 생각했다. 언제가 몇 번 철창 안에서 팔리기를 기다리는 고양이 새끼를 본 적이 있었는데 찾을 수가 없었다. 그러다가 문을 연 애견센터에 들어가니 고양이 몇 마리가 있었다. 한쪽에는 세 마리, 다른 한쪽에는 두 마리가 있었는데 세 마리와 함께 있는 고양이 중 한 녀석이 구석에 웅크리고 앉아 있었다. 두 마리는 장난도 치고 꽤 활발해 보였는데 그 녀석만 별다른 움직임이 없었다.

처음에는 두 마리와 있었던 까만 녀석이 눈에 들어왔다. 그 녀석을 고르고 돌아서려고 하니 자꾸 작고 야윈 녀석이 눈에 밟혔다.
"아무리 생각해도 한 마리만 키우면 저놈이 얼마나 외롭겠어? 그러니 두 마리 키우자."
아내의 대답도 듣지 않고 나는 간 크게 말했다.
"저 안에 있는 녀석도 주세요."

고양이 한 마리당 만원인데 물품을 사면 그냥 준다고 했다. 점원으로부터 유의사항을 듣고 먹이, 대소변 통, 영양제, 샴푸, 린스 등을 샀다. 30만 원이 조금 넘었다. 계산하는 아내와 되도록 눈을 맞추지 않고 상자를 들고 나왔다. 막상 고양이를 사니 집으로 가는 내내 솔직히 내가 잘하고 있나 하는 의구심이 들었다. 괜한 일거리 하나 만든 건 아닌가? 생명을 키우는 건데 중간에 어쩌지도 못하고······.

거실에 두 녀석을 내려놓으니 두 녀석 모두 구석을 찾아 숨으려고만 했다. 한 놈은 거실 에어컨 구멍 속으로, 한 녀석은 김치냉장고 뒤 구석에 몸을 숨겼다. 하루 정도는 그럴 거라는 점원의 설명을 들었기에 그냥 두기로 했다. 아내와 나, 둘째 녀석은 이름 짓기에 몰두했다. 전체가 까맣게 입과 배 부분만 흰 녀석은 '까미'로, 검고 노랗고 흰색이 섞인 녀석은 '다롱이'로 하자고 내가 제안했으나 둘째 녀석은 까미는 괜찮은데 다롱이는 좀 그러하며 '꼬비'로 하자고 우겼다. 아내도 둘째 녀석의 편을 들기에 받아들이기로 했다.

사 온 밥통을 꺼내 물과 사료를 부었다. 그러나 녀석들은 구석에 몸을 감추고 도무지 나오려 하지 않았다. 문제는 그때부터 시작되었다. 대소변 통을 설치하고 향기가 나는 모래를 깔아 놓고 나름대로 새 식구를 맞이한 기분을 내고 있는데 갑자기 역한 냄새가 진동했다. 김치냉장고 뒤편에 녀석이 똥을 그것도 한 푸대기 싸놓았다.

아내는 그것 보라는 듯이 날 쳐다보고 고양이를 사자고 의기투합했던 둘째도 코를 막고 나가버렸다.
"고양이 습성이 그래. 낯선데 오면 저렇게 영역 표시를 하는 거야."
얼렁뚱땅 둘러댔지만 자신은 없었다. 옛날에 고양이를 키워봤다고는 했지만, 밖에서 키웠으니 나도 잘 모르는 일이었다. 인터넷 검색을 해보니 낯선 곳에 오면 흔히 하는 일이란다. 잘 치워주고 대신 혼을 내지 말 것과 고양이가 싫어하는 레몬즙을 뿌려 주면 효과가 있다는 것을 알았다.

그 다음 날 녀석들은 신기하게도 밥그릇을 찾아와 밥을 먹고 물을 마셨다. 대소변도 마련한 통에 누었다. 그런데 꼬비는 내 무릎에 앉아 절대 내려갈 생각을 않고 잠만 자기 시작했다. 앞발도 조금 저는 듯했고, 밥 먹는 양도 시원치 않았다. 까미는 금세 적응해 이리 뛰고 저리 뛰고 날린 데 꼬비는 걸음걸이마저 위태로워 보이니 저러다 죽는 게 아닌가 싶었다.

어느덧 한 달이 다 되어가자 까미의 몸집은 꼬비의 두 배 가까이 되었고, 꼬비도 언제 그랬냐는 듯 날렵하기가 이를 데가 없다. 늘 싸움을 먼저 거는 것은 꼬비다. 득달같이 달려들어 공격하고는 잽싸게 도망가기 일쑤다. 달라진 것이 있다면 아내는 집에 오자마자 "얘들아! 엄마 왔다. 이것들 다 어디 갔어!" 하며 아들 녀석들보다 까미와 꼬비를 먼저 찾는다는 것. 잠깐 산책 갔다 오는 길에 고양이 간식이나 장난감을 사는 나를 보고도 아내는 더는 잔소리하지 않는다. 재기발랄, 기상천외하게 옷장, 서랍 속에서 튀쳐나오는 두 녀석을 보는 것이 큰 즐거움이다.

저물녘 마당에 모여 고양이를 키운 소감을 나누었다. 나를 포함한 모두, 두 녀석 입양이 긍정적 영향을 주었다는 데 동의했다. 빼꼼히 쳐다보는 호기심 어린 눈동자, 짓궂은 장난, 덕분에 손발에 할퀸 자국을 훈장을 얻었지만, 밤이 되면 발끝과 옆구리 사이에 배 깔고 누워 그르렁그르렁 소리를 내며 천진난만한 모습으로 잠든 녀석의 모습에 조금은 더 행복해진 기분이다.

중년의 가을

업무를 마치고 약속 자리로 가기 위해 차를 몬다. 어제 만난 분이 고맙다고 문자를 보내왔다. 문자에 이어 유튜브를 링크해 보냈다. 열어 보니 잔잔한 노래가 흘러나온다. 꽃다지가 부르는 〈당부〉라는 노래다. 음악을 크게 틀었다.

우리가 지금보다 더 젊었을 때 그때엔 더욱더 먼 곳을 바라보며 함께했지
인간이 인간으로 더 아름다울 수 있는 그런 세상을 함께했지
(중략)
손에 잡힐 것 같던 그 모든 꿈도 음 떠나갔지
허나 친구여 서러워 말아라 살아온 날들보다 살아갈 날이 아직 많으니
친구여 다시 돌아간대도 우린 그 자리에 만날 것을

좁은 도로를 지나 우회도로로 접어들었고 차는 밀리기 시작했다. 금요일 퇴근 시간, 각자의 집으로 돌아가는 차량 행렬이 길게 늘어섰다. 6시 30분에 만나기로 한 두 분은 이미 약속 자리에 나와 날 기다리고 있다. 마음은 조급하고

차는 밀리고, 그 순간 울컥하며 눈물이 났다. 몇몇 노래 가사가 내 마음을 흔들었다.

처음으로 다시 돌려 노래를 들었다. 왠지 모를 슬픔이 벅차올랐다. 내가 왜 이렇게 살아야 하는지 설움이 밀려왔다. 눈시울이 붉어지고 나도 복받쳐 오르는 감정을 주체할 수 없었다. 매일 밤늦게까지 이어지는 술자리, 언제가 누군가에게 '누군가가 나를 손가락으로 쿡 찌르면 온몸에서 바람이 쭉 빠져나가 바람 빠진 풍선처럼 내가 푹 주저앉을 것 같아'라는 말을 한 적이 있었다. 정말 그랬다. 그래서 그런지 생각 없이 듣는 노래에 그냥 눈물이 흘러내렸다. 동동거리며 사는 내 삶에 대한 야속함 때문일까.

젊음은 흘러가도 우리 점점 늙어간다 해도
우리 가슴 속 깊이 서려 있는 노래 잊지 말게

젊음, 늙음, 꿈, 후회 등등의 가사가 내 마음을 후벼팠다. 그리고 보면 열심히 달려왔다. 8년간 참여연대 활동을 접고 도교육청으로 올 때 단 하루도 쉬지 않았다. 일을 마무리해야 남아있는 분들이 좀 편할 것 같아 주말은 물로 도교육청 출근 전날까지 야근하고 아침에 일어나 이곳으로 출근했다. 단 하루라도 쉬면서 정리할 것은 정리하며 마음에 휴식을 취해야 하는데 괜한 오지랖에 자신을 채근했다.

약속 자리에 오니 두 분은 먼저 한잔하고 계셨다. 진지하지도 박진감도 없는 대화를 나누고 몇 병의 술병이 쌓이고 너무 피곤하다는 말과 함께 다음을 기약한다는 인사를 하고 집에 돌아왔다. 현관문을 열고 거실에 들어가 나를 바라보는 아내에게 "너무 힘들다. 주저앉을 것 같아."라는 말을 남기고 쓰러졌다.

새벽 4시, 어김없이 일어나 두툼한 옷을 챙겨입고 집 뒤에 있는 초등학교 운동장을 돈다. 몇 바퀴를 도는지는 관심조차 없다. 부지런히 돌다 교회 십자가의 불빛이 흐려지면 집으로 돌아온다. 하루가 시작되는 설렘보다 의무적으로 여섯 시에 집을 나선다. 생각해보면 나 자신이 소진되었다는 것을 안다. 안을 채우는 데는 게을렀고, 밖으로만 생각의 폭을 넓혀온 까닭이다. 튼튼한 생각 없이는 몸이 바로 설 수 없다는 것을 아는 것도 무심히 살았던 결과이다.

적막하고 우울한 생각을 떨칠 수 없다. 하는 일은 익숙해졌고 큰 고민 없이도 웬만한 일을 처리할 수 있다. 남들은 공무원 사회에 잘 적응했다고 하지만 내겐 칭찬으로 들리지 않는다. 날 선 생각이 무디어졌음을 나도 안다. 안정된 직업, 적지 않은 월급과 직급, 전에 선망하던 일이었는지 모른다. 이것을 적응이라고 하고 안착이라고 하면 틀린 말은 아니다. 그러나 익숙해지면 특별한 일도 평범한 일이 되어버리듯 그저 일상일 뿐이다.

산은 물들어 가는데 혼자 황량한 겨울 들판에서 세찬 진눈깨비를 맞는 느낌이다. 날 감싼 모든 것을 내려놓고 알몸으로 한파를 견디는 앙상한 겨울나무가 되어 간다. 가을 한 철 심한 몸살을 앓은 탓일지도 모른다. 아플 만큼 아픈 뒤 떨쳐 일어서면 어제보다는 내 영혼이 가벼워지겠지.

발문

"참깨 들깨, 우리 모두 함께"

김인국 | 신부·천주교 연수동성당

천주교 신부는 독신으로 삽니다. 평생 혼자 산다고 주변에서 이런저런 걱정을 해줍니다만 홀가분해서 좋기만 하지 그다지 어려운 일은 없습니다. 외롭다는 생각도 거의 해 본 적이 없습니다. 제가 천생 신부라서 그럴까요? 글쎄요, 그럴 수도 있고 그렇지 않을 수도 있고요. 왜 혼자 살아야 하는지 누가 물으면 신학생 시절에는 "아무도 놓치지 않기 위해 아무도 선택하지 않는다."는 식으로 대답하곤 했습니다. 그런데 어언 삼십 년 흘러서 보니, 만인의 연인이기 위하여 한 사람의 연인이 되기를 포기하노라 하는 식의 진술은 치기어린 '과장 광고' 같은 소리가 아니었나 싶습니다. 공적 봉사를 위한 독신이어야 하는데 그런 명분이 오히려 나를 자기만 아는 사람으로 만들지 않았을까 하는 불안이 밀려올 때가 많거든요.

아니나 다를까, 오창근 님의 산문집 『보리밥 그릇에 사람이 있네』를 읽으면서 과연 그랬구나, 하고 순순히 인정할 수밖에 없었습니다. 고고하게 혼자 사는 맛이 제 아무리 참깨, 들깨처럼 고소하더라도 '함께'의 그윽한 맛에는 비할 바가 못 되는구나 확신하게 되었거든요. 책의 후반부로 갈수록 먹어도 혼자, 마셔도 혼자인 저로서는 함께 자고 먹고 마시고, 함께 걸으며 기대고, 함께 울고 웃고 하는 게 그렇게 새로울 수가 없습니다. 이래야 사람이로구나 하는 신선한 충격과 함께 청량감을 맛보았습니다.

그렇다고 제가 '함께의 현실'을 영 모르는 것은 아닙니다. 오죽하면 '처옥자쇄妻獄子鎖'라고 했겠습니까. 누군가와 엮이는 삶은 반드시 고통스러울 것임을 일찌감치 눈치 챘기에 이런저런 의무로부터 면제되는 출가자의 신분을 더 사랑했을지 모릅니다. "집안 식구가 바로 자기 원수다. 아버지와 어머니를 나보다 더 사랑하는 사람은 내 사람이 될 자격이 없다. 아들이나 딸을 나보다 더 사랑하는 사람도 내 사람이 될 자격이 없다."(마태오복음 10, 36~38)는 말씀에 슬쩍 기대어 말입니다. 그런데 막상 오창근 님이 오늘까지 살아낸 맵고 짜고, 쓰고 시고, 떫은 그러면서도 여전히 달달한 삶을 들여다보노라니 마냥 부럽습니다.

오랜 세월 시민운동가로 살아온 '오 국장님'은 가족이 하느님과 세상을 외면하게 만드는 장애물이 아니라 높이 날아오르게 해주는 도약대임을 보여주고 있습니다. 모두 73편의 산문인데 우연이겠으나 성경의 신, 구약을 합산한 73권과 같은 숫자입니다. 성경에 인간사의 모든 이야기가 담겼듯이 산문집 『보리밥 그릇에 사람이 있네』에도 우리의 거의 모든 사연이 들어 있습니다. 혼자였으면 차라리 덜 외롭고 괴로웠을 텐데 함께 라서 아프고 쓰리고 슬펐던 이야기들도 많습니다. 하지만 함께 삶으로써 사람은 사람이 되어 가는 것임을 오늘도 또 배웁니다. 저는 책을 읽으며 곳곳에서 눈물을 훔쳤습니다. 누구라도 그럴 수밖에 없습니다. 그리고 책을 잠시 덮어야 할 때마다 지난날의 인연들을 되돌아보게 되더군요. 그리운 부모님과 형제들, 사랑과 은혜를 베풀어 주신 많은 은인들, 여러 가지 모양의 만남과 우정으로 저를 만들어 준 숱한 벗들…….

사람은 나와 남 사이에 한 칸을 두고 살아갑니다. 그래서 '인간人間'입니다. 그 한 칸의 용도는 쓰기 나름입니다. 어떤 사람에게는 이웃의 곤란과 아픔을 살피는 창이면서 세상을 만나러 나가는 대문이 되기도 하고, 저 혼자만으로 만족하고자 하는 누구에게는 편리한 분리장벽이 되기도 합니다. 나와 너 사이의 그 한 칸을 어떻게 쓸 지는 각자에게 달려있습니다만 어쨌든 두루 어우러질 때 사람은 비로소 사람이 됩니다. 이 책은 그런 생생한 실례를 가만가만 들려줍니다.

다 읽고 나니 하늘의 아드님이 어째서 사람이 되고 싶었는지 알겠습니다. 사람이 좋아서였지요. 뭐니 뭐니 해도 사람이 좋아서 그러셨겠지요. 죽은 다음이 궁금하다는 소리를 들을 때마다 지금 사는 대로 똑같이 살 것이라고 말해줍니다. 거기가 천당이든 지옥이든 현재의 연장이기 때문입니다. 이승에서 하느님과 이웃과 어울려 사는 게 좋았던 사람은 죽어서도 오순도순 그렇게 살아갈 것이고, 하늘도 모르고 이웃도 모르고 저 혼자만으로 만족했던 사람은 저승에서도 영영 자아도취와 고독의 방에서 지내게 될 테지요. 산이 좋아 산에 갈 때는 되도록 혼자 나서지만 결국 거기서도 사람을 만나고, 사람의 호출을 받고, 결국 사람 곁으로 돌아오고 마는 오창근. 비 오는 날 김치전을 곁들여 마시는 막걸리 한 사발만으로도 천하를 다 가진 듯 행복해하는 이 사람을 누군들 좋아하지 않을까요.

사족. 이 책은 "만물은 서로 돕는다"는 사실을 알려준 크로포트킨의 한국판, 그리고 충북판 '상호부조론'이라 하겠음.

보리밥 그릇에 사람이 있네

2021년 10월 15일 초판 1쇄 발행

지은이　오창근
펴낸이　유정환
펴낸곳　도서출판 고두미
　　　　등록 2001년 5월 22일(제2001-000011호)
　　　　충북 청주시 상당구 꽃산서로8번길 90
　　　　Tel. 043-257-2224 / Fax. 070-7016-0823
　　　　E-mail. godumi@naver.com

ⓒ오창근, 2021
ISBN 979-11-91306-14-9　03810

값 15,000원

※ 저자와의 협약에 따라 인지를 붙이지 않았습니다.
※ 잘못 된 책은 구입한 곳에서 바꾸어 드립니다.